MEMOIRES
DE LA VIE
DU COMTE D***,
AVANT SA RETRAITE.

TOME PREMIER.

MEMOIRES

DE LA VIE

DU COMTE D***,

AVANT SA RETRAITE;

CONTENANT

DIVERSES AVANTURES

qui peuvent servir d'instructions à ceux
qui ont à vivre dans le grand monde.

Rédigés par M. DE SAINT-EVREMOND;

NOUVELLE EDITION.

TOME PREMIER,

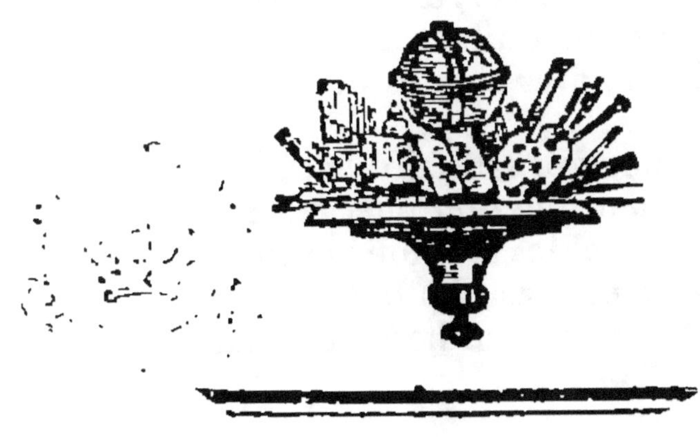

M. DCC. LIII.

AVERTISSEMENT.

LES Aventures qui sont racontées dans ces Mémoires, sont arrivées depuis l'année 1625. Il sera aisé, en les lisant, de voir que l'Auteur s'est proposé de ne point faire connoître ceux dont il parle, mais il avoit souvent manqué à cette précaution ; & celui qui a travaillé à les rédiger, s'est vû obligé de changer plus d'une fois la qualité des personnes & la datte des événemens, pour les rendre absolument méconnoissables, quand la réputation du prochain pouvoit y être intéressée ; ensorte qu'on n'y trouvera rien de cette nature qui puisse désigner quelqu'un. Ce n'est que dans les choses qui pourroient donner lieu à la médisance, qu'on a employé ces déguisemens : car dans tout le reste, la vérité y est exacte, & on trouvera par tout plusieurs circonstances très - curieuses des faits les plus connus de l'Histoire de ce temps.

On voudroit pouvoir satisfaire la curiosité de ceux qui demanderont quel est celui dont on donne ici les Mémoires ; mais c'est ce qu'on ne sait pas. Ils ont été apportés d'Angleterre par un homme à qui

on a fait un myſtére du nom de l'Auteur;
& il n'eſt pas ſurprenant qu'il ait eu , pour
ſe cacher lui-même , la précaution qu'il a
eûe pour ne nommer perſonne. Au reſte,
quoiqu'il ſemble n'avoir entrepris ces Mémoires que pour y dépeindre les dangers
& les écueils de la Galanterie , on verra
que s'il donne quelquefois l'idée de la mauvaiſe conduite des femmes coquettes , il
rend aux autres la juſtice, & leur donne
tous les éloges qu'elles méritent ; & ce
n'eſt pas ſeulement à l'égard du commerce
des femmes que l'on trouvera des inſtruc-
tions , c'eſt auſſi ſur tout ce qui regarde la
conduite & les occupations d'un homme
engagé dans le grand monde.

SOMMAIRES
DU TOME PREMIER
DES MEMOIRES
DE MONSIEUR
LE COMTE D***,
AVANT SA RETRAITE,

Rédigés par M. de Saint-Evremond.

LIVRE PREMIER.

Motif qui engagea le Comte de ***
à écrire sa vie. 2. Sa naissance, 3. Est
mis dans une petite Ville de Province avec
son second frere, pour y faire ses études,
3. & 4. On lui donne la qualité de Chevalier, 4. Son caractére, ibid. Le progrès qu'il
fait dans ses études lui attire la haine de son
frere, 4. A quatorze ans il devient amoureux d'une Comédienne qui faisoit le rolle de

Chiméne dans la Tragi - Comédie du Cid,
5. *Raiſons pour leſquelles il s'en détache,*
6. *Il va voir une de ſes parentes qui étoit*
Abbeſſe dans un Couvent, ibid. Devient amou-
reux d'une Penſionnaire de ce même Couvent,
7. *Lui déclare la paſſion qu'il a pour elle,*
& comment, ibid. Réponſe qu'elle lui fait,
ibid. Ils s'aiment réciproquement pendant un
mois, 8. Ils ſe brouillent, & pourquoi, 9,
& ſuiv.

Le Comte devient amoureux de la femme
du Lieutenant Général de la Ville où il de-
meuroit, 9. & 10. Se compare à Alexandre
& à Orondate, Héros de Romans, & ſa
maîtreſſe à Caſſandre & à Statira, 10. Elle
le met à l'épreuve dans une de ſes intrigues,
11. Tour qu'il lui joue, 12. Ce qu'elle dit
à ſon mari à ce ſujet, 12 & 13. Il eſt mal-
traité & banni de cette maiſon, 13. Réfle-
xions qu'il fait ſur le caractére des femmes
coquettes, 13. 14. Il revient à Paris après
la mort de ſon pere, 14. Son frere le deſtine
à ſervir avec lui en Piémont, 15 & 16.

Le Comte devient amoureux de la maî-
treſſe de Monſieur de Cinq-Mars, Protec-
teur de ſa famille, 17. Caractére de cette
fille, 18 & ſuiv. Il la quitte avec mépris,
26. Il s'adonne chez la Ducheſſe de ＊＊＊＊
ſa parente, qui avoit une Niéce fort jolie,
à qui il conte des douceurs, 27. Tour que

Le Comte va avec son frere en Champagne où étoit le fort de la guerre, 71. Il reste sous Charleville, pendant le siége de Rocroy, 72. Son chagrin de ne pas assister à ce siége, ibid. Il s'en console par l'attachement qu'il prend pour la fille d'un Bourgeois, ibid. Portrait de cette fille, ibid. Son mariage avec elle, où il manque les formalités les plus nécessaires, 73. Etant obligé de la quitter pour aller à Thionville, elle se met dans un Couvent, ibid. Il assiste à sa prise d'habit, où elle lui déclare qu'elle est grosse, ibid. & suiv. Il reste à Thionville plus long-temps qu'il ne croyoit, 74. Il revient à Paris, & prend la poste pour aller trouver sa prétendue épouse, ibid. Il arrive à Charleville dans le temps qu'on alloit la faire mourir pour avoir fait périr son enfant, 74. 75. Ce qu'il fait pour la sauver d'entre les mains de la Justice, 75. & suiv. Il l'améne à Paris, 81. Elle se retire à l'Hôtel-Dieu, à dessein d'y prendre le voile, 83. Après bien des recherches, il l'y trouve, ibid. Remontrances qu'elle lui fait, sur ce qu'il veut l'en faire sortir, ibid. Il la tire de cette Maison, & la fait entrer dans un autre Couvent, 84. Pendant ce temps, on décréte contre eux à Charleville, ibid. Il obtient sa grace & la sienne, & la fait entrer aux Carmelites, où elle a vécu en Sainte, 85.

LIVRE SECOND.

pour embellir son habillement , ibid. Au sortir de cette Mascarade , il est attaqué par six voleurs , qui lui prennent toutes ses pierreries , 113. 114. Générosité feinte de sa maîtresse , 114. Par qui ces voleurs étoient apostés , 115. 116. Artifice dont on se sert pour lui faire payer ces pierreries , ibid. & suiv.

Le Comte reçoit des Lettres de son frere , qui l'engageoit à revenir en France , 117. Il s'obstine à ne point partir de Venise qu'il n'ait vû celle qu'il aimoit , & dont il n'avoit vû que le portrait , ibid. On lui promet une entrevûe , dans laquelle il est encore volé , 118 & suiv. Il reconnoît le caractére de cette fille , & pense à s'en venger , 121. Il se déguise en Espagnol , se bat contre le frere de cette fille , & le tue , 123 & suiv. Ce duel retombe sur l'amant de cette fille , qui étoit Espagnol , ibid. Cette double vengeance le console de la perte de son argent , ibid.

Le Comte se jette dans Naples , cherchant à se signaler sous les ordres du Duc de Guise, 125. Ne le trouvant point à Naples , il le va chercher à Gayette , & lui offre ses services pour la France , ibid. Le Duc de Guise, au lieu de l'occuper dans l'Armée , se sert de lui dans une intrigue amoureuse, 126. Réfléxions qu'il fait sur sa destinée , 127.

Le Comte retourne à Naples sous l'habit espagnol , ibid. Rencontre qu'il fait à Poz-

parole, elle confent d'époufer le Comte, &
lui demande un délai de quinze jours, fous
prétexte de quelque incommodité, 150. Ce
que c'étoit que cette incommodité, ibid. &
fuiv. Il fe réfout à ne plus penfer à elle, 154.
Suite de l'hiftoire de cette Dame, 155 & fuiv.
Cette affaire le confirme de plus en plus dans
la mauvaife opinion qu'il a des femmes, ibid.

Malgré la réfolution que le Comte prend
de ne plus s'amufer aux femmes, il s'attache
à une qui avoit eu une intrigue ouverte avec
un grand Seigneur de la Cour, 156. Cette
femme offre quatre cens piftoles à qui lui mé-
nagera les bonnes graces du Roi d'Angle-
terre, 157. Le Comte, fans le favoir, la fert
dans cette affaire, & touche l'argent, ibid.
Se promenant avec fa nouvelle maîtreffe à la
Foire Saint Germain, le Roi d'Angleterre lui
dit que c'étoit la Dame aux quatre cens pifto-
les, 158. Il rompt avec cette femme, 160.

Le Comte devient amoureux d'une jeune
fille, qu'il avoit vûe fouvent chez une amie
de fa derniére maîtreffe, & qui étoit Pen-
fionnaire dans un Couvent, ibid. Cette fille
lui écrit une Lettre dans laquelle elle lui té-
moigne la paffion qu'elle fent pour lui, ibid.
Elle s'échappe d'une de fes parentes, & le
vient voir, 161. Leur commerce dure un
mois, au bout duquel elle devient amoureufe
d'un valet de chambre de fa mere, 162. Le

Comte lui en témoigne son défespoir dans une Lettre, 163. Il tâche de la justifier dans son esprit, ibid. Il se déguise en domestique & la va voir au Couvent, 164. Elle lui en marque sa reconnoissance, & ils se raccommodent, ibid. Elle lui fait promettre de l'époufer, 165. Sa famille la fait fortir du Couvent, pour la marier à une personne tirée, ibid. & fuiv. Elle déclare à sa mere qu'elle ne l'époufera pas, & qu'elle s'est promise au Comte, 166. Elle lui fait favoir ce qu'elle avoit dit à fes parens touchant les engagemens qu'ils avoient enfemble, ibid. On la menace de la faire enfermer pour le refte de fes jours, ibid. Cette menace lui fait accepter le mariage qu'on lui propofe, ibid. Le Comte fe réfout à l'enlever & va la trouver dans une Eglife où elle lui avoit donné un rendez-vous, ibid. Il y arrive dans le temps qu'on la marioit, & refte jufqu'à la fin de la cérémonie, 67. Le dépit de voir cette derniére maîtresse mariée, fait qu'il ne fe pique plus de politeffe, ni de complaifance pour les Dames, 168. Sa brutalité lui attire encore plus d'égards de leur part, ibid. Il en fait effai fur une Dame qui devint fon amie, à force de le croire fon ennemi, ibid. Raifons qui l'engagent à la quitter, 169. Son frere lui conseille de faire un voyage en Pologne, où le bien & les enfans qu'il y avoit

SECONDE PARTIE.

LIVRE TROISIÉME.

Duc, il prend la résolution de renouer avec cette Dame, & de s'en faire aimer, ibid. Elle lui demande pardon du mauvais traitement qu'elle lui a fait à Naples, 216. & suiv. Cependant elle le trompe, 217. Le Roi d'Espagne ayant une nouvelle maîtresse, le Comte est curieux de la voir, 218. & suiv. Le Gascon chez qui il étoit logé, lui procure cette occasion, ibid. Ils se mettent sur un escalier, pour voir passer cette Dame, 219. Ce qu'elle dit au Comte en descendant, lui fait croire qu'elle veut avoir une intrigue avec lui, ibid. Il va chez sa Napolitaine, pour savoir qui étoit cette Dame, 220. Elle lui dit qu'elle est sa meilleure amie, & tâche de l'en détourner, ibid. Le Duc de Guise lui conseille de poursuivre auprès de cette Dame, qu'il ne connoissoit pas encore, 221. Il reste long-temps dans son ignorance, ibid. & suiv. Il reçoit un billet de cette Dame qui lui promet de se faire reconnoître au plûtôt, 223. Elle lui donne rendez-vous chez sa Napolitaine, pour le même jour, ibid. Il reconnoît dans cette entrevûe que la Napolitaine & la maîtresse du Roi étoient la même personne, ibid. Le Comte feint de n'être pas la dupe du tour qu'on lui avoit joué, mais ni cette Dame, ni le Duc de Guise ne le croyent point, 224. Il recommence à aimer la Napolitaine, 225. Le Duc de Guise part

ibid. De désespoir, elle dit au Roi qu'Eléo-
nor a une intrigue avec le Comte, ibid. Le
Roi déclare à Eléonor tout ce que la Napoli-
taine lui a dit ; Eléonor jure au Roi que cela
est faux, & lui en demande vengeance, ibid.
Elle ne se contente pas de la promesse que le
Roi lui en fait, elle suscite encore le fils du
Duc d..... contre le Comte, ibid. Le Comte
quoiqu'innocent, est arrêté par six hommes
qui le lient & le conduisent dans une maison
où il trouve Eléonor & le fils du Duc d....
236. Elle lui demande raison des calomnies
qu'il a répandues contr'elle, ibid. Sur les
réponses que lui fait le Comte, elle commence
à revenir des préventions qu'on lui avoit
données, 237. Eléonor lui déclare tout ce
que la Napolitaine avoit dit au Roi, ibid.
Il offre de soutenir le contraire devant le Roi,
& accompagne ses protestations de termes
tendres & passionnés, 238. Le fils du Duc
en prend ombrage & en fait des reproches à
Eléonor, ibid. Malgré qu'on lui tient le poi-
gnard sous la gorge, il continue de témoigner
sa passion pour Eléonor, ibid. & suiv. Le fils
du Duc sort en menaçant sa maîtresse, qui
délie le Comte & le blâme de lui avoir té-
moigné son amour si mal à propos, 239. Le
fils du Duc publie par tout qu'Eleonor aime
le Comte, & qu'il en a obtenu des faveurs,
240.

LIVRE QUATRIÉME.

qui en eſt affligée autant que lui, ibid.

Il fait connoiſſance avec un Eſpagnol (Dom Antonio Manrique) dont il voyoit ſouvent la femme (Dona Iſabella) 253. Dans une converſation qu'ils ont enſemble, elle lui vante fort la bonne mine d'un Eſclave Algérien qu'elle avoit vû une fois, ibid. Le Comte, à ce diſcours, s'imagine que cette femme veut avoir une intrigue avec lui, & il devient amoureux d'elle, 254. Il reconnoît que Dona Iſabella n'en veut qu'a l'Eſclave & non pas à lui, ibid. Elle le queſtionne ſur cet Eſclave, s'informe où il demeure, ce que le Comte lui enſeigne, & ils ſe ſéparent, 255. Il retourne la voir, & lui témoigne qu'il l'aime éperdûment, ibid. Elle ſe fâche de cette déclaration, & le menace d'en avertir ſon mari, 256. Il n'en a que plus de paſſion pour elle, 257. Dona Iſabella envoye demander l'Eſclave Algérien, à l'adreſſe qu'on lui avoit donné, ibid. Le Comte prend ſon habit d'Eſclave, & ſuit la Duegne qui le vient chercher, 258. Elle le méne chez Dona Iſabella, qui ne le reconnoît pas, ibid. Il profite de ſon ignorance, pour lui reprocher l'avanie qu'elle avoit faite à un homme qu'il lui dit être de ſes amis, 259. Iſabella s'explique avec lui ſur ce ſujet, 260. Il admire le caprice des femmes, & devient jaloux de lui-même, ibid. & ſuiv. Iſabella *voyant que l'Efclave ne lui parle que de fon ami, & qu'il ne répond pas à fes empreffe-mens, s'en irrite, & remet leur entrevûe au lendemain, 261. & fuiv. Le Comte fe propofe d'y retourner avec fon habit françois, fi on revient le chercher, 262. La même Duegne revient le prendre le lendemain pour le conduire chez Ifabella, 263. Il cache fon habit françois avec celui d'Efclave, qu'il laiffe au pied du balcon, ibid. Ifabella eft furprife, & lui fait promettre de la venger de l'Efclave, ibid. Il lui déclare qu'il eft le même que l'Efclave, ce qu'Ifabella ne veut pas croire, 264. Il veut lui prouver en al-lant chercher fes habits, mais la Dame fe retire, & il ne peut la revoir, ibid. Il fe réfout de paffer le refte de la nuit dans la rue, afin de reconnoître la maifon, 265. Il y eft attaqué par Manrique & fes domefti-ques, ibid. Il bleffe Manrique & fe fauve, 266. On ne fait point de pourfuites contre lui, ibid. & fuiv.*

Ifabella ayant vû les habits de l'Efclave que fes domeftiques avoient ramaffés, recon-noît fon erreur, 267. Son amour fe réveille en faveur du Comte, & elle le va chercher elle-même, 268. Elle lui fait des excufes, & lui donne les moyens de fe raccommoder avec fon mari, 269. Il lui repréfente les difficultés d'exécuter un tel projet, ibid. Ré-

fléxions

de fa lettre, ibid. *Ifabella prend le change, & fe fait bon gré de ce qu'elle a dit à fon mari que le Comte & l'Efclave étoient le même*, 280. *Elle l'envoye chercher par la Duegne Beatrix, qui le conduit fous fon balcon*, ibid. *Ifabella l'introduit, lui fait des reproches, & lui conte comment elle avoit voulu faire affaffiner fon ami*, 281. *Il lui fait des excufes de fon indifcrétion, & lui fait à fon tour des reproches d'avoir été bien avec ce François, ce qu'il nie*, ibid. *Ils fe féparent, fans qu'Ifabella ait le moindre foupçon qu'il fût autre chofe que l'Efclave d'Alger*, 282.

Le Comte trouve un vrai Algérien qui lui paroît propre à la vengeance qu'il méditoit contre Ifabella, ibid. *Il le fait aboucher par fon valet de chambre, qui lui promet une bonne récompenfe, s'il veut faire ce qu'on lui dira, ce qu'il accepte*, ibid. & fuiv. *Beatrix étant venue à l'heure ordinaire, le Comte envoye l'Algérien à fa place*, 283. *Dès qu'il fait qu'il eft dans la chambre d'Ifabella, il écrit un billet à Manrique, par lequel il lui mande que fa femme eft enfermée avec l'Efclave d'Alger*, ibid. *Manrique s'étant levé, ordonne à une partie de fes gens de fe tenir fous le balcon, & l'autre partie dans la maifon*, ibid. & fuiv. *Pendant ce temps, Ifabella qui reconnoît que l'Algérien n'eft pas fon*

amant, lui ordonne de se retirer, 284. Si-
tôt qu'il est descendu, les valets de Manrique se saisissent de lui, & le menent à leur
maître, 285. Manrique est surpris de voir
que ce n'est pas le Comte, & commence à
croire qu'on l'a trompé, ibid. Il fait enfermer sa femme dans sa chambre, & l'Algérien dans un cul de basse-fosse, ibid. L'Africain ayant dit que c'étoit le Comte qui l'avoit
embarqué dans cette affaire, on va pour se
saisir de lui, mais on ne le trouve plus, 286.
il se tient caché tout le jour, & part le lendemain de Madrid, ibid. & suiv.

Le Comte arrive à Bayonne, & y tombe
malade, 287. Il écrit a M. le Prince les
raisons qui l'avoient engagé de sortir de Madrid, ibid. M. le Prince lui fait une réponse
sêche, ibid. Le mécontentement de M. le
Prince, & plus que cela, l'amour qu'il avoit
pour Eléonor, le font résoudre à retourner à
Madrid, malgré le péril dont il étoit menacé, 288. Réfléxions qu'il fait sur ses pas-
sions, ibid. & suiv.

Le Comte reprend le chemin de Madrid,
& tombe dangereusement malade à Fontarabie, 289. Il envoye un de ses gens à Madrid, porter une lettre pour Eléonor, & lui
donne ordre de s'informer de ce qu'on disoit
de l'affaire de Manrique, 290. Eléonor lui
fait dire qu'il se garde bien de revenir à.

ibid. *Elle lui fait entendre que c'étoit pour son bien*, ibid. & fuiv. *Pendant cet entretien, le Portugais diffimule fa colere*, ibid. *Il fe radoucit, follicite fa liberté, & la délivre*, 312. *Il continue à la voir & a l'aimer*, 313. *Cette fille reçoit les affiduités du Duc de Camille, le Portugais en devient jaloux, & lui en fait des reproches*, 314. *Elle veut fe juftifier, & lui découvre une autre confpiration contre le nouveau Roi, dont l'Archevêque de Brague étoit le chef*, ibid. & fuiv. *Elle tâche de le faire entrer dans cette confpiration*, 315. *Pendant qu'il délibére s'il y entrera, la confpiration eft découverte, par l'imprudence de l'Archevêque de Brague*, 316. *On fe faifit de tous les Conjurés, & en même temps de la maîtreffe du Portugais*, ibid. *La Reine lui donne fa grace, & change fa peine en une prifon perpétuelle*, ibid. *Le Portugais eft foupçonné, & craignant qu'on ne l'arrête, il fe réfout à s'eloigner*, 317. *Avant de le faire, il veut encore la mettre en liberté*, ibid. *Comme fa prifon étoit un Couvent, il lui écrit qu'il y mettra le feu*, ibid. & fuiv. *Cette fille envoye le billet à la Reine, qui donne ordre d'arrêter le Portugais, mais on ne le trouve plus*, 319. *Pour récompenfe, la Reine lui permet de fe faire Religieufe, ce qu'elle accepte*, ibid. *Le Portugais ayant appris qu'elle*

Fin des Sommaires du Tome premier
des Mémoires.

MEMOIRES

MEMOIRES

DE LA VIE

DU COMTE DE ***,

AVANT SA RETRAITE,

RÉDIGÉS PAR MONSIEUR

DE SAINT-EVREMOND.

LIVRE PREMIER.

'ENTRE dans ma soixantiéme année, plus rebuté du monde par mes disgraces, que par la vieillesse; je cherche à jouir du peu de repos que Dieu me laisse encore, en m'occupant de tout ce qui peut me donner lieu de me détacher du monde; & comme ma vie est, pour ainsi dire, un tissu de tous les écueils, qu'on peut trou-

ver auprès des femmes , je crois que rien
ne sauroit être plus utile , & à moi-même ,
& aux autres , que de repasser sur mes avantures , qui ont rapport à elles. Ceux qui liront ces Memoires , y prendront peut-être
des motifs pour être plus sages que je n'ai
été , & moi en les écrivant , & en me retra-
çant le ridicule & les égaremens de la galanterie , je m'animerai à condamner de
plus en plus ce maudit penchant , qui tout
vieux & tout expérimenté que je suis , pourroit encore m'entraîner ; tant les hommes
ont peu de force pour suivre le bien qu'ils
approuvent , & pour éviter le mal qu'ils
condamnent.

Comme en écrivant ces Memoires , je
pense plus à laisser à la postérité une ins-
truction , qu'une Histoire ; je ne dirai point
qui je suis , & je cacherai de même le nom
de la plûpart de ceux dont je parlerai. Je
n'écris pas précisément pour apprendre mes
avantures , mais pour enseigner , par le récit de mes avantures , à éviter les dérégle-
mens que je déplore ; & il y auroit de l'in-
justice aux Lecteurs , de s'appliquer davantage , à deviner la vérité de cette Histoire , qu'à profiter des vérités qu'elle ren-
ferme.

Je prie , du moins , ceux qui me recon-
noîtront , de ne divulguer ni leurs conjectures , ni leurs découvertes , & je leur don-

ne fous le fecret , tout ce qui me fera impoffible de leur cacher.

Je fuis né dans le mois de Mai de l'année
1625. Mon pere qui étoit d'une des plus
anciennes Maifons du Royaume , & qui
avoit à l'Armée un Emploi, qui lui per-
mettoit peu de prendre le foin de fon mé-
nage , l'avoit laiffé à ma mere. Sa Famille
étoit compofée d'une fille & de trois garçons : la fille étoit l'aînée, & j'étois le cadet
de tous les quatre. Le fonds de fon bien
pouvoit monter à quatre cens mille francs.
Il avoit fait de grands avantages à ma mere,
quoiqu'elle lui eût apporté peu de chofe en
mariage, & à peine fûmes-nous au monde,
qu'on nous fit entendre que nous avions
peu de bien. Ma mere nous éloigna de
bonne heure d'auprès d'elle, & ayant mis fa
fille dans un Couvent de Province, où elle
payoit une penfion modique , elle chercha
auffi les Colléges , où l'éducation de fes
garçons pourroit lui moins coûter. Mon
frere aîné avoit déja pris le parti des Armes,
quoiqu'il n'eût que quinze ans. On me mit
avec mon fecond frere dans une petite
Ville de Province , fous la conduite d'un
Prêtre, qui nous envoyoit étudier dans un
Collége qui étoit dans la même Ville.
Nous y étions fort diftingués , quoique
nous fiffions peu de dépenfe ; mais outre
qu'on connoiffoit qui nous étions , on nous

donna des qualités , qui nous attiroient cette diftinction. On donna à mon frere la qualité de Comte, & à moi celle de Chevalier ; car la mode n'étoit pas en ce tempslà auffi établie qu'aujourd'hui , de donner celle d'Abbé à des enfans, qui n'ont nulle autre vocation à l'Eglife , que le titre de cadets.

Mon frere le Comte ne fe trouva aucune ouverture d'efprit pour les Lettres , & toute fon occupation , depuis le matin jufqu'au foir, étoit de faire enrager le pauvre Précepteur chez qui nous logions. Pour moi j'étois plus docile , & quoique je ne fuffe pas ennemi du plaifir, je ne laiffai pas de trouver moyen de bien faire dans mes Claffes. La différence qu'on remarqua entre le caractére d'efprit de l'un & de l'autre, m'attira des louanges, qui chagrinant mon frere , commencerent à lui donner contre moi la haine qu'il a toujours eue, & c'eft ce qui m'a convaincu , qu'il ne faut jamais faire étudier enfemble des enfans, dont le génie eft différent. Les mortifications qu'on donne à un aîné , qui eft furpaffé par fon cadet , retombent toujours fur celui qui en eft la caufe innocente. Mon frere avoit déja quinze ans , & moi quatorze, quand une Troupe de Comédiens arriva dans la Ville où nous faifions nos études.

Je n'avois eu jufques-là , que de vagues

impreſſions de cette paſſion qui attache un
ſexe à l'autre. Ce fut à la Comédie qu'elle
commença à ſe développer, & à ſe faire
ſentir en moi, & je le dirai, ou à ma confuſion, ou à celle des plus graves Auteurs
de la Tragédie, que ce fut à la repréſenta-
tion du Cid, que je commençai tout de bon
à vouloir faire l'amour. La femme qui
jouoit le rôle de Chiméne, me toucha, &
par ſa beauté, & par la tendreſſe des ſentimens de ſon perſonnage. Je me ſentis affligé de la voir malheureuſe. Il me ſemble
même, que j'étois un peu fâché, qu'elle fût
auſſi vertueuſe, que ſon rôle la faiſoit paroître; mais ce regret ne me dura pas long-
temps. J'appris bientôt que cette femme,
qui repréſentoit ſur le Théatre des rôles ſi
vertueux, n'étoit dans le particulier rien
moins que Chiméne. Ce fut là ce qui me
renverſa entiérement l'imagination. Quoi,
diſois-je en moi-même, il me ſeroit aiſé
d'être aimé de cette Chiméne, qui a tant
de fierté pour Rodrigue ? Je portois par
tout ces penſées & ces réflexions, & j'ava-
lois, ſans le ſavoir, le funeſte poiſon de la
débauche.

Ce que j'éprouvai dans un âge ſi tendre,
m'a, dans la ſuite de ma vie, empêché d'ê-
tre ſurpris, quand j'ai vû les Comédiennes,
toutes décriées qu'elles ſont, inſpirer de
plus fortes paſſions que les plus honnêtes

femmes. Le rôle qu'elles font fur le Théatre, donne du goût pour celui qu'elles font ailleurs.

Cependant j'étois trop jeune pour ofer m'attacher à la Chimére, qui m'avoit touché dans la repréfentation du Cid. D'ailleurs, cette Comédienne étoit à toute heure entourée de gens moins jeunes que moi, & plus riches que je ne l'étois à cet âge, & prévoyant bien que fi j'ofois lui parler d'amour fans avoir à lui faire des préfens, je n'en ferois traité que comme un écolier, je cherchois des amours plus aifées, & plus capables de me réuffir. Mais à qui m'attacher ? Je ne voyois pas une femme pour qui je n'euffe du penchant. Tout étoit Chiméne pour moi, mais je n'étois Rodrigue pour perfonne ; & les plus fortes douceurs que je recevois des femmes, à qui je prodiguois les miennes, c'eft que j'étois un joli enfant. Cela me défefperoit ; je voulois qu'on me regardât comme un homme, puifque je fentois fi bien que je l'étois.

Il y avoit dans la Ville où nous demeurions, un Couvent de Filles, dont l'Abbeffe étoit un peu notre parente. J'allois la voir affez fouvent, & par fon moyen, je connoiffois la plûpart des jeunes Penfionnaires qui étoient chez elle. Il y en avoit une à peu près de mon âge, qui me plaifoit plus que les autres ; & comme j'avois

affez de facilité pour la voir , je crus qu'il
n'y avoit perfonne , à qui je puffe mieux
m'attacher. Ce fut donc à elle que je réfolus de découvrir la paffion , qui commençoit à naître dans mon cœur. Je me fervis
pour faire cette déclaration , de quelques
Vers de Comédies que j'avois retenus ,
que je lui prononçai d'un air fort paffionné
& fort tendre : la petite perfonne étoit déja
bien plus aguerrie que moi , & je fus fort
étonné de la voir répondre à mes Vers par
de la Profe fort intelligible. Elle fe moqua
de la maniere dont j'avois fait ma déclaration, & elle me dit qu'elle avoit appris dans
fon Couvent à parler d'une autre forte. Je
reconnus qu'elle avoit lû toutes fortes de
Livres de galanterie, & qu'elle en favoit
déja affez , non-feulement pour répondre à
mes fentimens , mais encore pour m'encourager , & pour m'inftruire. Elle jura
pourtant, qu'elle n'avoit jamais fenti que
pour moi, la paffion qu'elle me découvroit,
& qu'elle ne la fentiroit jamais pour un autre ; mais elle me dit que fi je l'aimois véritablement, il falloit ne point perdre de
temps, & travailler à trouver l'occafion de
nous voir fouvent.

Il eft aifé de s'imaginer combien je fus
charmé de trouver une perfonne fi aimable,
toute remplie d'amour pour moi. Je me
perfuadai aifément que c'étoit l'effet de

A iiij

mon mérite, qui lui caufoit cette paffion ; & je fus confirmé dans cette vanité, par les lettres qu'elle commença à m'écrire tous les jours, car il me fembloit alors qu'on ne pouvoit écrire, ni avec plus de paffion, ni avec plus d'efprit.

Je ne penfai donc plus qu'à l'aimer. Nous nous écrivions exactement tous les jours, & nous nous fervions pour ce commerce, d'un Ecolier, qui étoit fils de la Tourriere de l'Abbaye, & qui en venant en Claffe, me rendoit fes lettres, & lui reportoit les miennes en s'en retournant.

Il y avoit un mois que nous nous aimions de la forte, quand mon frere, qui paroiffoit attaché à une Religieufe de la même Abbaye, & qui n'étoit pas d'humeur à cacher fes intrigues, me fit voir les lettres que cette Religieufe lui écrivoit. Quelle fut ma furprife, quand je vis que c'étoit prefque mot pour mot, les mêmes lettres que m'écrivoit ma Penfionnaire, & qu'il falloit que toutes celles que j'avois reçûes euffent été compofées par cette Religieufe ! Je n'en témoignai rien à mon frere, mais en le quittant, j'allai faire un paquet de toutes les lettres que j'avois, & je les renvoyai à celle de qui je les avois reçûes, lui mandant par un billet fort fec, que je ne voulois plus l'aimer ni la voir, puifqu'elle avoit été capable de me tromper,

Elle répondit à mon billet par un billet encore plus fec. Comme je l'aimois de bonne foi, je fus fâché de la voir en colere. Je lui écrivis une lettre fort humble, en lui demandant mille pardons, & n'ayant eu aucune réponfe, j'allai la voir pour lui demander pardon moi-même.

Elle me reçut avec un air qui me perfuada qu'elle ne m'avoit jamais aimé. Elle ne fit que rire de ma trifteffe ; & voyant que je voulois lui faire des reproches en forme, elle me dit que j'étois un plaifant marmot, pour vouloir être aimé d'une perfonne comme elle. Cela m'accabla, car elle n'étoit guére plus âgée que moi. J'enrageois de me voir traiter d'enfant par un enfant, & je n'avois pas fçû jufques-là, que les filles ne font plus des enfans, à l'âge où les garçons le font encore.

Le mauvais fuccès de cette premiere paffion, commença à me faire connoître le caractére des femmes. Heureux ! fi j'en euffe profité, mais je crûs que la jeuneffe étoit la feule caufe de la tromperie que cette Penfionnaire m'avoit faite, & je réfolus de m'attacher à des Maîtreffes moins enfans.

Nous allions quelquefois manger chez le Lieutenant Général de la Ville où nous demeurions. Il avoit une femme affez bien faite, & qui faifoit fort parler d'elle. Elle avoit environ trente ans, & je n'en avois pas quinze, mais je ne la voyois jamais que je ne lui marquasse de la passion. Je croyois alors qu'il falloit paroître passionné de toutes les femmes, & je le sentois même comme je le disois, car dans l'envie générale que j'avois de faire l'amour, je me trouvois, ce me semble, disposé à aimer toutes celles qui voudroient bien souffrir que je les aimasse.

La Lieutenante Générale prenoit beaucoup de plaisir à mes douceurs, & elle me disoit ordinairement, que c'étoit dommage que je fusse si jeune, mais qu'elle n'osoit compter sur une personne de mon âge. Elle oublioit pourtant ma jeunesse, quand il étoit question de me parler des chagrins que lui donnoit son mari, qui étoit jaloux au dernier point. Je crus que ces confidences étoient une marque de la passion qu'elle avoit pour moi, & je ne songeai plus qu'à lui plaire, & qu'à lui prouver que je n'aimois qu'elle.

J'avois lû alors beaucoup de Romans *, car c'étoit le temps où ils commençoient à être en vogue, & je ne croyois pas qu'il fût permis de faire l'amour autrement, que leurs Héros le faisoient. Je m'imaginois être tantôt Alexandre, tantôt Orondate, & ma Lieutenante Générale ne paroissoit pas

* Comme Pharamond en 12. volumes.

à mes yeux , une moindre Maîtreſſe , que Caſſandre , ou Statira.

Je n'étois point ſuſpect à ſon mari , étant preſque le ſeul , qui eût la liberté de voir ſa femme. Non-ſeulement nous étions ſeuls , quand je la voyois chez elle , mais nous allions ſouvent nous promener tête à tête dans un jardin qui étoit dans un Fauxbourg de la Ville.

Un jour elle me dit qu'elle vouloit éprouver ſi je l'aimois véritablement , & ſi elle pouvoit ſe fier à moi. Je lui promis une diſcrétion à l'épreuve de tout , & alors elle me dit , qu'elle avoit à parler à un homme de ſes parens , qui ſe trouveroit dans le jardin , mais qu'il falloit que jamais perſonne n'en eût connoiſſance , parce qu'elle ſeroit perdue , ſi on venoit à le découvrir , ſon mari lui ayant fait des défenſes expreſſes de voir cet homme ; elle m'aſſura que ce n'étoit que pour affaires qu'elle avoit envie de l'entretenir , & je lui promis fidélité , ſans m'informer de ſes raiſons.

Nous allâmes à ce jardin , & à peine y fûmes-nous arrivés , que le Cavalier qu'elle vouloit voir , monta par-deſſus la muraille , & vint nous trouver dans une allée , où nous nous promenions. Le voilà , me dit-elle , demeurez-là pendant que je lui parlerai dans ce cabinet. Vous obſerverez s'il ne vient perſonne , & ſi vous voyez quelqu'un, vous me viendrez avertir. Je lui dis qu'elle pouvoit se fier à moi, & elle entra dans le cabinet avec cet homme, me laisſant en ſentinelle au bout de l'allée, qui répondoit à ce cabinet, & me diſant, que je me gardaſſe bien de changer de place.

Dès qu'elle fut dans le cabinet, j'oubliai la promeſſe que je lui avois faite de garder toujours mon poſte, & m'approchant tout doucement de la porte de ce cabinet, j'eus la malice d'y frapper rudement, en lui criant, *Madame, voici votre mari qui vient.* A ces paroles, elle s'approcha de la porte, & ſans l'ouvrir, elle me pria de mener ſon mari dans une autre allée, juſqu'à ce qu'elle eût eu le temps de faire évader le Cavalier.

Je me retirai pour lui laiſſer ce temps-là, & le Cavalier regrimpa avec précipitation à la muraille, par où il étoit venu. Elle vint à moi, & me voyant ſeul, elle demanda où étoit ſon mari. J'eus beau lui dire qu'il étoit déja reſſorti, elle vit bien que c'étoit une peur que j'avois voulu lui faire, & elle m'en témoigna un chagrin, qui alloit juſques à me dire des injures.

Je crus qu'ayant apperçu ſon intrigue, elle me ménageroit, mais ce fut tout le contraire. Elle me remena au logis ſans preſque me dire un mot, & en me quittant elle alla dire à son mari, que j'étois un insolent, qui avoit osé lui en conter, & qu'elle le prioit que je ne revinsse plus chez elle.

J'y retournai dès le lendemain, & le mari me dit en se moquant de moi, que j'étois un libertin & un débauché, & que sans la considération qu'il avoit pour ma famille, il me traiteroit comme on traite les enfans quand on veut les châtier.

Cette injure me perça jusqu'au vif, & au lieu de lui répondre comme j'aurois pû le faire, que sa femme le trompoit, je ne m'arrêtai qu'à la honteuse menace qu'il m'avoit faite. Je lui sautai au collet, & le manque seul de forces m'empécha de lui faire autant de mal que j'aurois voulu. Sa femme accourut au bruit, & prenant le parti de son mari, elle me dit cent injures. Voyez, disoit-elle, quelle insolence. Ce petit fripon en fait déja beaucoup, & s'il ose traiter mon mari de cette sorte, que ne diroit-il point de moi si on l'écoutoit ? On m'arracha des mains du mari, & on me pria de ne plus revenir chez lui. Je sortis en donnant au mari & à la femme tous les noms qu'ils méritoient.

Quand je fus au logis, j'admirai long-temps l'impudence de cette femme, qui sachant que j'avois de quoi la perdre en publiant ce que j'avois vû, avoit eu un procédé si étrange ; mais je ne connoissois pas en ce temps-là de quoi une femme coquette est capable , & ce qui m'arriva à cet âge ne fut qu'une légere ébauche des friponneries que j'ai éprouvées depuis dans les femmes de ce caractére.

Cette avanture fit grand bruit. Le Précepteur chez qui nous logions en écrivit à ma mere , & la pria de nous retirer , parce que nous étions trop grands. Ma mere auroit eu peu d'égard à ses remontrances , si cette année-là qui étoit l'année 1640. elle n'étoit devenue veuve. Mon pere fut tué en Piémont à la bataille que le Comte d'Harcourt gagna sur les Espagnols. Elle nous rappella donc à Paris , où nous trouvâmes mon frere aîné qui étoit revenu après la mort de mon pere , pour demander sa Charge , & pour tâcher aussi de nous faire donner de l'emploi dans les Troupes , à mon frere le Comte & à moi.

Nous avions un ami puissant avec qui mon frere aîné avoit été élevé , & que nous avions aussi fort connu dans notre jeunesse. C'étoit Monsieur de Cinq Mars , fils du Maréchal d'Effiat. Comme il étoit dans sa plus grande faveur , nous n'eûmes pas de peine à obtenir tout ce que nous souhaitions. La Charge de mon pere fut rendue à mon frere aîné. On donna mon frere le Comte à Monsieur le Duc de Brezé pour servir sur

mer, & mon frere aîné qui avoit de l'amitié pour moi, voulut me garder auprès de
lui pour servir en Piémont la campagne
prochaine. Je restai donc à Paris, où je paffai l'hiver avec lui, étant presque de toutes
ses parties & de tous ses plaisirs, & ce fut
alors que j'eus occasion de connoître bien
mieux que je n'avois fait, le caractére des
femmes coquettes.

Nous étions presque toujours chez Monsieur de Cinq Mars, & je ne puis m'empêcher de dire ici la surprise où j'étois, & les
réflexions que j'avois coûtume de faire toutes les fois que je le voyois. Jamais homme
ne m'a semblé devoir être plus heureux qu'il
étoit alors. Il se voyoit à vingt ans Favori
du Roi, avec des distinctions que nul autre
n'avoit eues avant lui. Il étoit adoré de tous
les Courtisans, & aimé de toutes les femmes ausquelles il lui plaisoit de s'attacher.
Cependant je ne le voyois jamais content,
& dès qu'il se trouvoit seul avec mon frere
& moi, il se disoit l'homme du monde le
plus malheureux. Il rêvoit, il soupiroit, &
passoit souvent des heures entieres à ne rien
dire & à se promener dans la chambre. Il
n'expliquoit qu'à mon frere les sujets de
chagrin qu'il avoit, & lui parloit assez souvent à l'oreille. Je ne me mêlois point
d'entrer dans ces confidences, mais je ne
pouvois cesser d'admirer combien les hom-

mes font trompés , quand ils fe perfua-
dent que les grands poftes & les grands
honneurs font néceffaires pour être heureux.

Je n'eus aucune connoiffance des fecrets
de Monfieur de Cinq Mars en matiere d'E-
tat , & je ne fai s'il les découvrit à mon frere , mais je connus la plûpart de ceux qu'il
avoit en matiere de galanterie; car on trouve beaucoup d'hommes capables de cacher
ce qui regarde leur fortune , & l'on n'en
trouve guére qui puiffent ne pas fe vanter
de ce qui a de quoi flatter leur vanité en
amour.

Monfieur de Cinq Mars étoit parfaitement bien fait & fort libéral. Cependant les
femmes aufquelles il paroiffoit attaché , ne
lui étoient pas fort fidelles. Comme il étoit
obligé d'être prefque tout le jour auprès du
Roi , il n'avoit que des momens à donner à
fes maîtreffes , & elles trouvoient toute la
facilité qu'elles vouloient pour le tromper.

Il en avoit une pour laquelle il avoit fait
beaucoup de dépenfe. Il l'avoit meublée
& logée magnifiquement , & il ne lui rendoit guére de vifites qu'il ne lui fît des préfens. Il nous menoit fort fouvent chez elle
mon frere & moi , & même il nous y laiffoit , étant obligé de retourner à la Cour.
Soit que mon frere eût des engagemens
ailleurs ,

ailleurs, foit qu'il fît fcrupule d'en conter à la Maîtreffe de fon ami, il paroiffoit s'attacher peu à elle, & quand Monfieur de Cinq Mars étoit forti, & que nous reftions chez cette fille, il s'endormoit prefque toujours, & me laiffoit caufer avec elle tant que je voulois.

Je n'avois pas encore perdu l'habitude que j'avois prife, de croire qu'il n'étoit pas permis de voir une femme fans lui témoigner de la paffion. Celle-ci étoit belle, & on peut bien croire qu'ayant la facilité de l'entretenir, je lui dis que je l'aimois.

Voulant pourtant faire cette déclaration avec un peu de délicateffe, je lui dis que j'étois fâché que Monfieur de Cinq Mars fût fi attaché à elle, & qu'elle lui eût de fi grandes obligations, parce que fans cela j'aurois pris la liberté de lui témoigner que je l'aimois de tout mon cœur. Vous croyez, reprit-elle, qu'il eft attaché à moi, & que je lui ai de l'obligation, point du tout, il ne m'aime point, & il ne fait prefque rien pour moi. Il ne fait rien pour vous, repris-je avec étonnement ? Cependant on ne dit pas cela, & on prétend dans le monde qu'il vous a donné plus de cinquante mille écus. Hé bien, répondit-elle, cinquante mille écus, voilà une belle gueuferie pour une fille comme moi. Si je voulois avoir pour d'autres les complaifances que j'ai

<table>
<tr><td>Tome I.</td><td>B</td></tr>
</table>

pour lui , j'aurois déja reçu trois fois plus d'argent , & je ferois bien mieux éta-blie.

J'avoue que ce difcours me parut fi fin-gulier , que j'eus peine à ne pas faire des reproches à cette fille d'une pareille ingra-titude , car j'ignorois alors que les Maîtref-fes qu'on achete fe croyent toutes beau-coup au-deffus du prix pour lequel elles fe vendent.

Je ne voulus pourtant lui rien témoigner de ma furprife. Il eft vrai , lui dis-je , que fi on a égard à votre mérite , cinquante mille écus font peu de chofe. Mais que doivent donc efpérer de vous ceux qui n'ont rien , & de quelle maniere recevrez-vous l'offre que je veux vous faire de mon cœur, moi qui n'a pas un fou à vous donner ? Eft-ce donc , reprit-elle , que vous croyez que je fois intéreffée , & que je veuille acheter mes Amans ? S'il étoit vrai que vous m'ai-maffiez , & que je cruffe que c'eft de bonne foi que vous me parlez , je vous aimerois mieux que Monfieur de Cinq Mars avec fes cinquante mille écus, car, ajoûta-t'elle , il n'appartient qu'aux coureufes de faire l'a-mour pour de l'argent.

Ce difcours me toucha jufques au cœur , & m'empêcha de faire la réflexion que j'au-rois dû faire fur ce qu'il y avoit de ridicule & d'extravagant à voir une perfonne affez

intéreſſée pour n'être pas contente de cinquante mille écus, ne laiſſer pas de faire la
généreuſe; mais j'en fus touché, comme ſi
elle eût parlé de bonne foi. Je m'imaginai
que j'avois plus de mérite que Monſieur de
Cinq Mars, & j'allai même juſqu'à me perſuader qu'une fille auſſi bien nippée qu'elle
l'étoit, pourroit non - ſeulement m'aimer
ſans rien attendre de moi, mais me faire
même des préſens, car étant alors extrêmement dépourvu d'argent, je ſentois bien
que celle de toutes les femmes que j'aimerois davantage, ſeroit celle qui me donneroit le plus.

Je lui répondis que j'étois charmé de la
généroſité de ſon cœur, & qu'elle ne devoit point douter que le mien ne fût ſincére.
La maniere dont elle me répondit, me fit
croire que j'étois aimé. Elle m'aſſura qu'elle
me recevroit toutes les fois que j'irois chez
elle, & qu'elle auroit ſoin que perſonne ne
nous troublât dans nos tête à tête. Je lui
demandai un rendez-vous pour le lendemain matin à dix heures, & elle me le promit.

Je la quittai ſi charmé de ma bonne fortune, que j'eus peine à n'en pas faire confidence à mon frere. Je ne ceſſai point en
m'en retournant avec lui, de lui parler de
cette fille avec un épanchement de cœur
qui le faiſoit rire. Je crois, me diſoit-il,

que vous en êtes amoureux ? Il faudroit
pour cela, lui répondois-je, que je fusse
affez riche pour lui faire du bien. Mon frere rioit de toute fa force quand je lui difois
que perfonne que Monfieur de Cinq Mars
ne devoit prétendre à fes bonnes graces,
& j'ai jugé depuis qu'il falloit qu'il la connût déja pour ce qu'elle étoit.

J'attendois avec impatience l'heure marquée pour le rendez-vous, quand je reçus
un billet, par lequel elle me mandoit qu'il
lui étoit furvenu une affaire qui l'obligeoit
à fortir de bonne heure, & que n'ayant
point de Montre, toutes les fiennes étant
chez l'Horloger, elle me prioit de lui en
envoyer une qu'elle m'avoit vue la veille.
J'en avois une en effet affez jolie. Je la lui
envoyai auffi-tôt, l'accompagnant d'un
billet très-paffionné, par lequel je la priois
de fe fouvenir du rendez-vous pour l'après-
dînée. Je me hâtai fort d'aller chez elle, &
je la trouvai en deshabillé, fans qu'il parût
qu'elle eût forti le matin. Elle avoit avec
elle deux de fes amies qu'elle me dit qui l'a-
voient retenue jufques alors, ajoûtant qu'il
falloit qu'elle fortît dans un quart d'heure,
parce qu'elle étoit obligée de trouver ce
jour-là dix piftoles qu'elle avoit perdues au
jeu. Je ne vous les demande pas, ajoûta-
t'elle, parce que vous m'avez dit que vous
n'avez point d'argent. Elle me dit ces der-

nieres paroles d'un air fi fec, que je crus
que c'étoit un reproche qu'elle me faifoit.
Je le fentis jufqu'au vif, & je réfolus de lui
trouver les dix piftoles à quelque prix que
ce fût. Je la quittai, & j'allai vendre un petit diamant que j'avois, & lui apportai les
dix piftoles. Elle les reçut avec une joie
extrême, difant que ce qu'elle en faifoit,
étoit plus pour éprouver fi je l'aimois véritablement, que par le befoin qu'elle en eût.
Elle me promit pour le lendemain le rendez-vous dont elle m'avoit flatté; mais
quand l'heure en fut venue, elle me manda qu'elle étoit au défefpoir, mais qu'elle
ne pouvoit recevoir perfonne, parce que
Monfieur de Cinq Mars venoit de lui mander qu'il alloit venir la voir.

J'enrageois de tous ces contre-temps.
Le jour fuivant ne me fut pas plus heureux;
& elle me mena quinze jours de cette forte,
trouvant chaque fois des raifons nouvelles
pour me manquer de parole. Ce temps-là
paffé, elle me fit prier de me trouver à une
Eglife où elle fe rendit, & où j'allai lui
parler. Elle me marqua beaucoup de chagrin de ne pouvoir prendre l'occafion de
me voir chez elle, qu'elle s'étoit apperçûe
que l'empreffement que j'avois pour elle
avoit été remarqué, & qu'il falloit néceffairement que nous nous viffions ailleurs.
Elle ajouta que ce n'étoit pas fa plus grande

peine ; que ce qui l'affligeoit étoit que Monfieur de Cinq Mars lui ayant donné cinquante piftoles pour acheter un habit, elle avoit été affez malheureufe pour s'etre embarquée au jeu ; qu'elle n'ofoit lui dire qu'elle les avoit perdues, & qu'il falloit néceffairement qu'elle les trouvât ailleurs. Croyez-vous, ajouta-t-elle, que fi vous faifiez femblant d'en avoir befoin, & que vous les demandaffiez à Monfieur de Cinq Mars, il vous les refusât ? Je lui répondis que je n'ofois faire cette propofition à Monfieur de Cinq Mars, non-feulement parce que j'avois une répugnance extrême à emprunter de l'argent à qui que ce fût, mais auffi parce que j'avois des raifons de ménager l'amitié de Monfieur de Cinq Mars, pour des intérêts plus confidérables. Elle me répondit féchement, que cette excufe étoit une défaite, & qu'elle étoit folle de s'imaginer que je l'aimaffe. Elle me quitta après ces paroles, & ne voulut plus entendre de raifons.

J'avois tous les fujets du monde de croire qu'elle n'agiffoit pas de bonne foi. Elle avoit déja ma montre, qu'elle ne parloit point de me rendre. Je lui avois donné dix piftoles, & elle m'en demandoit encore cinquante ; mais je me trouvai affez aveugle pour ne pas faire la moindre réfléxion fur fon procédé. Elle étoit trop riche,

me dis-je à moi-même, pour être intéreffée, & il faut que ce qui la fait recourir à
moi foit un effet de fa confiance.

Je me réfolus donc de demander les
cinquante piftoles à Monfieur de Cinq
Mars. J'étois chez elle avec lui quand je
lui en fis la propofition. Je le tirai dans
une chambre à l'écart, & je lui dis en
tremblant, que j'avois un extrême befoin
•de cinquante piftoles, mes parens ne me
donnant point d'argent. Il me répondit
qu'il m'en alloit donner cent ; & aufli-tôt
appellant la perfonne chez qui nous étions:
Combien vous ai-je laiffé d'argent, Mademoifelle, lui dit-il, la derniere fois que je
vous vis ? N'eft-ce pas trois cens piftoles ?
Allez m'en querir cent, je vous prie, dont
j'ai extrémement befoin. Cette fille rou-
git ; & n'ofant rien répondre, elle lui ap-
porta les cent piftoles bien comptées qu'il
me donna.

Je fis difficulté de les prendre, lui difant
que cette fille en avoit peut-être befoin.
Non, dit-il, elle en a de refte, & je veux
même qu'elle vous en donne quand vous en
aurez befoin ; & l'appellant aufli-tôt, il lui
dit qu'elle me donnât tout ce que je lui demanderois. Je gardai les cent piftoles, réfolu d'apprendre à Monfieur de Cinq Mars
que je ne lui avois emprunté de l'argent
que pour la perfonne même de qui il les

avoit prifes, & je le laiffai avec elle.

Je ne favois que comprendre au procédé de cette fille, qui avoit fait femblant d'avoir befoin de cinquante piftoles en un temps où Monfieur de Cinq Mars venoit de lui en donner trois cens ; mais la chofe me paroiffoit bizarre, fuppofé qu'elle ne fût pas de bonne foi, qu'elle fût punie elle-même de fon avarice, & qu'au lieu de me demander de l'argent, comme elle avoit fait juf-ques-là, on l'eût obligée de m'en donner toutes les fois que je voudrois en avoir.

Je ne pus m'empêcher de raconter la chofe à mon frere, qui me blâma fort d'a-voir emprunté de l'argent à Monfieur de Cinq Mars, & qui voulut abfolument que je lui donnaffe les cent piftoles pour les renvoyer. Il m'apprit alors que cette fille jouoit fouvent de ces tours, & que quel-que argent que lui donnât Monfieur de Cinq Mars, elle en demandoit à tous ceux qui lui en contoient. J'en ai voulu, ajoûta-t'il, dire quelque chofe à Monfieur de Cinq Mars, mais l'amour l'aveugle, & il n'a pas le loifir de s'appliquer à connoître fes Maîtreffes.

Mon frere reporta les cent piftoles, & Monfieur de Cinq Mars ne les reprit qu'à condition que j'en demanderois à la fille qui me les avoit données, toutes les fois que l'argent me manqueroit. Mon frere

qui

qui l'avoit déja trouvé aveugle fur le fujet
de cette fille , ne jugea pas à propos de lui
dire que c'étoit elle qui m'avoit obligé de
lui faire cet emprunt , mais comme j'avois
réfolu de ravoir ma Montre & mes dix piftoles , je pris auffi la réfolution de me fervir de l'ordre que Monfieur de Cinq Mars
lui avoit donné , de ne me laiffer manquer
de rien.

J'allai donc chez elle , & je fus fort furpris que me recevant avec un vifage riant :
Hé bien , me dit-elle , où font les cent piftoles que Monfieur de Cinq Mars vous a
prêtées ? Ne font-elles pas pour moi ? Pour
vous , lui dis-je ? Ma foi , je les ai déja dé-
penfées ; & je vous prie au contraire de
m'en donner encore vingt , dont j'ai un befoin extrème. Quoi ! reprit - elle , vous
croyiez donc que les trois cens piftoles dont
Monfieur de Cinq Mars m'a parlé fuffent à
moi ? Vous vous trompez , il me les avoit
données en garde , & il eft fi avare , qu'il
me feroit mal paffer mon temps , fi j'avois
touché à un fou de l'argent dont il me con-
fie le dépôt. Hélas ! dit-elle en pleurant ,
je fuis bien malheureufe. A peine Monfieur
de Cinq Mars me donne-t'il mon néceffaire,
& je n'ofe jamais lui demander rien qu'il ne
me le reproche.

Ce que mon frere m'avoit appris du caractére de la Demoifelle , m'empêcha de

donner encore dans ce panneau. Je lui dis
que Monſieur de Cinq Mars n'étoit point du
tout du caractére dont elle le faiſoit, & que
je lui en parlerois moi-même pour en ſavoir la vérité; que je la priois de me rendre
ma Montre & mes dix piſtoles, puiſque je
ne pouvois douter qu'elle ne feignoit d'avoir
de l'amour pour moi, que pour me piller.
Elle ſe met encore à pleurer, me conjurant
de ne rien dire à Monſieur de Cinq Mars,
ce que je fus obligé de lui promettre, mais
j'inſiſtai inutilement pour ravoir ma Montre
& mes dix piſtoles; elle me dit qu'abſolument elle ne me les rendroit pas, & qu'elle
vouloit garder ces petits préſens pour marque de mon amitié.

Quelque fâché que je fuſſe, je ne pouvois m'empêcher de rire de ſes complimens.
Plus je riois, plus elle pleuroit; j'eus la force de n'être point touché de ſes larmes, & de
la mépriſer autant que je l'avois aimée. Elle
étoit en effet telle que mon frere me l'avoit
dit. Quoique Monſieur de Cinq Mars lui
prodiguât un argent immenſe, elle ne laiſſoit pas de demander à tout le monde. Elle
avoit plus de quatre cens mille francs de
bien quand Monſieur de Cinq Mars mourut, & on verra dans la ſuite quelle fut ſa
deſtinée.

Je n'allai plus chez elle que quand je ne
pouvois me diſpenſer d'y accompagner mon

frere, qui s'y trouvoit fouvent pour voir
Monfieur de Cinq Mars, & cherchant à m'a-
mufer ailleurs, je m'adonnai à l'Hôtel
de . . . . parce que Madame la Ducheffe
de . . . . étoit notre parente, & me recevoit toujours avec plaifir. Elle avoit une
Niéce fort jolie, qu'elle faifoit élever auprès d'elle ; car elle n'avoit point encore
d'enfans en ce temps-là. C'étoit une fille de
feize ou dix-fept ans ; & du caractére dont
j'étois, il eft aifé de juger que la voyant fort
fouvent, je ne manquai pas de lui conter
des douceurs. Elle répondoit à mon amour
d'une maniere qui me faifoit enrager ; elle
ne faifoit que rire, & je ne pouvois deviner
fi elle m'aimoit ou fi elle ne m'aimoit pas.
Un jour qu'elle étoit fortie avec la Ducheffe, j'allai pour la voir, & je ne trouvai qu'u-
ne jeune femme de chambre qui la fervoit.
C'étoit une fille de vingt ans qui étoit affez
bien faite. J'avois coûtume de lui faire des
honnètetés toutes les fois que je la rencon-
trois, & la trouvant feule ce jour-là, je lui
en fis plus qu'à l'ordinaire. Elle me parla de
fa Maîtreffe, & me dit que j'en étois paffionnément aimé ; que cette Niéce lui parloit
continuellement de moi, mais qu'elle n'o-
foit s'expliquer à moi-même. Elle ajoûta
que fi je l'aimois véritablement, elle tâche-
roit de lui ôter cette timidité & ces fcrupules, & de me ménager avec elle des con-

C ij

verſations ſecretes. Je jurai à cette femme
de chambre tout ce qu'elle voulut, & elle
m'aſſura que je verrois bien-tôt ſa Maîtreſſe, pourvû que je lui promiſſe d'être diſ-
cret. Elle prit enſuite la précaution de m'a-
vertir de ne lui rien témoigner juſqu'à ce
qu'elle l'eût prévenue.

Nous finiſſions à peine cette converſation, que la Ducheſſe revint avec ſa Niéce.
De quels yeux ne regardai-je point cette
charmante perſonne après ce qu'on venoit
de m'apprendre de l'inclination qu'elle avoit
pour moi, & quelle peine n'eus-je point à
ne lui en rien dire! Je me contentai de l'aſſurer que je l'aimois à la folie, & jamais en
effet je ne l'aimai davantage. Je ſentis alors
que rien n'eſt plus capable d'augmenter la
paſſion, que l'imagination d'être aimé.

La femme de chambre ne me laiſſa pas
languir. Dès le lendemain matin elle me
fit dire qu'elle avoit à me parler, & j'allai la
trouver dans une Fgliſe voiſine. Elle me
dit qu'elle avoit entretenu ſa Maîtreſſe, &
que ſi je voulois venir à l'Hôtel dès le ſoir
même, elle trouveroit le moyen de me la
faire voir. Je n'avois garde de différer, & je
pris avec elle toutes les meſures qu'elle
voulut.

J'allai le ſoir chez la Ducheſſe, j'y ſou-
pai, & quand je crus qu'elle vouloit ſe coucher, je pris congé d'elle; mais au lieu de

fortir, je montai en fortant de fa chambre, dans un grenier en maniere de garde-robe, où la femme de chambre m'enferma. Il faifoit un froid extrême, & je fus là deux groffes heures à geler de froid. Au bout de ce temps, & environ fur le minuit, on vint ouvrir la porte de mon grenier, & je connus que c'étoit la femme de chambre, qui me prenant par la main me dit tout bas que je la fuiviffe. Je la fuivis, & après plufieurs détours, je me trouvai dans une chambre où il y avoit du feu à demi-éteint, qui ne donnoit pas affez de clarté pour éclairer cette chambre, & me faire reconnoître où j'étois. Elle me dit que je me chaufaffe, & que fa Maîtreffe alloit venir me trouver. Un demi-quart d'heure après, j'entendis entrer une perfonne qui fans me rien dire s'approcha de moi. Eft-ce vous ? lui dis-je, croyant que c'étoit la Niéce de la Ducheffe. J'eus beau répéter trois ou quatre fois, eft-ce vous ? on ne me répondit rien. Je crus que la timidité & la honte l'empêchoient de parler, & je ne crus pas la devoir queftionner davantage. Dans ce moment on ouvrit la porte de la chambre où nous étions, & je vis une figure d'homme qui y entroit. La perfonne qui s'étoit approchée de moi, me pouffa à la ruelle du lit, & alla au devant de celui qui venoit troubler notre rendez-vous. J'entendis que cet homme lui parloit

C iij

avec beaucoup de familiarité, & qu'elle le prioit fort honnêtement de fortir. Cet homme ne voulut point fe retirer, & répondit en jurant, qu'il alloit voir à qui il tenoit qu'on ne le reçût, & il s'avança auffi-tôt vers la ruelle où j'étois, & fe jettant fur moi avec furie, il ne me fut pas avare de coups. Comme je voulus me revancher pour m'échaper de fes mains, nous fîmes du bruit, & j'entendis que l'on remuoit beaucoup dans la chambre au-deffus de celle où nous étions. Quelque temps après j'apperçus de la lumiere, & la Ducheffe elle-méme, fuivie de la femme de chambre. Elle ne fut pas plûtôt entrée, que je reconnus que celui contre qui je me battois, étoit un laquais de la maifon. La femme de chambre me montra à la Ducheffe, & enfuite lui dit en pleurant : vous voyez, Madame, que je ne vous ai pas menti, & que Monfieur le Chevalier eft venu fe cacher dans ma chambre pour me faire violence. Je ne voulois point vous le dire, & j'ai été prier Champagne de venir le faire fortir, mais il n'a jamais voulu, ce qui m'a contrainte de vous aller faire relever. La Ducheffe ne put s'empêcher de rire, quoiqu'elle fût fort en colere, & m'adreffant la parole, elle me dit que je faifois là de belles actions, & que j'étois un joli garçon. J'étois fi faifi & fi confus, que je ne pus dire un mot. La Ducheffe me fit reconduire par ses gens, & je sortis commençant à deviner une partie de cette avanture.

La vérité étoit que la femme de chambre n'avoit jamais parlé en ma faveur à la Niéce, & qu'elle s'étoit servie de son nom pour avoir elle-même un rendez-vous avec moi. C'étoit elle qui étoit revenue dans la chambre, & qui n'avoit osé me répondre quand je lui avois demandé, est-ce vous ? Soit que le laquais qui vint ensuite m'eût apperçu, soit qu'il eût accoûtumé de venir trouver cette fille, il ne voulut point s'en aller, & la femme de chambre se voyant dans l'embarras, ne crut point trouver de meilleur moyen pour sortir d'intrigue, que d'aller avertir la Duchesse, que j'étois caché dans sa chambre. Sa friponnerie eut tout le succès qu'elle souhaitoit. La Duchesse la crut une Vestale, & je passai pour un débauché. Je n'osai même détromper la Duchesse sur le champ, parce que ç'eût été commettre sa Niéce. Ainsi j'eus toute la honte de cette avanture, & personne ne douta que je ne fusse amoureux de la femme de chambre. La Niéce m'en fit des reproches fort aigres quand je la vis ; j'eus beau protester de mon innocence, & lui apprendre tout ce que la femme de chambre m'avoit fait espérer, elle persista à croire ce que les apparences lui persuadoient, &

C iiij

elle prit les vérités que je lui difois pour
des excufes imaginaires.

Je ne jugeai pas à propos de me laiffer
opprimer ; & voyant que la Niéce elle-méme prenoit parti contre moi , je réfolus de
raconter à la Ducheffe comme les chofes
s'étoient paffées. Cela lui donna des foupçons fur la conduite de cette femme de
chambre. Elle l'éclaira, & la furprit en intrigue , non-feulement avec le laquais, mais
encore avec plufieurs autres. Elle fut chaf-
fée, & il ne refla à la Ducheffe & à fa Niéce d'autre fujet de fe plaindre de moi ,
que l'infolence que j'avois eûe d'efpérer
ce que la femme de chambre m'avoit promis.

Quand la vérité eut été éclaircie , je
m'apperçus que la Ducheffe & fa Niéce
me regardoient de meilleur œil qu'elles n'a-
voient encore fait , & foit que mon avanture leur eût fait compaffion , foit que les
femmes aiment les gens qui ont le courage d'entreprendre quelque chofe pour
elles , je ne pus douter que l'une & l'autre n'eût de l'amitié pour moi. Mais hélas ! cette amitié ne fervit qu'à me faire
mieux connoître encore le caractére des
femmes.

La Ducheffe fut la premiere qui me déclara fes fentimens. Elle me dit nettement
que jufques-là elle m'avoit regardé comme

un enfant, & qu'elle n'avoit ofé me dire
l'inclination fecrete qui la portoit à m'aimer; mais qu'après le courage & la difcré-
tion que j'avois eû dans l'avanture de la
femme de chambre, elle voyoit bien qu'elle
pouvoit fe fier à moi, & qu'elle vouloit
que je l'aimaffe : mais il faut, dit-elle,
raccommoder un peu votre réputation, car
comme vous paffez pour un débauché, on
trouveroit mauvais que je vous viffe, fi
vous ne paroiffez être entiérement différent
de ce que l'on a fujet de vous croire. Vous
êtes le cadet de votre Maifon, & fi vous
voulez me plaire, vous prendrez l'état Eccléfiaftique. Je trouverai le moyen de vous
faire avoir des Bénéfices, & vous vous
mettrez dans un Séminaire.

Je lui dis que j'étois difpofé à tout ce
qu'elle voudroit, & il eft vrai qu'en ce moment je me trouvai fi flatté de me voir aimé
d'une Ducheffe, que je ne fus épouvanté
ni par l'averfion naturelle que j'avois pour
la profeffion qu'on me propofoit, ni par ce
que je me figurois de trifte pour moi dans
le féjour d'un Séminaire.

Je lui promis donc d'en faire parler à ma
mere ; je le dis à mon frere dès ce même
jour, & je ne trouvai nulle difficulté dans
ma famille à me laiffer prendre un état qui
fembloit la décharger de moi mieux que
tout autre.

Je fis donc femblant d'être fort défabufé des chofes du monde, & je pris des mefures pour me mettre dans un Séminaire, & y commencer mes études de Théologie. Quand on fut que j'avois pris cette réfolution, la Niéce de la Ducheffe à qui je n'en avois rien dit, en parut fort furprife & fort touchée. Elle me dit que j'étois fou, & que ce n'étoit pas-là ce qu'elle avoit cru de moi; car, ajoûta-t'elle, il faut vous avouer que je vous ai aimé dès le moment que je vous ai vu. Si je n'ai pas répondu d'abord à l'inclination que vous m'avez marquée, c'eft que j'ai voulu vous connoître auparavant; mais enfin je vous regardois comme le feul homme à qui je voulois m'attacher, & j'efpérois que vous m'épouferiez quelque jour.

Ah! Mademoifelle, lui répondis-je, pourquoi ne m'avez-vous pas parlé plûtôt? Car que dira-t'on, de ne me voir point changer d'état, après avoir pris pour cela toutes les mefures néceffaires? Cependant vous en êtes encore la maîtreffe, & je vous promets de n'en rien faire fi la chofe vous déplaît. Elle me répondit qu'elle ne vouloit pas abfolument que je me fiffe d'Eglife, & que fi je le faifois, je lui donnerois un très-fenfible chagrin. Je l'affurai qu'il n'en feroit rien, & un jour après, j'allai dire à la Ducheffe que je ne pouvois me réfou-dre à me faire Eccléfiaftique.

Je vois bien, reprit la Duchesse, que c'est ma Niéce qui vous a parlé. Je sai qu'elle vous aime, & qu'elle s'abandonne à ses chiméres sur la passion qu'elle a pour vous, mais elle n'en est pas où elle pense. C'est une folle dont je veux me défaire, & je vous apprens que nous la marions dans deux jours. Là-dessus elle me dit que le Duc son mari & elle, avoient pris secretement des mesures pour la marier à un homme d'affaires qui l'avoit fait demander, & qui cherchoit de l'appui par cette alliance.

J'avoue que je connus à cette nouvelle que j'aimois véritablement. Je sentis un noir chagrin en apprenant qu'on alloit marier une fille que j'aimois, & la marier à un homme qui n'avoit nul autre mérite que ses richesses : je répondis à la Duchesse que j'étois encore prêt de faire ce qu'il lui plairoit, & que dès le lendemain j'entrerois au Séminaire : mais qu'il y avoit de la conscience à marier sa Niéce de cette sorte. Faites, dit-elle, ce que je souhaite de vous, & vous ne vous en plaindrez point.

J'allai rendre compte à sa Niéce de la conversation que j'avois eû, & je lui appris que sa Tante avoit de la jalousie de l'amitié que j'avois pour elle, & que si je ne me faisois Ecclésiastique, on la marieroit. Quelle fut ma surprise, quand lui disant qu'on alloit la marier, elle me répondit avec une

efpéce de tranfport de joye : cela eft-il poffible ? Oui, lui dis-je, mais fachez à qui on
vous marie, c'eft à un tel. Quoi ! c'eft à
lui, reprit-elle, avec un redoublement de
joie ? Ah ! dit-elle, je le connois. C'eft un
homme fort riche ; & l'on ne peut faire une
meilleure affaire pour moi. Vous ne voulez donc plus m'époufer, lui répondis-je
froidement. Vous, dit-elle ? Eft-ce qu'on
époufe des gens d'Eglife ? En achevant ces
paroles, elle courut brufquement appeller
une femme de chambre, & l'embraffant en
ma préfence : ah ! ma chere, lui dit-elle,
fais-tu que je vais étre mariée ?

Je reftai immobile à un changement fi
imprévu, & peu s'en fallut que je ne priffe
la réfolution, non pas de me faire Abbé,
mais Hermite, en voyant les femmes capables d'une pareille inconftance. Elle fit peu
d'attention à ma douleur, & je fortis plus
réfolu que jamais de faire ce que la Ducheffe fouhaitoit de moi.

Je laiffai donc partir mon frere qui alla fe
rendre en Piémont, où fon Régiment fervoit toujours dans l'Armée du Comte d'Harcourt, & je pris le petit collet. Ce que je
pus obtenir de la Ducheffe, c'eft qu'au lieu
de m'enfermer dans un Séminaire pour y
être en retraite, je me mettrois dans une
Penfion proche la Sorbonne pour y étudier
en Théologie.

Le premier jour que je me fus revêtu de l'habit d'Abbé, je me rendis chez la Duchesse, qui me dressa elle-même à la modestie & à la bienséance de cet habit, m'apprenant comment il falloit baisser les yeux, & faire toutes les autres grimaces d'un homme de bien. J'avoue que c'étoit un étrange sacrifice que je lui faisois ; car outre la répugnance naturelle que j'ai déja dit que j'avois pour l'état Ecclésiastique, j'étois né ennemi de la contrainte : mais enfin j'étois si flatté de me voir aimé de cette femme, que quoique je n'eusse pas pour elle autant de passion que j'ai trop connu depuis que l'on en pouvoit avoir, je croyois qu'il ne m'étoit pas permis de ne lui point obéir aveuglement.

Elle fut charmée de moi quand elle me vit Abbé, & elle prit grand soin de répandre par-tout que j'étois un Saint, & que c'étoit la seule dévotion qui m'avoit fait prendre le parti de l'Eglise. J'avoue que quelque aversion que j'eusse de cette hypocrisie, je sentois ma vanité bien flattée de pouvoir me dire qu'une personne de cette qualité qui passoit pour une Vestale, avoit autant de penchant & de confiance pour moi qu'elle m'en marquoit. Le Duc son mari qui étoit plus âgé qu'elle, n'avoit nul soupçon sur sa conduite, & elle avoit mérité sa confiance par deux ou trois sacrifices qu'elle lui avoit faits, dont je vais parler pour faire connoître de quoi une femme eſt capable.

Il y avoit un homme de la premiere qualité qui s'étoit déclaré ſon Amant. C'étoit l'homme du monde du plus grand mérite, & qui avoit pour elle les manieres les plus engageantes. Il lui marquoit ſon attachement avec un reſpect & une ſoumiſſion peu ordinaire dans les perſonnes de ce rang. La Ducheſſe avoit d'abord répondu à ſa paſſion, mais venant à s'appercevoir que ſon mari en avoit de l'ombrage, elle déclara à cet Amant qu'elle ne pouvoit plus l'aimer ni le voir.

Il penſa devenir fou à cette nouvelle, & il en tomba malade. Tout ſon recours fut de lui écrire, & jamais je n'ai rien vû de plus touchant que ſes lettres. La Ducheſſe les montroit toutes à ſon mari, qui faiſoit lui-même les réponſes. Elles ne pouvoient manquer d'être fort ſéches, puiſqu'elles étoient dictées par un mari. J'admirois comment cette femme avoit la cruauté d'en uſer ſi mal avec un homme qui en uſoit ſi bien avec elle, & je ne pouvois m'empêcher de ſentir pour elle un ſecret mépris. Il faut, lui diſois-je quelquefois, que vous ayez bien de l'averſion pour un homme que vous ſacrifiez ſi cruellement. De l'averſion, répondit-elle? Point du tout, je l'aime au

contraire, & fi je fuivois mon penchant,
j'en aurois pitié : mais j'aime mieux mon
repos que lui, & dans la fituation où je fuis,
je ne dois donner aucun fujet de défiance à
mon mari. Quoique je fuffe fort jeune, je
jugeois bien qu'elle en uferoit de même
avec moi fi fon mari venoit à me foupçonner. Je lui diffimulois pourtant cette penfée, & j'applaudiffois tout haut à une conduite que je blâmois dans mon cœur.

Comme cet Amant favoit que j'avois
beaucoup d'accès auprès d'elle, il avoit
cherché à me connoître pour avoir le plaifir de m'en parler, & j'avois peine à m'empêcher de le détromper quand je le voyois
perfuadé que fa Maîtreffe ne le maltraitoit
que par un excès de fierté. Il me fit tant de
pitié, & je trouvai cette femme fi indigne
de la délicateffe des fentimens qu'il avoit
pour elle, que je réfolus de le tirer d'erreur.
Je lui écrivis une lettre fans nom, & d'un
caractére inconnu, & l'avertiffois par cette
lettre que la Ducheffe n'étoit rien moins
que ce qu'il penfoit, & que s'il vouloit l'é-
pier aux heures où un certain Abbé alloit la
voir, il pourroit être détrompé. Cet Abbé
étoit moi-même, & j'avoue que j'étois
bien imprudent d'aller l'éclaircir fur une
chofe qui pouvoit retomber fur moi, mais
j'étois jeune, j'avois de la vanité, & je me
faifois un fecret plaifir de lui faire voir que

j'étois plus heureux que lui. Ainsi la vanité eut plus de part à mon procédé que la générosité ou la compassion.

Il reçut ma lettre, & quoiqu'il y ajoûtât peu de foi, il résolut de profiter de l'avis qu'on lui donnoit. Il trouva moyen un jour de se couler dans l'appartement où j'avois coûtume de voir la Duchesse, & se mit derriere une tapisserie qui couvroit une encoigneure de la chambre, qui lui donnoit assez d'espace pour y demeurer caché, sans que l'on s'en apperçût. Il pouvoit entendre aisément de là ce qui se disoit dans cette chambre. Nous ne savions ni la Duchesse ni moi qu'il nous écoutât. Il étoit trois heures après-midi, & c'étoit l'heure la plus ordinaire où nous nous voyions. Il y avoit un quart d'heure que nous étions ensemble, quand nous entendîmes du bruit derriere la tapisserie. La Duchesse alla voir ce que c'étoit, & elle le trouva évanoui, & qui ne respiroit presque plus. C'étoit l'effet qu'avoit produit en lui la surprise de ce qu'il venoit d'entendre.

J'admirai la résolution avec laquelle cette femme prit aussi-tôt son parti. Retirez-vous, me dit-elle, & laissez-moi me démêler seule de cette affaire. Je ne me le fis pas dire deux fois; je sortis d'abord, & j'étois ravi d'être loin d'un lieu où je ne prévoyois rien de bon pour moi.

Quand

Quand je fus forti , la Ducheffe appella une femme de chambre , & lui montrant l'homme caché derriere la tapifferie , elle lui dit qu'elle eût foin de le faire retirer , & que c'étoit un fou à qui l'amour avoit ren-verfé l'efprit. Son mari arriva prefque dans le même moment , & demanda ce que c'é-toit. C'eft , reprit-elle , avec un fens froid inconcevable , ce pauvre fou de .... qui eft venu pour me voir , & qui a eu la bonté de s'évanouir en voyant que je ne voulois pas l'écouter. Il n'eft point à propos , ajoûta-t'elle , que vous paroifficz ici. Retirons-nous , & laiffons à cette fille le foin de le faire fortir.

Le Duc emmena fa femme , ne pouvant ceffer de l'embraffer & de la louer de fa vertu. L'Amant revint de fon évanouiffe-ment , & fortit fans dire un mot. Je ne doutai pas qu'il ne cherchât à fe venger de la Ducheffe & de moi , & je me repentis bien d'avoir contribué à le défabufer : mais je reconnus bientôt que la vengeance qu'il vouloit en tirer n'étoit point dangereufe pour moi. Il prit le parti de méprifer la Duchejfe autant qu'il l'avoit aimée ; & en cela il fut plus fage & plus courageux que je ne l'ai été en pareille occafion. Comme il étoit parfaitement honnête homme, il ne témoigna jamais rien de cette avanture , & on l'entendit toujours parler avantageufement de la Duchesse. Je prenois grand soin de l'éviter, & nous nous rencontrâmes peu depuis ce temps-là, car il fut blessé le mois de Septembre suivant à la prise de Salses, & il mourut de sa blessure.

Ce ne fut pas cette seule avanture qui me fit connoître le caractére de la Duchesse. Elle fit à son mari un sacrifice bien plus cruel, & qui commença tout de bon à me faire craindre quelque chose de fâcheux pour moi. Avant qu'elle m'eût aimé, elle avoit jetté les yeux sur un autre. C'étoit un jeune homme un peu plus âgé que moi, qui étoit fils de sa Nourrice. Elle avoit persuadé au Duc son mari de le faire son Page, car en ce temps-là on prenoit des Pages plus âgés qu'en ce temps-ci. Ce Page étoit encore chez elle quand elle voulut m'aimer. C'étoit un jeune homme extrêmement étourdi, & sur lequel elle vit bien d'abord qu'il n'y avoit pas de fonds à faire. C'est ce qui lui fit venir la pensée de s'attacher à moi, & de se défaire de lui. Comme elle jugea que les distinctions qu'elle avoit pour moi, lui donneroient de la jalousie, elle résolut de prévenir son ressentiment, & le parti qu'elle prit, fut de le rendre suspect à son mari, en lui disant que ce Page avoit eu la hardiesse de lui découvrir qu'il étoit amoureux d'elle. Le Duc ayant pris feu aussi-tôt sans examiner la chose, appella ſon Page, & le menaça de lui faire caſſer la tête, s'il ne ſortoit promptement de ſon ſervice. Ce jeune garçon répondit ſans s'étonner, que s'il avoit aimé la Ducheſſe, c'étoit elle qui en avoit fait les avances, & il offrit même de l'en convaincre, parce qu'il avoit encore un billet d'elle, qui ſembloit expliquer clairement les avances dont il l'accuſoit. Les choſes étoient comme le diſoit le Page, & il produiſit le billet. Le mari l'ayant montré à ſa femme, elle répondit avec aſſurance, qu'elle ne pouvoit déſavouer que ce billet ne fût de ſa main, mais qu'elle l'avoit écrit à une perſonne de ſes amies, & non pas au Page. Malheureuſement pour lui, il étoit tourné de maniere, qu'on ne pouvoit démêler, s'il étoit pour un homme ou pour une femme. Le Duc fut perſuadé que la choſe étoit comme l'aſſuroit la Ducheſſe, & ce Page lui parut coupable d'une nouvelle inſolence, en oſant s'attribuer un billet écrit pour un autre. Ce ne fut pas tout. La Ducheſſe lui avoit donné beaucoup de bijoux, qu'elle ſavoit bien qu'il avoit gardé. Elle dit à ſon mari, que non-ſeulement ce Page étoit un fourbe, mais un voleur qui lui avoit pris cent choſes. Les bijoux furent trouvés dans la caſſette de ce malheureux, & le Duc voulut le mettre entre les mains de la Juſtice, mais la Ducheſſe obtint qu'il ſe con-

tentât de le chaffer. Il prit parti dans les
Troupes, où il déchiroit cruellement cette
femme, fon reffentiment lui faifant ajoûter
beaucoup de chofes à la vérité. Il fut tué
dans le premier combat où il fe trouva.

Il eft aifé de juger, que je n'étois pas
trop tranquille dans un engagement, dont
tant d'exemples me faifoient craindre les
fuites ; mais je ne favois comment me dé-
gager, & d'ailleurs la vanité m'attachoit où
je fentois bien que je ne me ferois pas attaché par inclination. Cependant je m'adonnai beaucoup à l'étude, & je commençai à
me faire de la réputation du côté de l'efprit
& du favoir. Je n'avois encore aucun bien
d'Eglife; & comme je prévoyois que l'amitié de la Ducheffe finiroit, je ne regardois
point l'état Eccléfiaftique comme un état
permanent.

Un jour une femme qui me vint trouver
chez moi, me dit que des gens qui étoient
maîtres d'un gros Bénéfice, m'avoient
choifi pour me le donner, & que quand je
le voudrois, elle me feroit parler à eux. Je
reconnus que la femme qui me parloit étoit
une entremetteufe, car elle ne diffimula
point que c'étoit elle qui avoit fait venir
cette penfée aux gens en queftion, perfuadée qu'il lui en reviendroit quelque chofe.
La curiofité plûtôt que l'amour du Bénéfice,
me fit écouter fa propofition. Elle me dit

que je me trouvasse le lendemain près de la
Porte Saint-Martin, & qu'elle me meneroit
chez les gens qui avoient une si bonne volonté pour moi. Je m'y rendis, & elle me
fit aller près de Saint-Sauveur dans une maison assez vilaine. Il fallut monter dans une
chambre au second étage, où je trouvai une
fille d'environ vingt ans, fort laide, mais
extraordinairement parée. Cette fille m'a-
bordant avec un air de connoissance, me
dit que sa mere alloit venir, qui m'instrui-
roit du Bénéfice dont il s'agissoit; mais que
cependant elle avoit été bien aise de m'entretenir, parce qu'il y avoit long-temps
qu'elle me connoissoit. Jamais je ne fus
plus embarrassé; car c'étoit assûrément la
premiere fois que je l'avois vûe, quoiqu'elle
protestât qu'il y avoit long-temps que je
devois la connoître. Je m'avisai de repon-
dre que je croyois qu'elle vouloit m'éprouver en me faisant de pareilles honnêtetés,
& qu'elle savoit bien qu'un homme qu'on
choisissoit pour un Bénéfice, ne devoit guére connoître de femmes. Elle parut satisfaite
de cette réponse, me disant qu'elle étoit
ravie de ne s'être pas trompée, parce qu'en
effet elles m'avoient regardé, sa mere &
elle, comme un homme qui, par sa sain-
teté, méritoit de posséder des biens d'Eglise. Cette fille me fit là-dessus un long ser-
mon, & j'admirois comment elle me par-

loit fi bien de Dieu, après m'avoir fait d'a-
bord comprendre qu'elle avoit deffein de
me parler d'autre chofe. Sa mere vint, qui
commença par m'embraffer, & qui me fit
une longue hiftoire, qui fe termina par
dire, qu'avant qu'il fût un mois, je ferois,
par fon moyen, un des plus riches Bénéfi-
ciers de France. Je les remerciai de leur
bonne volonté, & j'allois prendre congé
d'elles, quand il vint une Dame, qui tenant une bourfe, dit qu'elle quêtoit pour
une perfonne de naiffance, qui étoit rédui-
te à l'extrêmité. Ah! mon cher enfant, me
dit la mere, il faut foulager les pauvres;
& auffi - tôt elle tira trois piftoles, qu'elle
mit dans la bourfe de la Quêteufe. La fille
en mit deux, & on vint me demander fi je
ne voulois pas auffi faire quelque charité.
Je tirai un écu, difant que je donnerois davantage quand j'aurois les Bénéfices qu'on
me promettoit. Tout cela m'étoit fufpect,
& me faifoit craindre que je n'euffe affaire à
des efcrocs. Je ne fis pourtant point femblant d'avoir ces foupçons, & je fortis en
leur témoignant qu'elles me feroient plaifir de me donner au plûtôt de leurs nouvelles. J'en eus dès le lendemain. La mere,
dans la converfation que j'avois eûe avec
elle, m'avoit dit qu'elle avoit une autre
fille dans un Couvent, & je fus fort étonné
de la voir venir chez moi avec cette fille

prétendue, qui ne pouvoit avoir que quinze ou seize ans, & qui me parut fort triste. La vûe de cette jolie personne, me fit résoudre de feindre que j'ajoûtois foi aux propositions du Bénéfice, pour avoir occasion de retourner chez sa mere. J'y retournai en effet deux jours après, & ce fut cette jeune personne qui me reçut. Je la trouvai encore plus triste que la premiere fois, & je ne pûs m'empécher de lui en demander la raison. Avant que de me répondre, elle regarda de tous côtés, si elle n'étoit point écoutée, & se voyant seule avec moi, elle me dit en pleurant: que la femme chez qui elle demeuroit, n'étoit point sa mere, & qu'elle avoit appris qu'on l'avoit enlevée toute petite de la maison de ses parens, qui lui avoient été toujours inconnus. Ces paroles furent suivies d'un torrent de larmes, & elle me fit tant de pitié, que je lui promis de la retirer d'entre les mains de cette femme. Elle se rassura à cette promesse, & me dit : que si j'avois cette bonne volonté-là pour elle, il n'y avoit point de temps à perdre, & qu'il falloit que je l'emmenasse tout à l'heure. On m'a envoyée, ajoûta-t'elle, pour vous entretenir, parce qu'on a crû que vous voudriez m'en conter, & on est résolu, si vous le faites, de vous insulter pour tâcher d'avoir de vous quelque argent. Je compris alors tout le danger où je m'étois expofé en allant dans cette maifon; & j'avoue que je commençai à craindre de n'en pas fortir comme j'y étois entré. Je me levai pour me retirer, & je lui dis qu'elle ne fe mît pas en peine, & que je ne la laif- ferois pas long-temps dans le lieu où elle étoit. Cette affurance ne lui mit point l'ef- prit en repos. Elle s'obftina à me vouloir fuivre, craignant que fi je fortois fans elle, je n'oubliaffe ce que je venois de lui pro- mettre. Dans le temps que je lui donnois de nouvelles affurances, la mere entra, fuivie de deux hommes avec des épées, qui m'arrêterent, en me difant : Ah, ah, M. l'Abbé, vous aimez donc les Dames. Je leur répondis le plus honnêtement que je pûs, les affûrant plus d'une fois que j'étois fort leur ferviteur ; la mere, fans un plus long préambule, dit : qu'il falloit aller que- rir un Commiffaire, & que puifque j'étois venu fuborner fa fille, elle vouloit en avoir raifon. Je lui jurai que je n'avois point eu cette penfée, & qu'elle en pouvoit favoir la vérité de la fille. Cette fille pleuroit fans dire un feul mot, & je me trouvois fort em- barraffé. Je tâchai de faire bonne mine, & dis avec affurance que je confentois que l'on fît venir le Commiffaire. Dans ce moment on frappa fort rudement à la porte de la chambre. La fille alla ouvrir, & fe jetta auffi-tôt dans le degré, en me faifant figne

de

de la fuivre. Les gens qui avoient frappé à
la porte étoient deux autres Bretteurs, qui
mettant l'épée à la main , menacerent ceux
qui étoient dans cette chambre de les tuer ,
en criant : Vous voilà donc , Meffieurs les
coquins , il y a long-temps que nous vous
cherchons. Pendant qu'ils fongeoient à fe
défendre , je fis fi bien que je m'échappai
dans le degré. J'y trouvai la fille , qui me
tirant par le bras , me fit defcendre avec
précipitation dans la rue. Ainfi on me vit
fortir de cette maifon avec cette fille toute
éplorée , pendant que la mere crioit par la
fenêtre , au voleur, à l'affaffin. Les voifins
s'affemblerent , & je me vis en un moment
entouré de plus de cent perfonnes , qui me
demandoient ce que c'étoit. La fille me difoit , Monfieur , fauvons-nous , & j'étois fi
étourdi & fi honteux , que je ne favois quel
parti prendre. Cette fille avoit plus de réfolution que moi , & fendant la preffe , elle
me tira dans une rue voifine , où nous entrâmes , toujours fuivis de beaucoup de canaille qui crioit après nous. Nous allâmes
de la forte jufqu'aux piliers des Halles ; & la
foule s'étant un peu diffipée , j'entrai avec
cette fille chez un Fripier , qui nous reçut ,
& qui écarta le refte de la canaille. J'avois
perdu mon chapeau ; mon manteau & mon
rabat étoient déchirés , la fille n'étoit pas
en meilleur équipage , & le Fripier ne fa-

voit que penſer de tout cela. Je ne ſavois moi-même que lui dire, & il crut que c'étoit une fille que j'enlevois. Il m'offrit ſes ſervices, & je les acceptai. Nous paſſâmes toute la journée dans cette maiſon. La fille étoit ravie, à ce qu'elle me diſoit, de ſe voir hors des mains de la femme chez qui je l'avois trouvée, & elle m'appelloit ſon libérateur, me conjurant de ne point l'abandonner. J'envoyai le Fripier chez la Ducheſſe mon amie, avec un billet, par lequel je lui apprenois en gros mon avanture, & la priois de m'envoyer un carroſſe. Elle vint elle-même ſur le ſoir, & me voulut emmener. Je lui dis la choſe naïvement, & comment je me trouvois chargé de la Demoiſelle. Sa beauté lui fit compaſſion, & elle l'emmena avec moi, m'aſſûrant qu'elle la gaɽderoit dans ſon Hôtel juſqu'à ce qu'elle lui eût trouvé un Couvent. Je retournai chez moi, où je ſçus que tout le monde diſoit que j'avois ce jour-là enlevé une fille qui m'avoit rendu amoureux d'elle. Cette opinion prévalut ſi fort, que je ne pûs la détruire; & ſans être coupable d'aucun autre crime que d'avoir été dans une maiſon que je ne connoiſſois pas, & d'avoir voulu retirer une fille des mauvaiſes mains où elle étoit, je vis ma réputation attaquée par tout, en ſorte qu'il n'y avoit perſonne qui ne me regardât comme un débauché, tant il faut peu se fier aux apparences, car elles étoient toutes contre moi, & si quelqu'un eût entrepris de me justifier, il auroit passé pour un homme de l'autre monde. Cette expérience que je fis alors en ma personne, m'a toujours empêché depuis, d'ajoûter foi aux histoires qui déchirent la réputation du prochain, & toutes les fois que j'ai entendu dire du mal de quelqu'un, j'ai crû qu'on pouvoit bien le dire avec aussi peu de fondement que l'on en disoit alors de moi.

Cette avanture me détermina à quitter le petit collet, car je vis bien qu'après l'éclat qu'elle avoit fait contre moi, il me seroit impossible de réussir dans une profession, où l'on ne peut vivre avec agrément quand la réputation est entamée. D'ailleurs j'y avois peu d'inclination, & quoiqu'assez jeune, j'avois déja compris les embarras d'un état, qui demandant plus de régularité qu'un autre, expose les Ecclésiastiques à être méprisés & tournés en ridicule par des choses qui pourroient être un mérite dans les gens du monde. J'étois trop vif pour être hypocrite. Ma conversation étoit toujours gaie, & je me trouvois naturellement galant. Tout cela m'attiroit souvent des railleries & des remontrances, & je crus que pour avoir tout mon mérite, je devois paroître dans un état où je ne fusse jamais

obligé de me contraindre, car le mérite
confifte à favoir fe mettre à fa place, & j'ai
vû mille gens, qui pour avoir pris des
profeffions qui ne leur convenoient pas,
ne pouvoient parvenir à s'attirer ni la
confidération ni l'eftime qu'ils auroient
eûe s'ils avoient choifi un autre genre de
vie.

Je dis mon deffein à la Ducheffe, qui y
confentit, avec d'autant plus de facilité,
qu'elle commençoit à ne m'aimer plus. Je
m'apperçûs de fon changement, mais ce
qui me furprit, c'eft qu'elle prit pour prétexte des manieres indifférentes qu'elle eut
pour moi, l'avanture qui m'étoit arrivée.
Perfonne ne favoit mieux qu'elle, que j'é-
tois innocent de la débauche, dont cette
avanture me faifoit accufer. Elle avoit d'a-
bord été inftruite de la vérité ; mais enfin,
changeant tout à coup, elle me dit qu'elle
ne pouvoit me faire paffer pour innocent
quand tout le monde croyoit le contraire,
& qu'après ce grand éclat elle ne pouvoit
plus me voir que fort rarement. Cela me
fit bien connoître ce que j'ai reconnu
mille fois depuis, qu'il y a peu de gens
affez généreux pour juftifier leurs amis
innocens, dès qu'ils paffent pour coupa-
bles.

Je me confolai affez aifément du changement de la Ducheffe, mais j'avoue que

j'eus plus de peine à me confoler de l'ingratitude de la fille que j'avois retirée de la maifon , où elle jouoit un fi méchant perfonnage. Cette fille plut d'abord au mari de la Ducheffe. Il en devint fou , & il lui fit d'abord paroître tant de paffion, que la Demoifelle , qui étoit moins innocente qu'elle ne paroiffoit , réfolut d'en profiter. Elle réfifta aux pourfuites du Duc. Le Duc s'opiniâtra à vouloir en être aimé , & tout le monde s'apperçut de fon amour. La Ducheffe en eut , ou fit femblant d'en avoir de la jaloufie ; & fe hâtant de bannir cette fille de chez elle , elle me choifit pour lui perfuader de fe laiffer mener dans un Couvent , fans que le Duc en fçût rien. Je lui en parlai , & ne doutant point qu'elle n'eût des égards pour moi , après le fervice que je lui avois rendu , je lui repréfentai combien il étoit important de ne fe brouiller pas avec la Ducheffe. Elle me demanda féchement de quoi je me mélois, & j'avoue que cette demande me mit en colere. Je ne me pûs empêcher de lui reprocher ce que j'avois fait pour elle , à quoi elle répondit par des injures , me priant de n'entrer jamais dans fes affaires , & niant même fort effrontément qu'elle m'eût obligation d'aucune chofe. Ô Dieu ! combien cette impudente me furprit-elle , & combien dis-je alors, *qu'eft-ce que les femmes ?* L'ayant quittée ,

E iij

j'allai dire à la Ducheſſe qu'elle la fît enlever comme elle voudroit, & je lui racontai
notre converſation. La Ducheſſe vit bien
qu'elle avoit affaire à un dangereux eſpit,
& elle réſolut de la remener où je l'avois
priſe. Elle fit chercher la femme qui paſſoit pour ſa mere, mais on ne la trouva
plus, & nous apprîmes que tout avoit dé-
campé, la prétendue mere, l'autre fille,
& les Bretteurs qui avoient voulu me faire
inſulte.

La Ducheſſe ne ſachant plus qu'en faire,
& voulant abſolument qu'elle ſortît de chez
elle, ne marchanda point à la faire mettre
à la porte, & une belle nuit cette miſérable
créature ſe vit arrachée de ſa chambre, &
menée par force dans un Hôpital à l'extrémité du Fauxbourg, où elle fut recommandée comme une pauvre fille qui n'avoit ni
feu ni lieu, & à qui on feroit charité de la
mettre au nombre des pauvres qu'on y tenoit enfermés.

Le Duc étoit à la campagne, & je ne ſavois rien de tout cela; mais je ne fus pas
long-temps ſans l'apprendre. Le Duc étant
revenu, & ne la trouvant plus, demanda
ce qu'elle étoit devenue. La Ducheſſe dit
qu'elle n'en avoit point entendu parler depuis qu'elle étoit un jour ſortie ſans rien
dire, & qu'apparemment il en ſavoit plus
de nouvelles qu'elle. Le Duc jura, mena-

ça, & me vint trouver, croyant que j'en
faurois quelque chofe. Je n'avois garde de
lui en rien apprendre, puifqu'on m'en avoit
fait miftére à moi-même. Je lui avois déja
protefté plus d'une fois que je ne pouvois
lui donner aucun éclairciffement fur cette
fille, lorfqu'on me vint dire qu'un Eccléfiaftique me demandoit. Je répondis que je
ne pouvois quitter Monfieur le Duc, &
que je le priois de revenir dans un autre
temps. L'Eccléfiaftique infifta pour me parler, & le Duc l'ayant permis, cet homme
entra, & me priant qu'il pût me dire un mot
en particulier : En vérité, Monfieur, me
dit-il, c'eft confcience à vous, après avoit
abufé d'une fille, de la mettre à l'Hôpital.
Je viens vous dire que nous ne pouvons plus
la garder, & qu'il faut que vous la retiriez.
Je demandai l'explication de ces paroles,
& j'appris que cet homme étoit un des Di-
recteurs de l'Hôpital où cette fille étoit enfermée, & que la coquine avoit fait entendre que c'étoit moi qui l'y avois fait mener.
Le Duc s'apperçut que nous parlions avec
beaucoup de chaleur, & demandant ce que
c'étoit, l'Eccléfiaftique lui conta la chofe
comme il venoit de me la dire. Alors le
Duc m'appellant malheureux & fcélérat,
dit qu'il alloit lui-même la retirer, & me
laiffant-là, il fit monter l'Eccléfiaftique
dans fon carroffe, le priant de le conduire

E iiij.

fur le champ à cet Hôpital. Je dis que je n'avois nulle part à cette affaire, je voulois y aller avec lui, & qu'il fauroit de la bouche même de la fille que je n'y avois trempé en aucune forte. Le Duc ne voulut jamais fouffrir que je l'accompagnaffe, & il alla feul avec l'Eccléfiaftique, jurant toujours qu'il fe vengeroit de mon procédé. Je les laiffai partir, & je courus chez la Ducheffe lui rendre compte de ce qui étoit arrivé. Elle en fut d'abord étonnée, mais profitant de la prévention où elle voyoit fon mari, que c'étoit moi qui avoit mis cette fille à l'Hôpital, elle réfolut dans fon cœur de le lui laiffer croire, pour ne fe point faire d'affaire avec lui. Ainfi je me vis encore la victime de cette feconde avanture. Le Duc reprit la Demoifelle, & il me regarda toujours comme celui qui l'avoit mife dans cet Hôpital ; ce que la Ducheffe lui confirma, en proteftant qu'elle n'en favoit rien, & pardonnant enfin à fon mari l'attachement qu'il eut pour cette fille, qu'il aima trois ou quatre ans, & qu'il maria enfuite à un Capitaine qui a fait fortune, & qui l'a rendue une des plus riches Dames de la Cour, où elle a été très-confidérée, & où elle n'eft morte que depuis fort peu de temps.

Ayant réfolu de quitter le petit collet, je l'écrivis à mon frere aîné, qui en parut fort content, & qui m'envoya de l'argent, afin que j'allasse le trouver. Il étoit alors en Roussillon, mais il me manda que je l'attendisse à Lyon, où il devoit se rendre incessamment, pour tâcher d'y voir Monsieur de Cinq Mars son intime ami, qu'on y devoit amener, après lui avoir fait son procès, & qui, à ce qu'on disoit, y subiroit bien-tôt un honteux supplice.

Je pris donc l'épée, & laissant mes confreres les Abbés, dont plusieurs ont fait des fortunes dans l'Eglise, qui m'ont souvent fait repentir de ce changement, j'arrivai à Lyon, où mon frere étoit déja, s'y tenant caché pour avoir plus aisément l'occasion d'y voir Monsieur de Cinq Mars, & de pouvoir l'embrasser, & recevoir ses ordres avant qu'il mourût.

Si j'avois des preuves du peu de fonds qu'il y a à faire sur l'amitié des femmes, j'en vis à Lyon de bien plus fortes encore, du peu de solidité de l'amitié des grands, & de l'inconstance des fortunes humaines, dans la disgrace & la mort de Monsieur de Cinq Mars. Il fut conduit à Lyon le lendemain de mon arrivée. Nous allâmes mon frere & moi nous ranger en habits de valets auprès de la porte de l'Hôtel de Ville, pour tâcher de nous faire voir à lui à la descente du carrosse. Il nous remarqua, & jugeant par nos habits que nous n'étions pas connus, & du dessein qui nous amenoit, il demanda qu'il lui fût permis de nous parler , difant que nous étions des Domeftiques qui l'avoient fervi , & aufquels il auroit été bien-aife de donner quelques ordres. On eut affez de peine à lui accorder cette grace , mais enfin n'ayant rien dans nos habits & dans nos manieres qui pût nous rendre fufpects , on nous laiffa entrer un moment après qu'il fut monté dans fa chambre. Nous ne pûmes nous empêcher de fondre en larmes en l'embraffant ; mais lui , nous regardant avec un fouris : Hé quoi , dit-il , mes amis , croyez-vous que tout ceci foit férieux , & que le Roi permette jamais que l'on me faffe mourir ? Mon frere qui étoit mieux inftruit que moi qu'il n'y avoit plus rien à efpérer , redoubla fes larmes , en lui voyant cette confiance ; & l'embraffant plus étroitement , il lui fit paroître une fi violente affliction , que Monfieur de Cinq Mars changeant de couleur & reculant un pas , s'écria : Hé quoi , eft-ce tout de bon ? Mon frere continua à l'embraffer & à pleurer , & comme il ne difoit mot , Monfieur de Cinq Mars m'adreffa la parole , & me dit : qu'eft-ce donc que tout cela ? Après ces paroles prononcées , je vis un fi grand changement dans fon vifage , que je crus qu'il alloit s'évanouir. Mon frere fe jettant encore à fon cou : Hélas , Monfieur , lui dit-il , votre malheur n'eft que trop certain. Il ne put continuer, & Monſieur de Cinq Mars paſſant de la douleur où je l'avois vû a une extrême colere : Quoi, dit-il, avec emportement, on me joueroit ce tour-là ? Il accompagna ces mots de quelques juremens, que mon frere interrompit, pour lui dire, que comme ſon ami & ſon ſerviteur, il étoit obligé de lui remontrer qu'il ne devoit plus penſer qu'à pardonner à ſes ennemis, & qu'à ſe diſpoſer à la mort. Ah, pour la mort, reprit Monſieur de Cinq Mars, je m'en ſoucie fort peu, mais je ne puis pardonner à mes ennemis; & alors il raconta toutes les aſſurances que le Roi lui avoit autrefois données, de mourir plûtôt que de changer à ſon égard. Mon frere le laiſſa parler, & après qu'il eut dit tout ce qu'il voulut, il prit la parole, & lui dit en peu de mots qu'il ne devoit plus rien eſpéier du Roi. Monſieur de Cinq Mars continua encore quelque temps, tantôt à faire des imprécations contre la Cour, tantôt à chercher les moyens de ſe ſauver, tantôt à prier mon frere de lui donner un poignard pour ſe tuer; & voyant que mon frere ne lui répondoit rien, il ſe laiſſa tomber ſur un ſiége, en diſant : je vois bien que je ſuis perdu, mon cher ami, que ferai-je ? Vous avez raiſon, continua-t'il, en ſe calmant un peu, je ne dois penſer qu'à mourir, ç'en eſt fait, j'y ſuis réſolu ; & puiſ-

qu'on m'a si cruellement trompé dans ce
monde, il faut que je tâche de ne l'être
pas dans l'autre. Il répandit quelques larmes en prononçant ces paroles. Mon frere
l'exhorta le mieux qu'il put à éloigner de
son esprit tous les ressouvenirs qu'il avoit du
passé, & à ne plus penser qu'à bien mourir.
Cette conversation dura près de deux heures, & nous eûmes la consolation de le laiffer fort tranquille, & fort disposé à ne plus
espérer de grace. Il nous demanda pardon
de sa foiblesse & de ses emportemens, &
donna quelques commissions à mon frere,
le priant de ne point sortir de Lyon qu'il
n'eût vû ce qu'il deviendroit. Nous le quit-
tâmes ravis de sa fermeté & de son courage. Il nous fut impossible de le revoir, car
son exécution tarda peu, & nous en fûmes
les témoins, nous tenant aussi près de l'é-
chafaut que nous le pûmes. Il y monta avec
beaucoup de fermeté, & nous jugeâmes
qu'il ne démentiroit point le courage avec
lequel nous l'avions laissé. Nous vîmes que
dès qu'il fut sur l'échafaut, il se tourna de
tous côtés, & nous crûmes qu'il nous cherchoit des yeux. Je ne sai s'il nous apperçut,
mais il fit une révérence du côté où nous
étions. Pour moi, j'avoue que je ne pûs
souffrir ce spectacle. Je baissai les yeux, &
je ne les levai que quand j'eus entendu le
coup, qui ne me fit plus voir que le tronc

& le fang qui en fortoit en abondance.
Mon frere le voyant mort , me dit : retirons-nous, ç'en eft fait. Nous étions lui &
moi à demi-morts, & nous allâmes nous
mettre au lit, que mon frere garda plus
long-temps que moi , en étant effectivement tombé malade. J'avois mille raifons
d'aimer ce cher frere qui avoit de fi grandes
bontés pour moi , mais le témoignage qu'il
me donna en cette occafion de fon bon naturel , me le rendit encore plus précieux.
Il me difoit fouvent que Monfieur de Cinq
Mars s'étoit attiré fon malheur pour s'être
attaché à des femmes qui avoient été la caufe de fa mauvaife conduite. Ces difcours,
joints à l'expérience que je venois de faire
à Paris du peu de folidité de ce fexe, me
faifoient prendre de nouvelles réfolutions
de ne m'y jamais attacher. Mais on ne peut
faire fonds fur rien en cette matiere , & l'a-
mour des femmes eft un écueil contre lequel on a brifé mille fois , & qu'on retrou-
ve toujours. Si je n'avois pas eu lieu de me
louer d'elles quand je les avois aimées ,
n'étant encore qu'un enfant, ce fut encore
pis, quand un âge plus avancé me rendit
capable de prendre pour elles des fentimens
plus délicats & plus violens.

Je fuivis mon frere en Catalogne , où
ma premiere campagne me rendit témoin
de la prife de Perpignan & de la Conquête

de tout le Rouſſillon. Je ſervois dans le Régiment de mon frere , & je me trouvai en quelques occaſions qui le convainquirent que j'avois du cœur. Il eſt vrai que je ne me ſentis point auſſi timide que je devois l'être la premiere fois que je vis le feu. J'avois du goût pour le métier , & comme j'avois lû beaucoup d'Hiſtoires , je me figurois que je marchois ſur les traces d'Alexandre & de Céſar. Cette imagination m'animoit , & me faiſoit toujours courir le premier aux coups.

Nous revinſmes à Paris ſur la fin d'Octobre après la Bataille de Lerida , gagnée par le Maréchal de la Mothe , qui me préſenta au Cardinal de Richelieu , en me donnant tous les éloges qu'on peut donner à un jeune homme. Le Cardinal connoiſſoit mon frere , & il n'avoit pas ignoré combien il avoit été ami de Monſieur de Cinq Mars. Je ne ſai ſi c'étoit de bonne foi qu'il me dit que j'avois un frere bien ſage , & que je ferois bien ſi je voulois l'imiter. Mon frere qui étoit préſent ne répondant rien , le Cardinal répéta encore que j'avois un frere bien ſage , & qu'il en ſavoit des nouvelles. Il nous promit toutes ſortes d'agrémens , pourvû que nous nous attachaſſions à notre devoir.

Quand nous fûmes ſortis de cette viſite , je demandai à mon frere , pourquoi Mon-

ſieur le Cardinal avoit tant inſiſté ſur ſa ſageſſe, & mon frere m'apprit que ce Miniſtre l'avoit envoyé querir deux jours auparavant, pour l'entretenir ſur le ſujet de Monſieur de Cinq Mars : qu'il lui avoit paru fort
inquiet ſur ce ſujet, par toutes les queſtions
qu'il lui avoit faites : entr'autres, pourquoi
Monſieur de Cinq Mars le haïſſoit tant.
Mon frere m'aſſura qu'il n'avoit répondu à
toutes les queſtions du Cardinal, qu'en lui
diſant qu'il n'avoit rien connu ni des deſſeins, ni des inclinations ſecretes de Monſieur de Cinq Mars, & que le Cardinal lui
avoit paru mécontent de cette réponſe, en
ſorte qu'il y avoit lieu de croire que c'étoit
par reproche qu'il avoit loué ſa ſageſſe, ce
qui me fit croire que nous avions plus à
craindre qu'à eſpérer de ce Miniſtre ; mais
nos eſpérances & nos craintes finirent bien-
tôt à cet égard. Le Cardinal mourut le 4.
Décembre ſuivant.

J'étois alors dans ma dix-huitiéme année. Nous logions chez ma mere, de qui
nous ne recevions que le logement & la
nourriture, n'ayant pas droit de la contraindre à autre choſe, parce que ſes repriſes
avoient abſorbé tout le bien de notre pere.
Mon frere le Comte étoit auſſi avec nous,
& elle avoit fait revenir ma ſœur, qui commençoit d'entrer dans ſa trentiéme année,
& qui avoit conſtamment refuſé de ſe faire

Religieufe. Elle l'avoit fait retirer du Couvent, dans l'efpérance de la marier à un jeune Officier notre parent, de qui ma mere
gouvernoit abfolument l'efprit & la fortune. C'étoit un affez mauvais parti, mais ma
mere qui ne fongeoit qu'à fe défaire de fa
fille, le trouvoit bon, pourvû qu'il la voulût époufer. Comme elle craignoit pourtant qu'on ne lui fit des reproches d'un mariage qui ne convenoit à aucun des deux,
elle chercha les moyens de s'en difculper,
en ménageant les chofes de telle forte,
qu'on pût dire qu'elle y avoit été contrainte, & cela me fit connoître de quoi les parens font capables, quand ils s'aiment eux-
mêmes plus que leurs enfans. Ma mere tra-
vailla donc à faire croire que cet Officier
avoit abufé de fa fille, & pour cela elle les
laiffoit enfemble tant qu'ils vouloient. Ce
commerce fréquent rendit cet Officier
amoureux de ma fœur. Il fit tout ce qu'il
put pour venir à bout de ce que ma mere
prétendoit, mais ma fœur lui réfifta, foit
qu'elle fût fage, foit qu'elle n'eût point
pour lui d'inclination. Cette réfiftance le
rendit plus paffionné, & il ne lui fut pas
difficile, étant aidé de ma mere, de trouver les moyens d'entrer la nuit dans fa
chambre. Il y entra lorfqu'elle dormoit, &
ma mere en ayant été avertie, nous fit réveiller tous pour les furprendre enfemble,

&

& avoir le prétexte de les faire marier. Nous entrâmes : & ma mere fans rien écouter, fit promettre à l'Officier, que puifqu'il avoit été furpris avec ma fœur, il l'époufergit le lendemain, ce qui fut fait, quoique ma fœur jurât qu'il ne s'étoit rien paffé entr'eux qui pût porter préjudice à fon honneur, mais il fallut céder au temps ; & ma fœur qui craignit qu'une mere capable de la li-vrer de la forte, ne lui fît dans la fuite de plus mauvais partis, fe laiffa marier, mais elle n'a pû jamais ni aimer, ni confidérer fon mari ; & ce que ma mere gagna par cette alliance, fut d'avoir mis enfemble deux perfonnes qui lui retomberent bien-tôt fur les bras.

Il y avoit long-temps que mon frere ainé, qui n'avoit point d'autre bien que celui des appointemens de fa Charge & de fes pen-fions, penfoit à fe marier. Il aimoit une fille de la premiere qualité, dont il étoit auffi aimé paffionnément. Leur mariage auroit été fort fortable, fi les parens de la fille avoient voulu y confentir, car quoi-que mon frere ne fût point d'une Maifon ti-trée comme celle dont elle fortoit, il étoit pourtant d'auffi grande qualité ; & d'ail-leurs, fon mérite & les diftinctions qu'il avoit à l'Armée, le devoient faire regar-der comme un parti fort avantageux ; mais il étoit encore éloigné des honneurs où il

s'éleva depuis , & on ne jugeoit de lui que
par le peu de bien qu'il avoit alors. La fille
lui fut donc refusée , & il pensa à se marier
ailleurs. Le grand bien le détermina , & il
épousa la fille d'un homme d'affaires , qui
lui donna près de quatre cens mille livres.
Ce mariage a été la cause de sa fortune , &
il eut assez de raison pour comprendre que
quelque mérite qu'il eût, il ne pourroit parvenir à rien , s'il n'avoit du bien pour se
soutenir.

La fille qu'il aimoit fut enragée de son
mariage. Quelque soin qu'il eût pris de lui
représenter que c'étoit une folie de s'opiniâtrer à vouloir l'épouser, elle ne put goûter ses raisons. C'étoit une fille emportée ,
qui se piquoit de mépriser le rang & le bien
autant que mon frere paroissoit y avoir é-
gard , & il y auroit eu de quoi en faire
une Héroïne de Roman.

Mon frere qui m'aimoit tendrement , ne
me cachoit rien de cette intrigue , & il m'apprit la rage & les emportemens de sa Maîtresse. Comme j'avois encore la tête remplie de Romans , j'admirai la constance de
cette fille , & je blâmai mon frere de s'être
marié malgré elle. Je me sentis même un
secret penchant pour une personne si roma-
nesque , & j'aurois été ravi d'en être aimé ,
mais mon frere le Comte m'avoit prévenu ;
& il s'étoit déja attaché à elle , voyant que

mon frere ne l'époufoit pas. Je ne fai fi
cette fille l'aima, ou fi ce fut pour fe venger
de mon frere qu'elle parut l'écouter, mais
je les trouvai déja affez bien enfemble,
quand je penfai à lui dire que je l'aimois.
Mon frere le Comte étoit un brutal qui ne
gardoit aucunes mefures ; & le voyant attaché à cette fille, je n'eus garde de marquer ma paffion. Je me contentai d'avertir
mon frere aíné de l'intrigue dont je m'étois
apperçû. Il prévit bien les fuites de cette
affaire ; & comme il avoit encore de la confidération pour la Demoifelle, il avertit férieufement mon frere le Comte de ne pas
continuer. Le Comte le redit à fa Maîtreffe, qui croyant que c'étoit par jaloufie que
mon frere lui avoit parlé, réfolut de pouffer cette jaloufie auffi loin qu'elle pouvoit
aller, ce qui fut caufe qu'elle propofa à
mon frere le Comte d'en venir jufqu'à la
force. Il fe trouva d'humeur à accepter le
parti ; car il auroit enlevé une Princeffe,
tant il étoit violent & étourdi dans toute fa
conduite.

Ils prirent donc des mefures pour cet enlevement ; mais une perfonne à qui cette
fille le confia, & qui craignit qu'une telle
violence n'eût quelque fuite fâcheufe, en
avertit le pere de la Demoifelle, qui la fit
mener dans un Couvent, & qui défendit à
mon frere le Comte de la voir. Ce fou le

fit appeller en duel. Le pere fe moqua de cet appel, & obtint une Lettre de cachet pour le faire enfermer dans une Citadelle, où il fut deux ans fans pouvoir en fortir.

Nous ne fûmes pas trop fâchés mon frere & moi d'en être défaits, car c'étoit un homme plein d'incidens, qui nous attiroit tous les jours des affaires ; mais j'avoue que j'avois toujours un fecret penchant pour fa Maîtreffe, & que tout ce qu'elle avoit fait à l'égard de mon frere le Comte, ne me donnoit que plus d'envie d'en être aimé. J'étois au défefpoir qu'elle ne m'eût pas choifi plûtôt que cet emporté. Ma vanité en fouffroit, & j'aurois voulu avoir lieu de mériter auffi fes diftinctions, tant les moyens dont les paffions s'infinuent font bizarres : car dans le fonds, je m'attachois à elle par ce qui auroit dû m'en rebuter. Je penfois à elle inceffamment, & je mourois d'impatience d'avoir une occafion d'aller dans le Couvent où elle étoit. Je repréfentai à mon frere que tout ce que cette fille avoit fait, n'étant qu'un effet de fon dépit, il ne devoit pas l'abandonner. Je lui en dis tant, qu'il réfolut de lui rendre une vifite, & il me mena avec lui. Il ne voulut point paroître d'abord, & je confentis à aller devant en habit de laquais, comme fi je fuffe venu de la part de fon pere. Elle vint me parler, & m'ayant reconnu presqu'auſſi-tôt, elle témoigna une extrême joie. J'oubliai que mon frere ne m'avoit envoyé que pour l'avertir qu'il vouloit la voir. Je ne lui en parlai point, & me trouvant plus amoureux en la voyant que je ne l'avois encore été, je ne lui parlai que de moi. Je lui fis des reproches de l'amour qu'elle avoit marqué pour mon frere le Comte, lui témoignant qu'elle m'avoit fait en cela une injure, puiſque je l'aimois paſſionnément. Elle répondit à cette déclaration en des termes qui me perſuaderent que je ne lui déplaiſois pas. Elle me pria de lui écrire tous les jours, & de la venir voir de temps en temps, me jurant qu'elle ne ſeroit jamais qu'à moi. Notre converſation dura aſſez long-temps pour impatienter mon frere, qui ne me voyant point revenir, vint ſavoir ce qui m'arrêtoit, & entra dans le parloir où j'étois. Il me pria de le laiſſer ſeul avec elle, afin qu'il la pût entretenir. Je n'étois pas content de cet ordre, mais je ne pouvois faire autrement ; je ſortis de ce parloir, & je me tins collé à la porte pour tâcher d'entendre ce qu'ils diroient.

J'entendis en effet qu'après bien des larmes répandues, elle lui diſoit, qu'elle étoit bien malheureuſe de s'etre attachée à celui des trois freres qui n'avoit jamais eu d'amour pour elle ; & là-deſſus elle lui raconta

tout ce que je venois de lui dire de ma paſſion. Je penſai rentrer pour lui reprocher
cette perfidie, mais je me retins, & j'entendis que mon frere l'exhortoit à ne point
écouter de jeunes gens qui n'étoient capables que de la perdre; qu'elle devoit par
une conduite réglée, tâcher de regagner les
bonnes graces de ſon pere, penſer à un éta-
bliſſement digne d'elle; que pour lui il l'ai-
meroit toujours. Elle répondit à ces paroles par de nouvelles larmes & par des reproches, lui jurant qu'elle ſe vengeroit de
ſon inconſtance, & qu'il ne mourroit que
de ſa main: Mon frere ayant tâché vainement de l'adoucir, la quitta, & nous nous
en revînmes. Il me dit en chemin qu'il étoit
bien heureux de s'être marié ailleurs; que
cette fille étoit d'une humeur très-violente,
& capable de faire paſſer pour des vérités
ce qu'elle inventoit pour ſe ſatisfaire, &
pour vous marquer ſon mauvais eſprit,
ajoûta-t'il, elle m'a dit que vous aviez voulu lui en conter. Ah, la fourbe, m'écriai-
je auſſi tôt! Je ne pûs achever, & les larmes me vinrent aux yeux. Mon frere ſe mit
à rire, & je vis bien qu'il en croyoit quelque choſe, par les exhortations qu'il me fit
de prendre garde à qui je m'attacherois,
& de me défier des femmes.

J'étois outré de cette avanture, & charmé en même-temps de la douceur & de la

fageſſe de mon frere, qui ne m'en fit pas
plus froid, & qui ſe contenta de me prier,
pour mon propre intérêt, de n'avoir jamais
d'attachement pour cette fille. Je ſuivis ſes
conſeils, mais avec beaucoup de peine, &
je penſe même que je ne les aurois pas ſuivis, ſi deux choſes ne fuſſent arrivées. L'u-
ne, fut le mariage de la Demoiſelle, qui
épouſa un homme qualifié de la Province.
L'autre, fut mon départ précipité ; car
mon frere ayant reçû ordre de ſe rendre
à l'Armée, il fallut que je l'y ſuiviſſe.

Nous marchâmes en Champagne, où
étoit cette année-là le fort de la guerre. Le
Régiment de mon frere fut commandé
pour reſter ſous Charleville avec quelques
autres Troupes de réſerve. Mon frere qui
avoit été fait Brigadier, ſervit dans l'Armée de Monſieur le Duc d'Enguien, me
laiſſant avec le Régiment pendant la bataille
de Rocroi. J'étois au déſeſpoir de n'en être
pas, & quoique j'euſſe obtenu cette même
année une Compagnie dans le Régiment
de mon frere, & que les autres Capitaines
euſſent de fort grands égards pour moi, je
ne me ſerois point conſolé de me voir inutile, ſi je n'avois trouvé une perſonne avec
laquelle je pris de l'attachement. Elle étoit
fille d'un Bourgeois, mais elle avoit, outre la beauté, des manieres au-deſſus de ſa
naiſſance. Je l'aimai paſſionnément, & j'en

fus aimé de même. Elle étoit, quand je commençai à la connoître, fur le point d'époufer un jeune homme de la même Ville, mais elle avoit fi peu de goût pour une vie bourgeoife, qu'elle m'avoua qu'elle aimoit mieux n'être toute fa vie que mon Amie, que de faire ce mariage ; car, ajoûtoit-elle : je ne me flatte pas que vous vouliez m'époufer ; je connois trop la différence qu'il y a entre votre qualité & la mienne ; & c'eft ce que je n'exigerai jamais de vous. Je me ferai à votre vertu, & ferai tout ce que vous voudrez que je fois, trop heureufe de vous voir & de vous aimer.

Ces fentimens me charmerent au point que je crus n'avoir jufques-là jamais aimé, tant que je trouvai de différence entre l'amour que j'avois pour elle, & celui que j'avois eu pour d'autres. Je lui proteftai que fon cœur me tenoit lieu de tout, & que fi j'étois eu état de faire fa fortune, je l'épouferois dans le moment. Non, non, me difoit-elle, ne penfez point à m'époufer ; penfez feulement à me mettre en lieu où je puiffe vous aimer, & être aimée de vous. Nous convînmes qu'après la Campagne je la ferois venir à Paris, & que jufqu'à ce temps-là elle feroit croire à fes parens qu'elle vouloit être Religieufe. Elle fit tout ce que je voulus ; mais enfin ne pouvant réfifter à la paffion que j'avois pour

elle,

elle, je la voulus épouser; & ayant dreſſé
un contrat, & trouvé un Prêtre & quelques
témoins, nous allâmes faire à la Campagne un mariage où manquoient les formalités les plus eſſentielles, & qui ne nous parut bon que parce que nous ignorions ce
qu'il falloit pour cela. Perſonne n'en eut
connoiſſance que ceux que nous avions
pris pour témoins; & quinze jours après,
voyant qu'il falloit que je partiſſe, elle alla
ſe jetter dans un Couvent, déclarant à ſes
parens qu'elle avoit renoncé au mariage,
& fait vœu de ſe faire Religieuſe. Comme
le commerce que j'avois avec elle avoit
commencé à leur devenir ſuſpect; ils furent ravis qu'elle prit ce parti-là. Ainſi ils
donnerent les mains à tout ce qu'elle leur fit
entendre, & pour mieux couvrir ſon deſſein, elle prit l'habit de Religieuſe. Je
ceſſai même de la voir, ſitôt qu'elle fut dans
le Couvent, mais j'aſſiſtai à la cérémonie
de ſa priſe d'habit, & tout ce que je pûs faire
fut de la voir un moment pour lui dire
adieu, parce que ſur la fin de Juillet notre
Régiment fut commandé pour le ſiége de
Thionville. Son Noviciat devant être d'une
année, je lui promis qu'avant ce temps-là
je la tirerois du Couvent, & que je la ferois
venir à Paris. Elle m'avertit en me quittant
qu'elle ſe croyoit groſſe, & elle me conjura de la laiſſer le moins que je pourrois

donner la Comédie où elle s'étoit engagée.
Je lui jurai très-fincérement que je lui tiendrois parole dès que les Troupes feroient
en quartier d'hyver, & je la quittai avec
tout l'amour & toute la douleur dont j'étois
capable. Nous avions pris des mefures pour
nous écrire, mais toutes nos Lettres furent
interceptées, & elle n'entendit plus parler
de moi. Il ne me fut pas poffible de quitter
l'Armée pour la venir tirer du Couvent, ni
d'être informé de la caufe de fon filence,
parce qu'après la prife de Thionville, on
nous fit paffer en Allemagne dans l'Armée
du Maréchal de Guébriant. Jamais je ne
pûs obtenir mon congé, & je paffai tout
l'hyver en Allemagne. Tout ce que je pûs
faire, me doutant bien qu'on avoit furpris
nos Lettres, fut de charger deux ou trois
fois des Soldats qui revenoient en France,
de paffer par Charleville, mais je n'en reçus aucunes nouvelles. Je ne revins à Paris
que fur la fin de Mars, & pris la Pofte dès le
lendemain pour aller à Charleville, car je
mourois d'impatience & d'ennui de n'avoir
rien appris depuis près de dix mois, d'une
perfonne que j'aimois, ce me fembloit,
avec d'autant plus de paffion, que je me
fentois une inquiétude extraordinaire de ne
point avoir de fes nouvelles.

Etant arrivé à Charleville fur les trois
heures après-midi, je trouvai un grand peu-

ple affemblé, & ayant demandé ce que c'é-
toit , on me répondit qu'on alloit pendre
une jeune fille qui avoit fait périr fon enfant. Un moment après je vis paroître cette
malheureufe créature entre les mains d'un
Confeffeur & du Bourreau. O Dieu ! quelle
fut ma furprife, quand attachant les yeux fur
elle , je la reconnus pour cette même perfonne que j'avois tant envie de revoir. Elle
étoit fi changée, que tout autre qu'un Amant
auroit eu peine à la reconnoître ; & toutes
les fois que je penfe au pitoyable état où
elle me parut, les larmes me viennent aux
yeux , & en écrivant ceci, je les fens couler
encore.

Je l'aimois paffionnément ; je l'eftimois
autant que je l'aimois, & jamais je n'avois
reconnu en elle que des fentimens dignes
d'admiration. On ne peut exprimer tout ce
que je fouffris à cette vûe. Peu s'en fallut
que l'étonnement & la douleur ne me fiffent tomber de cheval ; mais enfin, prenant
tout d'un coup mon parti, je fendis la preffe, criant de toute ma force, grace, grace.
J'étois à cheval, fort fatigué, & dans l'équipage d'un Courrier qui arrive avec précipitation. Le peuple m'entendant crier de cette
forte , crut qu'en effet j'apportois la grace
de la criminelle , & on commença à m'entourer de toutes parts. Je vis beaucoup de
joie dans les yeux de tout le monde , & cela

m'encouragea à crier encore plus fort que je n'avois fait, que l'on se joignît à moi pour la sauver. Alors une partie du peuple se jetta sur la potence, & l'abattit, pendant que les plus déterminés me suivirent ; & écartant les Archers, nous nous trouvâmes les maîtres de la personne que nous voulions secourir. On la prit, on l'enleva, & on me la mit sur mon cheval. Je l'embrassai étroitement, & piquant de toute ma force, je gagnai la porte de la Ville , & je me jettai dans le Fauxbourg. Les Archers firent mine de courir après moi, mais le peuple qui me suivoit, ferma la porte de la Ville sur eux , & je me trouvai dans le Fauxbourg, sans que personne s'opposât à mon passage. Il y eut même un Loueur de chevaux , qui voyant, que mon cheval ne pouvoit presque plus galoper, m'en donna un tout frais, sur lequel je montai, sans quitter ma proie. Je me trouvai accompagné de quatre Cavaliers, qui s'offrirent de leur bonne volonté à me prêter main-forte, tant le peuple est facile à émouvoir, quand il s'agit de sauver la vie à ceux que la Justice condamne pour de certains crimes, dont le désespoir est cause. Je sortis donc, moi cinquième, du Fauxbourg, & ayant encore galopé près d'une lieue, j'entrai dans un bois pour prendre haleine, & pour tâcher de trouver les moyens de mettre en croupe la perfonne que j'enlevois , & que je ne pouvois prefque plus foutenir entre mes bras. Elle étoit évanouie , & elle refpiroit fi peu, que l'ayant étendue à terre, je crus qu'en effet elle étoit morte. Un des Cavaliers , homme plus robufte que moi , me dit, qu'il n'y avoit pas de fûreté à s'arrêter dans l'endroit où nous étions , & il fe chargea de la porter entre fes bras jufques à la nuit. Nous remontâmes à cheval , & nous arrivâmes à deux heures de nuit à un Village, qui étoit à plus de douze lieues de Charleville , tant nous avions fait de diligence. Nous nous y repofâmes deux heures , & la premiere chofe que nous fîmes, fut de mettre cette pauvre créature dans un lit fort chaud , où elle commença à donner des marques de vie. J'étois auprès d'elle , & la joie de l'avoir fauvée , n'étoit point affez grande , pour me rendre infenfible à la douleur extrème que me donnoient , & le fouvenir de l'état où je l'avois vûe, & la crainte de celui où je la voyois. Enfin, elle ouvrit les yeux, & m'ayant long-temps regardé , fans faire connoître qu'elle me reconnût , je l'embraffai avec beaucoup de tendreffe , & fondant en larmes : Hé quoi donc, lui criai-je, ne me reconnoiffez-vous pas ? Son vifage changea à ces paroles, & fe mettant fur fon féant avec un air effrayé : Quoi, dit-elle, Monfieur, êtes-vous mort ?

Je lui dis que je vivois ; & enfin à force de lui répéter, que c'étoit moi, j'achevai de la faire revenir ; & j'eus la consolation de voir que son évanouissement n'auroit point de suites funestes.

On ne peut exprimer tout ce qui se passa dans mon cœur, quand je la vis revenue, ni tout ce qu'elle me donna de joie, de tendresse & d'amour, quand je vis dans son visage, que son cœur avoit les mêmes mouvemens que je sentois dans le mien. Ce sont là de ces momens, qu'on peut appeller délicieux. Nous nous embrassions sans dire un mot, & nos larmes & nos soupirs nous auroient empeché de parler, quand le saisissement de nos cœurs auroit pû nous le permettre. Il fallut interrompre ce plaisir pour remonter à cheval. Heureusement nous trouvâmes une espéce de brancard, où nous la mîmes, & enfin nous arrivâmes à Reims à la pointe du jour. Nous nous cachâmes dans une maison écartée. Les Cavaliers qui m'avoient accompagné, y demeurerent un jour avec moi, & ne me quitterent qu'après m'avoir promis de ne point dire ce que nous étions devenus, & de feindre qu'ils avoient voulu nous poursuivre, bien loin de faire croire qu'ils nous eussent assistés dans notre fuite.

Je demeurai donc seul avec l'aimable personne que j'avois sauvée, & elle m'ap-

prit comment lui étoit arrivé le malheur,
dont je venois de la garantir. Voyant, me
dit-elle, que je n'avois point de nouvelles
de vous, je ne doutois point que vous ne
m'euſſiez trompée, & cela me fit réſoudre
à me faire tout de bon Religieuſe; mais je
me trouvai dans un extrême embarras,
quand je fus aſſurée que j'étois groſſe, &
plus encore, lorſque j'approchai du terme.
Peu s'en fallut que je ne me jettaſſe par les
fenetres, car la mort étoit ce que je ſouhaitois le plus, étant accablée, & de l'opinion que j'avois que vous étiez un perfide,
& des cruelles extrêmités où me réduiſoit
ma groſſeſſe. Je la confiai à une vieille
Servante, qui étoit dans l'intérieur du Couvent, & qui y ſervoit depuis long-temps.
·Cette femme fut la ſeule qui eut connoiſſance de mon accouchement; car j'eus la
force de ſupprimer mes plaintes. Cette malheureuſe créature prit l'enfant, ſans que je
ſuſſe ce qu'elle en vouloit faire, m'ayant
ſeulement fait entendre que je n'en ſerois
pas embarraſſée, & elle alla, avant qu'il
fût jour, le jetter dans un ruiſſeau qui paſſe
dans le jardin du Monaſtere où j'étois. Le
malheur voulut, ou plûtôt la juſtice de
Dieu permit que cet enfant, entraîné par
le courant de l'eau, s'arrêta à une grille qui
ſéparoit le jardin des Religieuſes, d'une rue
qui eſt fort paſſante. On l'apperçut; on alla

querir la Justice, & on vint avec un grand scandale au Couvent. Le procès-verbal ayant été apporté à la Supérieure, on n'eut pas de peine à connoître que j'étois la coupable, & je me mis peu en peine de le déguiser, tant je souhaitois la mort. Ainsi je n'accusai point celle qui avoit commis le crime, tout le monde crut que je l'avois commis seule. Aucune des Religieuses n'eut pitié de moi, & toutes, au contraire, avec une dureté qui passe l'imagination, dirent que je méritois d'être punie. Je fus mise entre les mains de la Justice, & mes parens n'eurent point assez de crédit, pour empêcher qu'on ne me condamnât. Je fus transferée à Paris, où les Juges confirmerent ma Sentence, & pendant que j'y étois, je vous écrivis une lettre, que vous trouverez encore entre les mains du Portier de Madame votre mere. Je vous disois adieu, & si jamais elle tombe entre vos mains, vous verrez dans quels sentimens je mourois à votre égard.

Elle m'embrassa à ces paroles, & ses pleurs l'empêcherent de poursuivre. Pour moi je fondois en larmes pendant qu'elle me contoit cette funeste avanture. Elle finit en disant, que quand je l'avois enlevée, en criant grace, elle m'avoit reconnu, mais que depuis ce moment-là, elle avoit entièrement perdu l'usage de ses sens, déja

fort affoiblis par l'approche du fupplice.
Son malheur me toucha au dernier point,
& je ne pouvois affez me reprocher d'en
être la caufe.

Lorfque fa fanté fut rétablie, je lui pro-
pofai de venir avec moi à Paris, & elle n'a-
voit pas lieu de douter que je ne l'aimaffe
éperdûment, mais je trouvai que fon cœur
étoit encore plus grand & plus généreux
que je ne l'avois cru. Non, me dit-elle,
mon cher Amant, je ne me flatte plus de la
penfée que vous m'aimerez encore. Le crime dont j'ai paru coupable, & le fupplice
auquel j'ai été condamnée, m'en rendent à
jamais indigne ; & tout ce que j'attens de
vous, c'eft un peu de compaffion & de fecours pour m'enfermer quelque part, &
pour y paffer le refte de ma vie dans la pénitence. Ah ! lui répondis-je, ne vous met-
tez point ces penfées-là dans l'efprit. C'eft
moi qui ai commis le crime, & vous n'a-
vez point mérité le fupplice. Tout cela n'a
rien de honteux pour vous, & ne peut fervir
qu'à augmenter encore mon amour & mon
admiration. J'eus beau faire ; comme elle
étoit bien perfuadée que notre mariage ne
pouvoit fubfifter, elle perfifta toujours à
vouloir être Religieufe, & je lui donnai
ma parole, que je ne l'en empêcherois pas,
quand nous ferions à Paris. Elle s'y laiffa
conduire ; je la logeai le mieux que je pus

dans une chambre garnie , auprès des Re
collets du Fauxbourg Saint-Laurent, où je
la laiſſai pour revenir chez moi. Je trouvai
la Lettre dont elle m'avoit parlé , que j'a
toujours gardée depuis ce temps-là , & que
je veux mettre ici , pour faire encore mieux
connoître le caractére de cette généreuſe
fille. Voici les termes dont elle s'étoit ſer-
vie.

*Je vous écris de la priſon , après avoir été
condamnée à la mort , pour un crime que je
n'ai commis , que parce que je vous ai aimé.
Je ne ſuis venue à Paris , que pour y voir confirmer ma triſte ſentence. Hélas ! qui m'eût
dit que je ne verrois Paris que pour cela , &
que quand vous me promettiez de m'y rendre
heureuſe , je duſſe m'attendre a une pareille
deſtinée. Vous aurez horreur de ma mémoire,
quand vous ſaurez quel ſupplice aura termi-
né mes jours ; mais je vous aſſure , que quelque honteux qu'il ſoit , il m'eſt agréable , puiſqu'il va m'ôter une vie qui m'eſt devenue
odieuſe depuis que vous m'avez oubliée. Si
vous retournez à Charleville , on vous ap-
prendra mon crime , ſans qu'on ſoupçonne que
vous y avez part , car je ne vous ai jamais
nommé , & j'ai cru devoir ce ménagement à
un homme , dont l'honneur & le repos me ſont
plus chers que moi-même. La ſeule grace que
je vous demande en mourant , c'eſt de faire*

prier Dieu pour moi, & de croire que s'il me fait miféricorde, je n'employerai mes priéres auprès de lui, qu'afin qu'il vous comble de profpérités. Adieu, je meurs toute à vous.

Quelles impreffions ne me fit point la lecture de cette Lettre ! Je courus chez elle, plus réfolu que jamais, de ne point fouffrir qu'elle fe fift Religieufe ; mais je ne la trouvai plus. Je fus qu'elle avoit eu quelques converfations avec un Pere Recollet ; j'allai demander ce Pere, qui refufa de m'en dire des nouvelles. Je fus près de huit jours à la chercher ; & enfin j'appris qu'elle étoit à l'Hôtel-Dieu, à deffein d'y prendre le voile. Je courus la voir, & on confentit avec beaucoup de peine que je lui parlaffe. Jamais je n'avois été fi tranfporté. Je me jettai à fes pieds, & je lui jurai de me poignarder fi elle ne m'écoutoit. Mon défefpoir l'attendrit, & elle me dit, les larmes aux yeux : que prétendez-vous faire, Monfieur ? Je ne puis être à vous fans expofer votre réputation, & vous auriez une honte éternelle d'avoir époufé une fille que vous avez arrachée de la potence. Il n'eft pas, lui dis-je, queftion de vous époufer, puifque vous ne voulez pas que l'on en parle ; mais au moins, fi vous avez à vous faire Religieufe, prenez une autre Maifon que celle-ci. Mon Dieu, Monfieur, reprit cette

généreuse personne, je ne veux point vous
être à charge. Je suis venue dans cette Maison, parce que j'y serai reçue pour rien. Je
ne puis choisir un autre Couvent, sans qu'il
vous en coûte, & je sai que vous n'êtes pas
en état de faire cette dépense. Ah ! lui dis-
je, ma vie & mon bien sont à vous, & quoi
qu'il en coûte, je vous ferai recevoir dans
toute autre Maison, où je croirai que vous
trouverez plus de douceur. Je joignis mille
empressemens à ces paroles, mais je ne pus
en rien obtenir, & elle me quitta, en me
disant un adieu, dont je me sentis percer le
cœur. Je crus qu'il n'y avoit point d'autre
parti à prendre que de demander la Supérieure. Elle vint, & je lui dis que je m'op-
posois à la réception de cette fille ; qu'elle
étoit ma femme, & que je la redemandois.
La Supérieure l'ayant fait venir, lui dit
qu'elle ne pouvoit plus la recevoir. Ainsi
elle me fut rendue, mais elle me fit promettre que je la menerois au sortir de là dans
une autre Maison de Religieuses. Je la menai à un petit Couvent, dont la Supérieure
étoit de ma connoissance, lui recomman-
dant d'en avoir soin, & lui confiant que je
la regardois comme une personne qui étoit
ma femme.

Cependant ce qui étoit arrivé à Charleville faisoit grand bruit, & j'appris qu'on
décretoit contre moi pour l'enlevement

que j'avois fait. Toute ma famille en fut informée, & je connus bien par toutes les remontrances qu'on me fit, que cette fille avoit mieux raifonné que moi, & que je ne pouvois l'époufer avec honneur. Je ne dirai point tous les defTeins qui me pafTerent dans la tête : car enfin je trouvois que c'étoit la chofe du monde la plus injufte, de me rendre efclave des opinions des hommes, & de n'avoir pas la liberté de pafTer ma vie avec une fille, dont la réputation n'étoit tachée que par le malheur qu'elle avoit eu de m'aimer. Si elle eût voulu y donner les mains, nous ferions pafTés en Angleterre, mais je la trouvai toujours perfuadée, que je devois lui permettre pour ma gloire, de fe faire Religieufe, & qu'il n'y avoit plus pour elle de parti à prendre que celui-là. Mon frere aîné, à qui je racontai fans déguifement tout le détail de cette avanture, me dit qu'il me plaignoit ; mais qu'après tout, j'étois heureux d'avoir affaire à une perfonne qui prenoit d'elle-même le parti auquel j'aurois dû la porter. Il ajoûta tant de chofes, qu'enfin je vis que c'étoit une néceffité, ce qui me fit confentir à fon deffein. J'obtins fa grace & la mienne, & nous la fîmes Religieufe aux Carmelites, en changeant fon nom, & ne difant rien de ce qui lui étoit arrivé. Mon frere aîné fut affez généreux pour lui faire un préfent de deux mille écus. Je la contraignis auffi de recevoir un petit Contrat, dont je fis la donation aux Religieufes. On la reçut donc avec diftinction, & fans que jamais perfonne ait fû qui elle étoit. Elle a vécu comme une fainte, & pendant toute fa vie, mon frere & moi, nous avons eu en elle une amie inviolable, à laquelle nous avions ordinairement recours quand nous avions befoin de confeil ou de confolation. J'eus une peine extréme à m'accoûtumer à l'engagement qu'elle voulut prendre, & fans le fecours de mon frere, je crois que j'aurois perdu l'efprit. Je puis dire que je n'ai jamais eu de Maitreffe, & que je n'ai jamais connu de femme, que j'aye tant aimée & eftimée que celle-là. Ainfi, par une bizarrerie qu'on ne peut affez admirer, il eft arrivé, que la feule perfonne que j'aye véritablement trouvée digne de mon admiration, étoit une fille de qui je ne pouvois en honneur, devenir l'époux, ni même paroître amoureux.

Cette avanture, & le chagrin qu'elle me donna, reculerent un peu ma fortune : car je fus un an entier fans vouloir voir perfonne, ayant loué un petit appartement auprès des Carmelites, d'où je ne bougeois, n'étant connu de perfonne, & paffant pour un homme retiré du monde, & qui ne penfoit qu'à fon falut. Mon frere ne laiffa pas de

me faire conferver ma Compagnie , faifant entendre que j'étois malade , & contraint , pour me rétablir , de paffer toute
l'année dans le voifinage des Eaux de Bour-
bon , qui étoient néceffaires à ma fanté.

Je ne dirai point la vie que je menai pendant cette retraite , ni toutes les douceurs
dont je jouiffois , lorfque je pouvois feulement démêler la voix de cette fille dans le
Service Divin. C'étoit le feul plaifir qui me
fût permis : car elle refufa toujours de me
voir, fe contentant de m'écrire quelquefois
pour me perfuader d'avoir plus de courage,
& de penfer, ou à une retraite qui m'ôtât
pour jamais du monde , ou à une vie plus
digne de ma naiffance. J'ai gardé toutes fes
Lettres , & elles me confolent encore quand
je les relis.

Mon frere joignant fes prieres à celles
de cette généreufe fille , me perfuada enfin
de me remettre dans le Service , & je retournai à l'Armée en 1645. Je n'avois encore
que vingt ans , mais je croyois qu'après les
expériences que j'avois eûes , il me feroit
impoffible de m'attacher jamais à aucune
femme. Je m'appliquai donc à la Guerre
plus que je n'avois fait jufques-là , & je
m'apperçus que le chagrin que m'avoit donné la retraite d'une fille , que j'avois aimée
fi tendrement , ne fervit pas peu à augmen-

ter mon courage , par l'envie qu'il m'inſ-
piroit de chercher les occaſions de mourir.
Je ſervis à la Bataille de Nortlingue. Je
revins enſuite dans l'Armée de M. de Turenne , où j'aſſiſtai à la priſe de Dunkeſ-
pink , & je puis dire qu'il n'y eut perſonne
plus déterminé que moi , dans l'une & dans
l'autre occaſion. Quelque valeur que les
hommes ayent reçu de la nature , il leur
faut ſouvent des motifs étrangers pour être
braves , & le chagrin eut bien plus de part
que l'ambition , à la valeur dont j'acquis la
réputation pendant cette campagne.

Je revins à Paris après que Landau ſe fut
rendu à M. de Turenne , & je m'apperçus
que le voiſinage de mon aimable Religieuſe augmentoit mon humeur ſombre , car
je ne pouvois m'empêcher de retourner aux
Carmelites. Je découvris ma foibleſſe à
mon frere , qui , perſuadé que j'avois beſoin d'une abſence un peu longue, me pro-
poſa le voyage de Pologne. La Princeſſe
Marie devoit partir au commencement de
Novembre , & les liaiſons qu'elle ſavoit que
nous avions eûes avec un Prince , qui l'a-
voit aimée juſqu'à la mort , lui faiſoient
ſouhaiter que je l'accompagnaſſe.

J'acceptai donc le parti que mon frere
me propoſoit, & je dirai, à ma confuſion,
que je ſentis alors naître dans mon cœur un

ſecret

fecret defir de plaire à la Princeffe , & de venir à bout de m'en faire aimer. Je ne raifonnai point , mais dès que je vis que j'allois faire le voyage avec elle , & que j'aurois tous les jours occafion de la voir , je commençai un peu à oublier la perfonne que j'avois perdue, & je reconnus bien qu'une amour nouvelle eft un meilleur moyen pour fe confoler de la perte d'une Maîtreffe, que l'ambition & la guerre.

La Princeffe fe trouva à l'égard du Prince qui l'avoit aimée , dans une fituation prefque femblable à celle où j'étois à l'égard de ma Carmelite. Elle ne pouvoit fe confoler de fa mort, & elle m'en parloit tous les jours. Je lui racontai, de mon côté , mon avanture de Charleville ; elle fut ravie de me voir capable de toute la délicateffe qu'elle avoit , & nos converfations roulerent long-temps fur les difputes que nou- avions en agitant fi-elle étoit plus ma'heureufe de voir mort un homme qu'elle avoit eftimé , que moi de voir ma Maîtreffe Religieufe. Si j'avois entrepris de faire un Roman , je raconterois ici le détail de ces converfations , & elles vaudroient peutêtre bien celles qui font le fort de Clélie ou du grand Cyrus ; mais je laiffe

toutes ces digreſſions pour mieux exécuter le deſſein que je me ſuis propoſé dans
ces Mémoires, de faire voir le génie des
femmes, & les écueils qu'un homme peut
trouver auprès d'elles.

Fin du premier Livre.

LIVRE SECOND.

LA Princesse me parut résolue de se consoler de la perte de son Amant, par les honneurs qui l'attendoient en Pologne ; & j'avois beau vouloir lui persuader de s'en consoler par une autre passion, je ne la trouvai occupée que de son ambition & de sa grandeur. Elle s'apperçut pourtant bien que je parlois par intérêt en lui proposant quelque attachement nouveau ; & elle me disoit, que quand elle auroit senti du penchant pour moi, elle auroit fait scrupule de me rendre infidelle à une personne aussi digne d'être aimée que ma Religieuse. Je ne me trouvois plus capable de cette fidélité délicate, & j'avoue que tout ce que la Princesse me disoit sur ce sujet, me mettoit dans une impatience extraordinaire. Je lui dis enfin nettement que je l'aimois. Elle fit d'abord semblant de n'en rien croire ; mais enfin, voyant que c'étoit tout de bon, elle prit son sérieux, & me fit entendre que si je continuois à lui parler sur ce ton-là, elle me renvoyeroit en France. Elle me dit ces paroles d'une maniere si impérieuse & si séche, que j'en fus outré, & je résolus, non-seulement de ne lui parler jamais d'a-

H ij

mour, mais aussi de n'en point avoir pour
elle. Ainsi, pendant le reste du Voyage,
je gardai presque toujours le silence. Ma
mauvaise humeur lui déplut, & elle m'exhorta, puisqu'il falloit que j'aimasse pour
être gai, d'aimer une de ses filles qui étoit
fort bien faite : car, disoit-elle, je saurai
bien empêcher que les choses n'aillent trop
loin, & j'aurai le plaisir de vous voir de
bonne humeur. Ces railleries me désespé-
roient, & je pris la résolution d'aimer, non
pas la fille qu'elle me proposoit, mais la
premiere Polonoise que je trouverois à mon
gré si-tôt que nous serions arrivés. Cette
résolution, dont je ne lui rendis point
compte, me rendit ma gaité, & je crus
m'appercevoir que la Princesse qui s'étoit
plainte quand elle m'avoit vû chagrin, n'é-
toit pas trop contente de me voir si gai.
J'évitai de lui dire un mot qui pût lui faire
croire que je l'aimois encore, & j'eus d'autant plus de facilité à éviter de lui parler
d'amour, qu'en effet je sentois bien que
j'avois cessé de l'aimer. Quelque rang
qu'elle eût, je ne pouvois lui pardonner sa
fierté & ses railleries, & j'eus assez d'esprit
& de raison pour comprendre que je ne serois jamais écouté d'une Princesse qui joignoit beaucoup d'ambition & de fierté à une
grande vertu.

Nous arrivâmes en Pologne. Le Roi La-

diſlas vint recevoir ſa nouvelle Epouſe. Elle
me préſenta à lui, & j'eus lieu de me louer
de tout le bien qu'elle lui dit de moi. A
peine fûmes-nous à Varſovie, que j'exécu-
tai la réſolution que j'avois priſe d'aimer la
premiere perſonne que je trouverois aimable. Parmi les Dames du Pays qu'on mit
auprès de la Reine, j'en vis une qui me
toucha aſſez pour croire que c'étoit la perſonne qui me convenoit; c'étoit une Demoiſelle de dix-huit à dix-neuf ans, fille
d'un des plus qualifiés Seigneurs du Royaume. Je me trouvai auprès d'elle la premiere fois qu'elle fut préſentée à la Reine, & je
la regardai avec beaucoup de diſtinction.
Je ne ſai ſi la Reine m'obſerva, mais il me
parut qu'elle ſourit en me voyant regarder
cette jeune perſonne avec application; &
je reconnus bien dans la ſuite que c'étoit
auſſi celle de toutes les Filles qu'on lui
avoit préſentées, qu'elle avoit trouvé le
plus à ſon gré. L'amitié que la Reine eut
pour elle me donna occaſion de la voir ſouvent, & j'en devins fort amoureux. Cette
fille entendoit aſſez le François pour me
donner lieu d'avoir des converſations avec
elle, & je ne tardai pas à lui expliquer mon
amour. Si je fus ſurpris de lui trouver autant de penchant pour moi que j'en ſentois
pour elle, je ne le fus pas moins de la maniere franche & naïve dont elle me le dé-

clara ; mais elle porta cette naïveté trop loin , car la Reine lui ayant demandé ce que je lui difois , non-feulement elle lui rendit compte de mes difcours , mais auffi de fes réponfes , & elle dit fans déguifement qu'elle avoit un grand penchant pour moi. La Reine lui repréfenta les inconvéniens d'une pareille paffion , & lui défendit de me parler en particulier. Elle me fit la même défenfe de mon côté , me menaçant de me faire retourner en France fi je continuois. J'avois intérêt de ne me pas .brouiller avec la Reine , & de ne pas fortir mal d'avec elle ; mais auffi j'aimois cette fille , & la naïveté avec laquelle elle avoit déclaré fa paffion , ne me la rendoit que plus aimable. Je me trouvai donc fort embarraffé , mais je fortis de cet embarras pour retomber dans un plus grand. Il y avoit huit ou dix jours que j'avois promis à la Reine de ne plus parler à cette fille , & que j'évitois effectivement d'avoir des converfations avec elle, quand la Reine me dit que j'étois bien aifé à rebuter ; que ce qu'elle en avoit fait n'avoit été que pour m'éprouver : mais qu'enfin puifque j'avois été fi obéiffant , elle vouloit bien avoir égard à ma paffion , & qu'elle trouveroit très-bon , non-feulement que j'aimaffe cette fille , mais auffi que je lui parlaffe autant que je voudrois.

Je ne favois pas que ce qui avoit changé
la Reine à cet égard ; c'étoit qu'elle s'étoit
apperçue que le Roi fon mari aimoit cette
même fille ; & , foit jaloufie, foit politi-
que, elle crut que le moyen d'en dégoûter
le Roi étoit de lui faire connoître que j'en
étois aimé.

Je fus ravi de la permiffion que la Reine
me donnoit de continuer mon amour, &
dès le jour même je cherchai l'occafion
d'entretenir ma Maîtreffe ; mais je vis
qu'elle m'évitoit autant qu'elle avoit paru
auparavant me fouhaiter ; & enfin l'ayant
preffée de m'en dire la raifon, elle m'avoua
avec fa franchife ordinaire, qu'elle étoit aimée du Roi, que cet amour lui faifoit trop
d'honneur pour en écouter un autre, mais
que dès que le Roi l'auroit mariée, elle
continueroit à m'aimer. J'appris alors que
la premiere chofe à laquelle les Grands
penfent en Pologne , quand ils veulent
avoir des Maîtreffes , c'eft de les marier ;
& en effet on parla peu de jours après du
mariage de cette fille avec un grand Seigneur de Lituanie. Ce mariage n'accom-
modoit point du tout la Reine, parce qu'elle
prévoyoit bien que le Roi ne la marioit
que pour continuer à l'aimer, & pouvoir la
voir plus aifément. Cette Princeffe tâcha
donc de me mettre dans la tête de la demander au Roi, & de l'époufer , parce

qu'en cas que mon mariage fe fift, elle ne doutoit pas que je ne duffe l'emmener en France.

Je trouvois beaucoup d'inconvéniens à demander cette fille en mariage, & encore plus à l'époufer. Je jugeois bien, parce qu'elle m'avoit dit, qu'on ne la mariroit que pour faciliter les amours du Roi. Je ne croyois pas pouvoir réuffir à l'emmener en France, malgré le Prince ; & quand il y auroit confenti, je n'avois pas affez de fortune pour m'y charger d'une femme dont tout le bien feroit en Pologne. Je dis donc à la Reine que je ne pouvois me réfoudre à penfer à ce mariage, & à en faire la propofition. Elle parut affez contente de mes raifons, & elle ne diffimula point, que voulant gouverner l'efprit du Roi fon époux, elle avoit intérêt de ne la marier qu'à un homme qui pût lui répondre d'elle. Elle convint avec moi que j'étois peu propre à cela, & nous nous féparâmes fans favoir quelles autres mefures elle prendroit.

La mort du grand Seigneur Lituanien arriva fur ces entrefaites, & le Roi qui vouloit marier fa Maîtreffe, ayant appris la mort du mari qu'il lui deftinoit, la pria d'en choifir un autre, & cette fille eut affez d'amour pour me nommer.

Le Roi dit qu'il le vouloit bien, & il me fit auffi-tôt appeller. Je lui repréfentai que

je

je n'avois point de bien ; que j'étois un Cadet qui en eſpérois fort peu , & que je ſerois un fort mauvais parti pour une fille qu'il cherchoit à établir. Le Roi me répondit, que la perſonne qu'il me deſtinoit étoit aſſez riche pour elle & pour moi , & que d'ailleurs il me feroit aſſez de bien en Pologne pour m'obliger de ne pas regretter le peu que j'avois en France , & pour rendre heureuſe celle que j'épouſerois. En toute autre occaſion j'aurois été ravi d'une pareille propoſition, car enfin je trouvois tout d'un coup le moyen d'épouſer une fille que j'aimois , & de faire ma fortune ; mais je ne pouvois m'ôter de la tête que le Roi ne vouloit me marier que pour aimer la femme qu'il me donnoit, & je ne me ſentois point aſſez de courage pour digerer une condition ſi honteuſe. Je m'aviſai donc de dire au Roi que j'étois trop honoré du choix & des offres de Sa Majeſté, mais que j'étois obligé de lui avouer que je me ſentois d'une humeur horriblement jalouſe, & qu'une femme ſeroit malheureuſe avec moi. Ce Prince ſourit à cette excuſe, & me dit : ſi ce n'eſt que cela , nous y mettrons ordre, & je vous donnerai des Emplois qui ne vous permettront guére de voir votre femme , & d'être témoin de ſa conduite.

Ce diſcours du Roi me parut un outrage; mais diſſimulant ce que je penſois , je lui

I &   I

dis que j'avois de la peine à renoncer à la France, & que je ne confentirois à ce mariage qu'à condition que Sa Majefté me permettroit, immédiatement après mes nôces, d'y retourner, & d'y emmener ma femme. Ce n'eft pas là mon compte, reprit le Roi, & votre femme ne fortira jamais de Pologne tant que je vivrai. Si cela eft, Sire, lui répliquai-je, je remercie votre Majefté, & je la prie même de trouver bon qu'au lieu du mariage qu'elle me propofe, je lui demande mon congé. Le Roi me quitta, difant que je pouvois partir quand je voudrois, & que j'étois un fou.

J'allai rendre compte de cette converfation à la Reine, qui me conjura, les larmes aux yeux, de faire ce que le Roi defiroit; qu'à l'égard de la jaloufie & de la délicateffe qui étoit la feule raifon qui m'obligeoit de m'oppofer à ce mariage, elle attacheroit fi fort ma femme auprès d'elle, que le Roi ne trouveroit jamais le moyen de la voir; qu'elle m'en répondoit, & que je pouvois être en repos fur toutes les chofes qui pouvoient m'inquiéter.

La Reine me perfuada par tant de raifons, que je la priai de dire au Roi que je ferois ce qu'il m'ordonnoit. Le Roi témoigna beaucoup de joie de ma réfolution mais fa joie n'approcha point de celle de ma Maîtreffe qui s'abandonna toute entiere a

plaifir d'être ma femme ; de maniere que je
crus qu'elle n'aimoit point le Roi, & qu'il
me feroit aifé , étant aimé d'elle & fecondé
par la Reine , d'éviter la honte que je craignois. Enfin , pour dire tout , la vûe de ma
fortune & celle de mon amour me firent
fermer les yeux à toute autre confidération,
& je fus même furpris d'avoir balancé un
feul moment , tant le cœur humain eft peu
fixe dans fes vûes , & préfére aifément les
raifons de l'intérêt & du plaifir à celles de
l'honneur.

J'époufai donc cette fille , & ce mariage
me fit changer de nom : car devenu maître
en l'époufant d'un Comté très-confidéra-
ble , on ne m'appella plus que du nom de
cette Comté, & c'eft fous ce nom-là que j'ai
depuis paru dans le monde.

La Reine me tint la parole qu'elle m'a-
voit donnée. Sa jaloufie , jointe à fa vertu,
& l'une & l'autre foutenue par mes précautions , lui firent fi bien garder ma femme ,
qu'il ne fut pas poffible au Roi de continuer à l'aimer. Ce Prince fe rebuta , & s'attacha à une autre perfonne moins obfervée.
Je fus ravi de ce changement , & je crus
alors jouir tranquillement de toutes les douceurs & de tous les avantages de mon mariage, mais ce fut tout le contraire , & mon
malheur arriva par l'endroit que j'avois le
moins prévû. Ma femme fut défefpérée de

voir que le Roi changeoit pour elle , & ce
grand amour qu'elle m'avoit marqué fe
changea en une averfion extrême , dès
qu'elle vit que ce Prince en aimoit une autre. Elle ne me diſſimula point ſon défeſ-
poir , & elle me dit hautement que j'étois
cauſe de ce qu'il avoit ceſſé de l'aimer. J'eus
beau lui repréſenter ſon extravagance ,
toutes mes raiſons ne ſervirent qu'à l'aigrir,
& ſoit qu'elle voulût ſe défaire de moi, ſoit
qu'elle eſpérât que la compaſſion ramene-
roit l'eſprit de ce Prince , elle lui fit faire
des plaintes des mauvais traitemens que je
lui faiſois. Ces mauvais traitemens étoient
chimériques, mais le Roi y ajoûta d'autant
plus de foi, qu'il ſe ſouvint que je lui avois
dit que j'étois horriblement jaloux. La malice de ma femme alla plus loin ; elle fit
entendre au Roi que j'aimois la Reine ; &
le Roi , ſuſceptible de toutes ces impreſſions, ne penſa plus qu'à me faire aſſaſſi-
ner. Il trouva d'autant plus de facilité à faire exécuter ce deſſein , que mon mariage
avoit excité beaucoup d'envie contre moi
dans l'eſprit des Polonois.

Il n'y eut donc que trop de gens qui offrirent à ce Prince de me poignarder. La
Reine en fut avertie plûtôt que moi , &
comme on la mêloit dans cette affaire, elle
ne jugea pas à propos de me le dire, voyant
bien que ſi j'étois averti , rien ne pourroit

m'empêcher de prendre la fuite. Elle rai-
fonna fur cette fuite, qui pourroit être une
preuve de l'amour dont on m'accufoit à fon
égard , & elle crut qu'il falloit auparavant
détromper l'efprit du Roi. Elle ne fit donc
point femblant d'avoir reçu cet avis , mais
fuppofant des Lettres de France , par lefquelles on lui mandoit la mort de mon frere
aîné , elle les fit voir au Roi, & elle lui dit,
que ce feroit nuire à mes affaires que vouloir me retenir en Pologne. L'indifférence
avec laquelle elle parla au Roi fur ce qui
me regardoit , & la propofition qu'elle lui
faifoit de me renvoyer en France, firent
juger à ce Prince, que ce qu'on lui avoit
dit de fon amour pour moi n'avoit aucun
fondement. Il lui avoua fes foupçons, &
il lui en demanda pardon ; & en même-
temps il lui dit, que fur les foupçons & fur
les plaintes que faifoit ma femme , il avoit
réfolu de fe défaire de moi , & qu'il ne favoit pas même fi j'étois encore vivant, parce qu'il croyoit que ce jour-là même on
devoit m'affaffiner. La Reine ayant fort blâ-
mé la précipitation avec laquelle le Roi
s'étoit laiffé aller à une réfolution fi cruelle,
dit qu'il n'y avoit point de temps à perdre ,
& qu'il falloit m'envoyer chercher.

On me chercha , mais fort inutilement.
J'avois été averti de l'affaffinat qu'on avoit
prémédité ; & la même perfonne qui m'en

avoit donné l'avis, m'avoit mis dans un lieu de sûreté. C'étoit une des plus considérables Dames de la Cour. J'avois remarqué en plusieurs occasions que cette Dame se disoit de mes amies, mais je ne savois pas que cette amitié allât jusqu'à la passion. Elle me le découvrit, en m'apprenant ce qu'on tramoit contre moi. Comme elle étoit veuve, & plus maîtresse de ses actions que les femmes ne le font en Pologne, elle put facilement me cacher chez elle, & ce fut le parti que je pris, intimidé par les circonstances dont elle me rendit compte, & qui me persuaderent que je n'éviterois pas mes assassins si je paroissois. Je me tins huit jours caché chez elle, & pendant ce temps, elle me proposa tout ce que la passion lui suggéroit pour me mettre en sûreté. Le moyen sur lequel elle insistoit davantage, étoit d'empoisonner ma femme, & elle m'offroit de se charger de la chose. Comme j'avois lieu de m'imaginer qu'elle n'avoit ces pensées que parce que la passion l'aveugloit, je n'en eus pas tant d'horreur que j'en aurois eû dans un autre temps, & je me contentois de lui faire voir les inconvéniens d'un pareil dessein. Elle ne voulut jamais me permettre d'écrire à la Reine, & de l'informer du lieu où j'étois. Il y a grande apparence que cette Princesse crut qu'ayant été averti du dessein du Roi, j'avois pris la suite, ou bien que j'avois été aſſaſſiné ; & l'une & l'autre opinion lui donna de l'inquiétude, mais enfin pour empêcher qu'on ne jugeât mal des raiſons de mon abſence, il eſt certain qu'elle fit courir le bruit, que ſur les nouvelles de la mort de mon frere, j'étois retourné en France.

Ce bruit vint juſqu'à moi, & croyant qu'effectivement mon frere étoit mort, je ne pûs plus demeurer caché, & je dis réſolument à la Dame qui me gardoit, que je voulois m'informer de la vérité de ces nouvelles, & voir la Reine pour en être inſtruit. Cette Dame me fit des reproches de la ſenſibilité que j'avois pour mon frere, en un temps où elle vouloit que je n'en euſſe que pour elle. Des reproches elle paſſa aux injures, & des injures au refroidiſſement. Elle me menaça même de me livrer à mes aſſaſſins, & enfin il lui échapa de me dire, que puiſque je la voulois quitter, elle y mettroit bon ordre, & qu'elle m'empoiſonneroit plûtôt que de le ſouffrir. Ce qu'elle m'avoit propoſé à l'égard de ma femme, me fit craindre qu'elle n'en vînt en effet juſqu'à faire ce qu'elle diſoit, & je craignis ſi bien le poiſon, que je ne voulus plus manger. Jamais on n'a paſſé en ſi peu de temps de l'amour à la haine, que nous fiſmes cette Dame & moi. Elle m'étoit inſupportable, & je lui étois devenu odieux.

Je lui déclarai nettement que je ne pouvois l'aimer , & que je la conjurois de souffrir que je sortisse. Tu sortiras, reprit-elle, mais ce sera de ce monde ; & en disant ces paroles , elle se jetta sur moi, tenant un poignard dont elle s'étoit saisie. Je lui arrachai ce poignard , & je ne sai comment elle en fut blessée à la gorge , mais je la vis toute en sang, & qui se laissa tomber. Je prévis toutes les suites de cet accident, & jugeant bien que je ne me sauverois pas des mains de ses Domestiques s'ils en avoient connoissance , je la laissai & le poignard auprès d'elle. Heureusement je trouvai les portes ouvertes , & je sortis sans être apperçû. Je passai une rue ou deux , & je me trouvai auprès de la maison d'un homme du Pays, que je connoissois, à qui je demandai un asyle, lui confiant qu'il falloit que je partisse sans être connu, ayant des affaires importantes en France, à cause de la mort de mon frere , & que ma femme n'ayant point voulu consentir à mon départ, j'étois obligé de partir *incognito.* Cet homme m'offrit toute sorte de secours , & dès la nuit suivante il me fournit des chevaux , sur lesquels je me rendis à Dantzic. Dès que j'y fus arrivé , j'écrivis à la Reine , & lui rendis compte de mon avanture.

La Reine reçut ma Lettre en un temps où personne ne doutoit que je n'eusse assas-

finé la |Dame chez qui j'avois logé. Cette
Dame avoit été trouvée toute en fang par
fes Domeftiques, & elle leur avoit dit que
c'étoit moi qui l'avois traitée de cette forte.
Sa bleffure fe trouva légere, mais elle perfifta toujours à dire que j'étois fon affaffin.
Perfonne n'en croyoit devoir douter, & on
me cherchoit par tout, quand la Reine reçut ma Lettre. Elle la fit voir au Roi, qui
lui ordonna de m'écrire, que fi j'étois innocent, je ne tardaffe pas à revenir pour
confondre mes accufateurs.

La juftice de ce Prince eut moins de patt
à cet ordre, que l'embarras que ma femme
lui donnoit. Comme il en étoit perfécuté,
& qu'il ne l'aimoit plus, il fut bien aife de
me faire revenir, afin que je fuffe chargé
feul du foin d'une femme fi emportée. La
Reine m'écrivit que la nouvelle de la mort
de mon frere étoit fauffe, & qu'il falloit que
je retournaffe à Varfovie, pour me purger
de l'affaffinat dont on m'accufoit. J'eus tant
de joye d'apprendre que mon frere n'étoit
pas mort, que je confentis fans peine à
retourner à Varfovie, malgré tous les embarras où je prévoyois que j'allois être.

Dès que je fus arrivé, j'allai me mettre
en prifon, par le confeil de la Reine. La
Dame qui m'accufoit fut extrêmement fut-
prife de mon retour, mais fe piquant alors
d'une générofité qu'elle n'avoit pas, elle

fut la premiere à folliciter ma grace. J'aurois été ravi que la vérité eût été éclaircie,
mais enfin voyant qu'on ne regardoit plus
cette affaire, que comme une querelle de
deux Amans, je ne perfiftai point à demander de plus amples informations. Je reçus
ma grace, & je fortis de prifon. Le Roi
voulut même que j'en témoignaffe ma reconnoiffance à la Dame qui m'avoit ac-
cufé.

Cette affaire l'avoit entiérement perdue
de réputation, car on ne pardonne guére
en Pologne des galanteries auffi fortes que
celle dont elle avoit donné lieu d'être convaincue. Il n'y avoit point d'autre moyen
de rétablir fon honneur que de m'époufer,
& c'eft ce qui m'a toujours perfuadé qu'elle
avoit empoifonné ma femme, qui mourut
un mois ou deux après cette affaire, & affez
fubitement, pour me faire croire que mes
foupçons étoient vrais.

Il y avoit peu de temps qu'elle étoit ac-
couchée de deux enfans, d'une fille & d'un
garçon, & j'appris plûtôt la mort que la
maladie : car nous faifions fort mauvais mé-
nage, par les idées qu'elle m'avoit fait avoir
de fa mauvaife conduite. Je ne laiffai pas
d'en être touché, & je fus moins fenfible
en ce moment aux raifons que j'avois de la
hair, qu'à celles que j'avois eûes de l'aimer.

Dès qu'elle fut morte, le Roi lui-même me dit, que c'étoit une nécessité pour moi d'épouser la femme qui m'avoit caché chez elle, & que j'avois deshonorée par l'éclat que nous avions fait. Je dis au Roi, que je le priois de ne point précipiter ce mariage, & de me donner au moins un peu de temps pour me consoler de la perte de ma femme, dont je lui parus très-affligé. Je demandai ce délai, afin de pouvoir songer à loisir, à trouver moyen d'éviter une chose que j'étois absolument résolu de ne point faire. La Dame qu'il s'agissoit d'épouser, n'étoit ni belle, ni jeune, & d'ailleurs la familiarité qu'elle avoit avec les assassinats & les poisons, me donnoit beaucoup d'horreur. Je dissimulai pourtant, & je feignis de la regarder comme une femme que je devois épouser.

Elle se tenoit si sûre de notre mariage, qu'elle ne prit aucun soin de me ménager ni de me plaire. Au contraire, elle affecta de me mépriser hautement, & de témoigner de l'attachement pour d'autres. Comme je cherchois l'occasion de rompre avec elle, je commençai à la chicaner sur sa conduite. Elle se moqua de ma mauvaise humeur, disant nettement qu'elle n'avoit point à se contraindre pour moi, puisqu'il falloit bien que je l'épousasse de gré ou de force. Je crus que si je pouvois la surprendre en galanterie, ce feroit une raifon qui m'affranchiroit de cette prétendue obligation. Je n'eus pas de peine à réuffir; elle fe cachoit fi peu de fes intrigues, que tout le monde en étoit auffi bien inftruit que moi, & je fus averti un foir qu'un Palatin étoit enfermé avec elle. J'en fis mes plaintes au Roi, lui témoignant qu'après une pareille infidélité, je me croyois très-difpenfé d'achever le mariage. Le Roi me répondit, qu'il falloit favoir auparavant fi celui avec qui je l'avois furprife confentiroit à l'époufer, parce qu'en cas qu'il ne le voulût point, la chofe revenoit à moi, comme au premier & plus ancien fondé en droit. Cette réponfe me parut fi bizarre, que je la pris pour une plaifanterie, & ne pus m'empêcher d'en rire : mais le Roi m'affura qu'il parloit très-férieufement, & qu'en pareil cas, c'étoit de cette maniere qu'on en ufoit en Pologne.

Je ne me donnai pas le temps d'examiner fi en effet la Jurifprudence Polonoife l'ordonnoit ainfi, parce que dès ce moment je réfolus de partir & de revenir en France. J'avois pris toutes mes mefures pour ne plus différer. J'étois las du féjour d'un Royaume étranger, & rebuté de toutes les difgraces qui m'y étoient arrivées, & de celles dont je me voyois encore menacé. Je confiai mon deffein à la Reine, la priant

de vouloir bien prendre foin de mes enfans; & après avoir vendu fourdement ce
que je pus du bien que j'avois en Pologne,
je me dérobai avec un feul Valet, n'empor-
tant de toute cette grande fortune que j'a-
vois faite, que pour environ vingt mille
écus de Lettres de change, & laiffant mes
enfans affez riches du bien de leur mere.
Je demeurai en Pologne près de deux ans,
& c'étoit à la fin de 1647. que j'en fortis.
Je n'avois pas encore vingt-trois ans, mais
j'en paroiffois avoir beaucoup davantage ;
car le féjour que j'y avois fait, m'avoit extrémement engraiffé ; & comme j'ai toujours eu une grande taille, on m'en auroit
donné près de trente.

Ce fut alors que je crus être entiérement
détrompé des femmes, car pendant mon
voyage j'eus le loifir de faire des réflexions
fur les malheurs qu'elles m'avoient déja at-
tirés. Je voyois que c'étoit ce qui m'avoit
fait quitter la France en un temps où j'étois
en chemin de m'avancer, & que c'étoit elles
auffi qui avoient été caufe que j'étois forti
de Pologne lors que ma fortune fembloit y
être la mieux établie. Je réfolus de profiter de mes expériences, & de ne plus penfer qu'à la guerre. J'avois mandé mon retour à mon frere aîné, qui avoit fort défap-
prouvé que je me fuffe marié en Pologne,
& qui n'étoit pas trop fâché que j'euffe eu

des prétextes d'en fortir. Les Lettres que je reçus de lui en chemin, me déterminerent à paffer par Venife, à caufe qu'il me mandoit que j'y trouverois un de fes meilleurs amis, qui s'étant battu en duel avoit été contraint de s'y retirer.

J'arrivai à Venife fur la fin de l'année, dans le temps que tout fe préparoit pour les divertiffemens du Carnaval. J'y vis l'ami de mon frere, qui m'engagea à y faire quelque féjour, & ce fut là que j'oubliai toutes les belles réfolutions que j'avois prifes fur le chapitre des femmes. Cependant j'y trouvois, fi j'euffe voulu ouvrir les yeux, de nouvelles raifons de mieux envifager le tort qu'elles m'avoient fait ; car à peine fus-je arrivé à Venife, que j'appris par mille endroits, que le bruit couroit que j'avois été contraint de quitter la Pologne, parce que j'étois foupçonné d'y avoir empoifonné ma femme & poignardé ma maîtreffe. Je favois ce qui avoit pû donner lieu à des bruits fi injurieux à ma réputation ; je détrompai le mieux que je pus tous ceux qui m'en parurent prévenus : mais il m'a fallu bien des années pour en venir à bout, & j'ai toujours de temps en temps trouvé en mon chemin des gens perfuadés de cette opinion, qui n'a pas laiffé de me faire tort, tant la médifance diftingue peu la vérité d'avec le menfonge.

Quelque preſſantes que fuſſent les ſolli-
citations qu'on me faiſoit de paſſer le Carnaval à Veniſe, j'aurois eu peine à m'y réſoudre, ſans le malheur qui m'arriva d'y devenir éperdûment amoureux. Je puis dire
que j'avois peu ſenti cette paſſion en Pologne, & que toutes les amours que j'y
avois faites, n'avoient point été juſqu'au
cœur. Ce fut là, peut-être, ce qui me rendit
plus facile à m'entéter de la perſonne dont
je crus être aimé.

C'étoit la fille d'un noble Vénitien,
chez qui j'eus d'abord beaucoup d'accès
par le moyen de l'ami de mon frere, qui
avoit connu à Paris le fils aîné de ce Vénitien, & avec qui il avoit lié une amitié
très-étroite. Je voyois ſouvent le pere &
le fils ; mais je fus long-temps ſans voir la
fille autrement que par ſon portrait. Ce
portrait me parut ſi charmant, que je ne
pus m'empêcher de m'écrier en le voyant,
que je n'avois jamais rien vû de ſi beau. La
fille étoit alors dans un endroit d'où elle
pouvoit me voir ſans que je la viſſe, & elle
entendit toutes mes admirations ſur ſa
peinture. Comme je ſortois de chez ſon
pere, je me vis ſuivi par un homme, qui,
ſans me rien dire, me mit dans la main
un petit billet qui n'étoit point cacheté, &
où je lûs ces paroles en Italien.

La perſonne dont vous avez admiré le

portrait est plus touchée de vous que vous ne l'êtes de sa peinture ; & s'il est vrai que le portrait vous ait fait plaisir , il ne tiendra qu'à vous de voir l'original. Soyez discret ; c'est tout ce qu'on vous demande , & laissez-moi gouverner le reste.

Je relûs vingt fois ce billet ; & quoique j'eusse peine à me persuader qu'il fût en effet de la personne dont j'avois vû le portrait , cependant je crus , dans l'incertitude, que je n'en devois point parler , & que le plus sûr , soit qu'on eût voulu me tromper , soit que la chose fût effective , c'étoit d'avoir la discrétion qui m'étoit recommandée.

On n'aura pas de peine à s'imaginer l'impatience que j'eus de retourner chez le Vénitien. J'y allai dès le lendemain ; j'y regardai vingt fois le portrait , témoignant un desir extrême d'en voir l'original ; mais personne ne s'offrit de me donner cette satisfaction. On me proposa une Mascarade pour le jour suivant , & chacun convint des habits sous lesquels on masqueroit.

A peine fus-je retourné chez moi, que le même homme qui m'avoit donné le billet dont j'ai parlé , me vint demander ; & gardant toûjours un grand silence , il me mit dans la main une boëte , & se retira aussi-tôt. Quelque instance que je lui fisse pour s'arrêter , il ne me parla que par signes , & il s'échappa.　　　　　　J'ouvris

J'ouvris la boëte, qui étoit pleine de pierreries; & fous ces pierreries, je trouvai encore ce billet, écrit de la même main que le premier.

Comme on s'intéreffe à votre gloire, on veut contribuer à votre magnificence. Servez-vous de ces pierreries pour la Mafcarade que vous devez faire ; celui qui vous les porte ira les reprendre, quand vous n'en aurez plus befoin.

Je commençai, en voyant ces pierreries & cette Lettre, à ne plus douter que la chofe ne fût férieufe, & je ne puis dire combien cette avanture me donna à la fois & d'inquiétude & de plaifir.

Je me fervis des pierreries que l'on m'avoit envoyées. Elles étoient fi belles & en fi grand nombre, que perfonne ne parut avec plus d'éclat que moi. Plufieurs perfonnes me demanderent où je les avois prifes, & ayant répondu que je les avois louées, le frere de la Demoifelle me dit à l'oreille ; je connois le Marchand chez qui vous les avez eûes, & ce qu'elles vous ont coûté pour le prêt. Ces paroles me firent croire qu'il étoit confident de fa fœur ; je rougis, & ne lui répondis rien.

Comme nous nous retirions après la Mafcarade, nous fûmes attaqués par fix hommes armés, qui ayant écarté ceux avec qui j'étois, ne s'attacherent qu'à moi ; ils me défarmerent, quelque réfiftance que je fiffe, & ils me volerent mes pierreries. Mes camarades revinrent pour me fecourir, mais il étoit trop tard, & mes voleurs étoient échappés.

Quel chagrin n'eus-je point de cet accident ; mais enfin il me reftoit encore une Lettre de change de douze mille écus, & je crus que cela pourroit payer les pierreries. L'homme qui me les avoit apportées revint pour les reprendre. Je lui contai comment j'avois été volé, & je lui offris la Lettre de change. Il la refufa ; & s'étant retiré fans dire un mot, je crus qu'il étoit muet.

Le lendemain dès le grand matin, je le vis revenir avec cet autre billet.

Ne vous affligez point de la perte des pierreries. Quand j'ai pris le parti de vous les prêter, je me fuis expofée de bonne volonté à tous les inconvéniens qui en pourroient arriver, & c'eft moi, & non pas vous, qui fuis caufe qu'elles font perdues. C'eft donc a moi feule de les payer. Je voudrois pouvoir vous marquer par des pertes plus confidérables, que je n'eftime nul autre bien dans le monde que votre cœur. Gardez-le moi, jufqu'à ce que vous ayez pû juger fi je le mérite.

Si elle le mérite, repris-je auffi-tôt. Hé! y a-t'il dans le monde une femme d'un plus grand mérite ? Charmé de la grandeur d'ame d'une perfonne fi généreufe & fi défintéreffée, je m'abandonnai à tout ce que la paffion peut infpirer de plus violent & de plus tendre. Je conjurai encore mon homme muet de prendre la Lettre de change, ou du moins de fe charger d'une réponfe, pour la perfonne qui l'avoit envoyé. Il ne voulut faire ni l'un ni l'autre, & il fortit avec le même filence que les autres fois.

La fille qui m'avoit envoyé les pierreries, les avoit louées à un Jouaillier, qui étoit de la connoiffance de fon frere, & elle s'étoit fervie de lui pour les avoir. Ce fut fon frere lui-même qui me l'apprit, ajoûtant que fa fœur lui avoit fait confidence de la paffion qu'elle avoit pour moi, & qu'elle n'avoit point fait de difficulté de fe découvrir à lui, parce qu'elle le fervoit auprès d'une de fes amies, dont il étoit amoureux. Ce fut un jour ou deux après que les pierreries eurent été volées, qu'il me fit cette confidence, m'affûrant qu'il ne tiendroit qu'à moi de trouver auprès de fa fœur tous les agrémens que cette fœur lui procuroit auprès de fa maîtreffe.

On fera furpris, quand je dirai que tout cela n'étoit qu'un artifice pour attrapper mon argent. C'étoit le frere qui m'avoit fait voler mes pierreries, & elles étoient entre fes mains; mais faifant toujours femblant qu'elles avoient été volées, il me dit que fa fœur, quelque généreufe qu'elle fût, ne laiſſoit pas d'être embarraſſée pour payer ces pierreries; & que ſi elle s'obſtinoit à ne vouloir point recevoir ma Lettre de chan- ge, l'affaire pourroit faire du bruit, & vien- droit aux oreilles de ſon pere; que ſi je vou- lois, il me meneroit chez le Marchand, de qui je ſaurois ce qu'elles valoient, & à qui je pourrois les payer; que c'étoit un hom- me auquel on pourroit ſe fier du ſecret, & qui ne ſavoit pas même que je les euſſe re- çûes par le canal de ſa ſœur. Je fus ravi de trouver le moyen de payer ces pierreries; & n'ayant aucun ſoupçon que ce fût un pan- neau, je donnai huit mille écus au Jouail- lier, avec plus de plaiſir, que je n'ai jamais payé aucune dette. Ce Marchand, qui s'en- tendoit avec le frere de la Demoiſelle, eut quelque choſe pour ſa peine, & mon argent devint la proye du frere & de la ſœur.

Je ne ſavois rien de tout cela, & je n'a- vois garde de m'en défier; mais ſacrifiant toujours aux idées que ma vanité me don- noit d'être aimé de la perſonne qui m'a- voit inſpiré tant de paſſion, je ne m'apper- cevois point que ces folles idées m'avoient déja preſque tout dépouillé, & je n'étois occupé que du deſir de voir une perſonne ſi aimable.

Je preſſois ſouvent ſon frere de m'en procurer l'occaſion. Il me le promettoit, & trouvoit toujours des raiſons pour me manquer de parole. Je recevois quelquefois des lettres de sa sœur, & ce n'étoit plus le muet, c'étoit son frere lui-même qui me les rendoit en main propre , & qui se chargeoit de mes réponses. Ces lettres étoient toujours fort passionnées , & rouloient sur le désespoir où nous étions de ne nous pas voir.

Je vécus de la sorte jusqu'au milieu du mois de Février , que je reçus des lettres de mon frere , qui me blâmoit fort de m'arrêter si long-temps à Venise , me mandant que je courois risque de perdre l'Emploi qu'il avoit obtenu pour moi dans l'Armée de Monsieur le Prince , qui devoit se mettre en campagne , & assiéger Ypres dès le mois de Mars.

Je fus insensible aux soins de mon frere & au tort que je me faisois en restant plus long-temps ; & n'étant touché que du desir de voir la personne dont je me croyois aimé, je mandai à mon frere que j'étois malade & hors d'état de partir si-tôt, l'assûrant que dès que ma santé seroit assez rétablie pour souffrir la fatigue du voyage, je prendrois la poste. Mon frere étoit mieux averti que je ne pensois de l'état de ma santé. L'ami qu'il avoit à Venise l'en avoit informé. Il m'écrivit encore lettres sur lettres ; mais j'étois si aveuglé & si fou, que j'aurois mieux aimé mourir que de quitter

Vénife avant que d'avoir vû ma maîtreffe.

Les lettres de mon frere ne me fervirent qu'à preffer avec plus d'inftance le frere de la Demoifelle de ne me plus laiffer languir ; & enfin , voyant que je le menaçois de partir , il me promit de me la faire voir. Il me dit que pour cela , il falloit me déguifer en Efpagnol , & prendre fur moi le plus que je pourrois d'argent & de pierreries , parce que fa fœur , qui vouloit conferver fans obftacle le plaifir de m'aimer & de me voir , avoit fait entendre à la perfonne chez qui je devois la trouver , que l'amant qu'elle aimoit étoit un grand Seigneur d'Efpagne. Je n'examinai point fi cette raifon étoit bonne ; je fis ce qu'il voulut , & ayant pris l'habit & l'équipage Caftillan , fans oublier de l'argent & des pierreries , je me laiffai conduire dans la maifon d'une des plus fameufes Courtifannes de Venife , que j'avois vûe plufieurs fois , & que je connoiffois pour telle. J'étois , à dire le vrai , un peu fcandalifé , que ce fût chez une femme de ce caractére que ma maîtreffe me donnât un rendez-vous ; mais j'avois une fi furieufe envie de la voir, que je m'arrêtai peu à ce fcrupule. Ainfi , je me rendis chez la Courtifanne, occupé de la feule efpérance de la voir.

Dès que j'y fus arrivé, on m'enferma dans une chambre ; & peu de temps après je vis

enfin arriver la Demoiselle au portrait : elle
ne me parut pas auſſi belle qu'elle m'avoit
ſemblé dans ſa peinture , mais cependant
je la reconnus , & j'y trouvai aſſez de reſ-
ſemblance , pour ne pas douter que ce ne
fût elle. Cette différence de beauté entre
l'original & le portrait , me rendit moins
paſſionné que je ne croyois le devoir être ;
& la fille qui s'en apperçut , me fit bien remarquer , par les ſoins qu'elle prit de réveiller ma paſſion , que ce n'étoit pas la premiere fois qu'elle s'étoit trouvée dans une
pareille rencontre. Je diſſimulai pourtant
ma penſée , mais je ne pus diſſimuler mon
chagrin ; & , ne ſachant à qui m'en prendre,
je m'aviſai de lui faire des remontrances ſur
ce qu'elle oſoit venir dans la maiſon d'une
Courtiſane. Elle ſoutint d'abord aſſez bien
des réprimandes , auſquelles elle me dit
qu'elle ne s'attendoit pas ; mais , enfin ,
voyant que je continuois à la prêcher , elle
me quitta bruſquement, en me diſant qu'elle
ne me reverroit jamais.

Ce fut alors que je connus la foibleſſe du
cœur. J'avois tous les ſujets du monde de
croire que cette fille n'étoit rien moins
qu'une honnête fille ; mais , dès qu'elle
m'eut quitté , je me ſentis plus poſſédé que
jamais du deſir de la revoir. Tous mes ſcru-
pules s'évanouirent , & je me repentis du
procédé que j'avois eu. Son frere entra quel-

que temps après ; & , m'abordant avec un visage irrité , il me dit, mettant l'épée à la main , que j'étois un malhonnête homme, que sa sœur venoit de lui dire que je l'avois insultée, & qu'il en auroit raison. Moi, lui dis-je , insulter votre sœur ! Au nom de Dieu , mon cher ami , faites que je la revoye, & vous verrez à quel point je l'aime. Le frere s'adoucit à ces paroles , & remettant son épée dans le fourreau, il sortit, disant qu'il alloit tâcher de la ramener ; mais il ne revint point ; & après avoir attendu plus de deux heures , je vis entrer la Courtisane chez qui nous étions , qui me dit en langage Vénitien : Qu'est-ce donc , Seigneur Don Juan ; qu'avez-vous aujourd'hui, & pourquoi votre maîtresse est-elle moins contente de vous que les autres jours ? Cette femme, en disant ces paroles, me regarda attentivement, & parut fort surprise. Je lui demandai ce qui la suprenoit, & pourquoi elle m'avoit donné le nom de Don Juan ; mais elle ne voulut point répondre, faisant toujours l'étonnée : elle me dit seulement, que si je voulois la revenir voir, elle m'apprendroit la cause de sa surprise. Je ne pus en tirer autre chose, & je sortis rêvant à mon aventure, & commençant à en deviner une partie.

Si-tôt que je fus chez moi , je voulus serrer l'argent & les pierreries que j'avois

portées,

portées, mais je ne les trouvai plus, & je
connus qu'on m'avoit volé : je n'en pouvois
accuser que la personne du rendez-vous ;
& cela me confirma dans les opinions que
j'avois d'elle. Je me souvins alors qu'il y
avoit à Venise un jeune Espagnol qui s'appelloit Don Juan, & je jugeai que c'étoit
pour lui que la Courtisane m'avoit pris : je
devinai qu'il falloit que cet Espagnol fût
l'Amant de ma Maîtresse, & qu'il fût en
possession de la voir chez cette Courtisane.
La chose étoit en effet comme je le con-
jecturois. Je retournai dès le lendemain
chez la Courtisane, qui m'apprit tout ce
que je voulois savoir, & je vis que cette
personne dont j'avois été si passionné, &
pour laquelle je m'étois presque brouillé
avec mon frere, étoit une fille accoutumée à ce manége, & qui, depuis plus de
six mois, avoit avec cet Espagnol un commerce réglé dans cette maison.

Comme je pensois à me venger, je reçus des lettres de mon frere, qui me manda qu'il avoit appris la vie que je menois à
Venise, & qui m'instruisoit que j'avois été
la dupe du frere & de la sœur : il me conseilloit de ne point faire de bruit, mais de
partir le plus promptement que je pourrois.

Mon frere avoit appris tout ce détail de
l'ami qu'il avoit à Venise, & je jugeai bien
qu'il n'avoit pû l'apprendre par un autre.

J'allai chez lui pour lui faire des reproches de ce qu'au lieu d'avertir mon frere, il ne m'avoit pas averti moi-même. Il diſſimula d'abord qu'il eût rien écrit ; mais enfin, il m'embraſſa, & me dit : que voulois-tu que je fiſſe, mon pauvre garçon ? Tu étois fou, & ſi j'avois voulu t'éclairer, tu ne m'aurois pas crû. Je fus encore long-temps à me plaindre de ce qu'il m'avoit laiſſé duper, & voyant qu'il n'y avoit point de reméde, je .dis que je voulois abſolument ravoir mon .argent, ou me couper la gorge avec le fiere ·de ma friponne de maîtreſſe.

Celui à qui je parlois, n'étoit à Veniſe que pour avoir fait un duel en France. Son exil ne l'avoit pas corrigé de la démangeai-ſon de ſe battre, & je le trouvai très-diſpo-ſé à me ſervir de ſecond. Nous convînmes donc que je ferois appeller le Vénitien. Je le fis, mais il ſe moqua de ce cartel, & il ne parut point au rendez-vous. Surpris de ſa lâcheté, je réſolus de l'obliger à ſe battre malgré lui, & je m'aviſai le jour que nous choiſîmes pour l'attaquer, de reprendre l'habit eſpagnol, ſous lequel j'avois été au rendez-vous, d'en donner un de même à celui qui me ſervoit de ſecond, & de faire prendre auſſi à toute notre ſuite des habits à l'Eſpagnole.

Nous allâmes l'attendre en cet équipa-ge, & l'ayant inutilement preſſé de mettre l'épée à la main, je lui donnai par le visage quatre ou cinq coups de revers de mon épée, qui l'obligerent enfin de se défendre. Il le fit foiblement, & reçut un coup qui le jetta sur le carreau. Nous fûmes assez heureux, quoique la chose se fist en plein jour, de n'être point arrêtés. Nous nous sauvâmes avec toute notre suite, & nous étant jettés dans une Gondole, nous allâmes nous embarquer, & sortîmes de Venise, car nous avions pris-auparavant toutes ces précautions. J'en avois même pris une autre pour me mieux venger, & faire retomber sur l'Espagnol Don Juan, tout le bruit de cette affaire.

J'avois écrit au pere de la Demoiselle, comme si j'eusse été un parent de Don Juan, qu'étant venu à Venise, j'avois appris que mon parent avoit un commerce avec sa fille, par le moyen de son frere. Je spécifiois tout ce que je savois du détail de leur intrigue, & je finissois, en lui disant que mon parent Don Juan ayant été affronté par son fils, je voulois en avoir raison, & qu'il ne cherchât point ailleurs celui qui s'étoit battu contre lui.

Le pere ayant reçu cet avis, fit informer contre Don Juan. Outre ce qui étoit marqué dans ma lettre, il avoit appris par tous ceux qui avoient été témoins de notre combat, que c'étoit un Espagnol qui l'avoit atta-

qué & qui avoit pris la fuite avec plufieurs
autres de la même Nation.

· Nous apprîmes à Padoue que la chofe
avoit réuffi comme je le pouvois fouhaiter ; que le frere de la Demoifelle étoit
mort de fa bleffure, fans avoir pû parler ;
que Don Juan voyant qu'on informoit contre lui, & que toute fon intrigue étoit connue du pere, avoit pris la fuite, & qu'enfin tout le monde étoit perfuadé que c'étoit
lui qui avoit fait faire le combat. J'eus toute
la joie qu'on peut avoir de s'être vengé, &
cela me confola un peu de la perte de mon
argent, & des friponneries qu'on m'avoit
faites, bien réfolu de ne m'embarquer de
ma vie en aucune intrigue de femmes.

L'ami de mon frere, qui m'avoit fuivi à
Padoue, ne pouvant revenir en France, me
propofa de le laiffer aller en Pologne. J'y
confentis d'autant plus volontiers, que j'é-
tois ravi d'avoir quelqu'un qui m'informât
fûrement de l'état de mes enfans, & de
tout ce qui s'étoit paffé & fe pafferoit à
Varfovie, à quoi je pourrois prendre quelque part. Je favois déja que le Roi Ladiflas
étoit malade ; le bruit de fa mort couroit
par tout, & je jugeois bien que la Reine,
qu'on parloit de remarier au Prince Cafimir, fon beau-frere, feroit en état de rendre à l'ami que je lui recommandois, tous
les bons offices dont il pourroit avoir befoin.

Comme nous étions déja fur la fin du mois de Mai, & que la campagne étoit commencée en Flandre, je crûs qu'il n'y auroit pas d'honneur pour moi à m'y rendre fi tard ; & c'eft ce qui me fit prendre le parti, pour me donner de l'occupation, de me jetter dans Naples, efpérant trouver l'occafion de me fignaler fous les ordres du Duc de Guife, qui s'étoit rendu maître de cette grande Ville ; affaire qui faifoit alors grand bruit par toute l'Italie.

J'écrivis mon deffein à mon frere, & confervant toujours l'habit efpagnol, je pris la route de Naples, croyant que fous cet habit, je trouverois plus aifément le moyen de joindre le Duc de Guife ; mais je n'y arrivai que plus d'un mois après que ce Duc eut été fait prifonnier, tant j'avois été mal informé de ce qui fe paffoit.

J'appris qu'il étoit encore à Gayette ; & comme il connoiffoit toute notre famille, qu'il étoit ami particulier de mon frere, & qu'il m'avoit auffi fort connu dans ma jeuneffe, je crûs que je ne pouvois mieux faire, que de tâcher de le voir avant fon départ, & que d'aller lui offrir mes fervices pour la France.

Ce fut encore ma mauvaife étoile, qui me fit naître cette envie ; car ce voyage me rembarqua dans une intrigue qui me caufa autant de peine & de chagrin , que celle que j'avois eûe à Venife.

Le Duc fut ravi de me voir , & quand je lui eus témoigné que le croyant encore à Naples , j'avois eu deffein d'aller m'y en-fermer avec lui : ce ne fera pas, me répon-dit-il , dans une affaire fi périlleufe que vous me fervirez. J'ai befoin de vous pour un fervice plus agréable & moins difficile ; & là-deffus, il me fit voir une Lettre qu'il avoit reçûe d'une Dame Napolitaine , avec laquelle il avoit eu une intrigue pendant fon féjour à Naples. Cette Lettre étoit fu-rieufement emportée , & je vis bien , en la lifant , que cette femme étoit au défef-poir de l'abfence & de la prifon du Duc, car elle le menaçoit de fe poignarder, s'il ne confentoit au deffein qu'elle avoit de le fuivre en Efpagne. C'eft une folle , me dit le Duc, qui fera quelque extravagance, fi quelqu'un ne lui remet l'efprit. Faites-moi donc le plaifir de retourner à Naples. Je vous donnerai une Lettre pour elle ; & je ne puis choifir perfonne plus capable que vous de lui faire entendre raifon. Je pro-mis au Duc de faire ce qu'il fouhaitoit ; je pris la Lettre & l'adreffe de la Dame , & ayant encore été à Gayette jufqu'à fon em-barquement , je pris la route de Naples, dès que je l'eus vû partir.

Je ne pus, pendant le chemin, m'empêcher de faire cent fois réflexion fur la bizarrerie de ma deſtinée, qui dans un temps où je cherchois à oublier les femmes, me rappelloit à une occaſion néceſſaire de les revoir, & qui me rendoit le confident d'une intrigue amoureuſe, lorſque je n'avois que la guerre en tête. Je dirai même que je ne fus point fâché d'avoir la commiſſion que le Duc de Guiſe m'avoit donnée, & que je ſentis un ſecret deſir de me faire aimer d'une femme qui me paroiſſoit avoir autant d'eſprit & aimer d'auſſi bonne foi que celle dont il m'avoit fait lire la Lettre. Ce fut le maudit penchant que j'avois pour le ſexe qui m'empêcha de profiter autant que j'aurois dû des réflexions que je faiſois ſur le retardement que j'apportois à ma fortune, en retournant à Naples, au lieu d'aller en France, & je ſentis bien que quelque deſir qu'un cœur ait d'acquérir de la gloire, on ne ſauroit compter ſur lui, quand il ſe livre à l'amour.

J'avois repris l'habit eſpagnol pour mieux cacher, en entrant à Naples, que j'étois François. J'arrivai à Pozzolo Caſtello qu'il faiſoit encore grand jour, & je m'y arrêtai, pour n'entrer dans Naples qu'à la nuit. J'allai, en attendant qu'elle fût arrivée, me promener dans un lieu fort agréable & fort folitaire, où je crus n'être vû de perfonne: mais j'y trouvai deux femmes & un homme qui y étoient, à ce que j'en pus juger, long temps avant moi. Une de ces femmes étoit un peu éloignée de l'autre, & je crus que c'étoit pour lui donner lieu d'entretenir plus librement le Cavalier. Comme cela avoit l'air d'une intrigue, je m'approchai fans qu'elles m'apperçuffent, m'étant caché derriere des arbres qui les couvroient, j'entendis une partie de leur converfation. Cette Dame affûroit le Cavalier qu'elle n'avoit jamais aimé que lui, & elle fe juftifioit fort d'un reproche qu'il lui faifoit d'avoir eu de la paffion pour un autre. C'eft tout ce que je pûs concevoir de leur converfation; mais j'eus la malice, après les avoir écoutés près d'une demi-heure, de me lever & de fortir du lieu où j'étois, en faifant affez de bruit pour être apperçu. Dès que la Dame qui parloit au Cavalier m'eut regardé, elle pâlit, & elle s'écria: Ah! qu'eft-ce que je vois? C'eft lui-même. Cette Dame me parut fort belle, & croyant qu'elle me prenoit pour fon mari, ou pour quelqu'autre fâcheux qui l'eût furprife dans cette intrigue, je la faluai fort refpectueufement, & je paffai mon chemin. Comme j'allois doucement, & que je détournois la tête de temps en temps, je vis que la femme qui étoit avec elle me fuivoit. Je m'ar-

rêtai pour lui donner le temps de m'abor-
der. Elle vint à moi, & m'ayant fort con-
fideré, elle me dit en efpagnol, que j'avois
tellement de l'air du Duc de Guife, que
l'on m'avoit pris pour lui. Je ris de cette
imagination ; car excepté la taille & la
couleur des cheveux & du teint, je n'avois
rien qui pût me faire prendre pour le Duc
de Guife. Je lui dis que je ne l'étois pas,
& lui demandai quel intérêt elle prenoit à
ce Duc. Elle me répondit qu'il n'y avoit
perfonne à Naples qui ne dût craindre que
le Duc de Guife ne tramât encore quelque
chofe pour fe rendre maître d'une Ville,
qui heureufement étoit retournée fous la
domination de fon Prince. Je vis bien que
cette perfonne me parloit ainfi, parce
qu'elle me croyoit Efpagnol ; car je favois
affez que le Duc étoit fort aimé à Naples.
Je ne me découvris point, & il ne me refta
de cette avanture qu'une curiofité de connoître la Dame qui étoit avec le Cavalier,
& un peu d'inclination pour elle ; mais je
n'ofai l'interroger, & je revins à Pozzolo
Caftello, d'où j'entrai à Naples, lorfque
la nuit fut venue.

Dès le lendemain matin, j'allai pour
tâcher de voir la perfonne à qui j'avois des
Lettres à rendre ; mais celui qui devoit me
la faire voir, & auquel le Duc de Guife
m'avoit adreffé, me dit qu'elle étoit à la

campagne. Je lui demandai si cette campagne étoit éloignée , & si je ne pourrois
pas l'y aller trouver. Il me répondit que je
m'en gardasse bien , ajoûtant que cette Dame étoit fort observée , & que j'avois de
grandes mesures à prendre , parce que son
intrigue avec le Duc de Guise avoit fait du
bruit , & l'avoit rendue fort suspecte aux
Espagnols.

J'attendis huit jours à Naples, où je m'en-
nuiai terriblement , n'osant presque paroître , par les mesures que les Espagnols
avoient prises de se saisir de tous les François. Au bout de ce temps , j'appris que la
Dame étoit revenue , & mon correspon-
dant m'introduisit chez elle. C'étoit justement la Dame que j'avois vûe à Pozzolo
Castello. Je la reconnus , & elle me reconnut aussi. Je lui rendis la Lettre du
Duc , mais je ne lui dis rien pour la détourner du dessein qu'elle avoit marqué dans la
Lettre que le Duc m'avoit fait voir , de se
poignarder ou de le suivre , parce que je la
trouvai fort consolée de son départ. Je ne
pouvois ignorer qu'elle n'eût une autre intrigue , puisque j'avois entendu sa conversation , & je crus que c'étoit le Cavalier
avec qui je l'avois vûe qui l'avoit consolée,
mais je reconnus que cette femme cherchoit plus d'un consolateur ; & avant que
je l'eusse quittée , elle me dit assez nette-

ment qu'elle me trouvoit tant d'air du Duc de Guife, qu'elle fentoit pour moi la même inclination qu'elle avoit eûe pour lui.

On s'étonnera de la foibleffe que j'eus de répondre à des avances qui devoient me paroître peu fincéres, & de ce que je penfai à me faire aimer d'une Dame que je ne pouvois attacher à moi fans la détacher du Duc qui m'avoit choifi pour fon confident; mais on ne raifonne point, quand on fe croit aimé d'une jolie perfonne. Ni la perfidie que je faifois au Duc, ni celle que fa maîtreffe lui avoit déja faite, en s'attachant à celui avec qui je l'avois furprife, ne me détournerent de la paffion que je fentis. Je l'affûrai que j'avois pour elle plus de penchant qu'elle n'en avoit pour moi ; mais je ne lui diffimulai point que j'avois entendu fa converfation de Pozzolo Caftello, & que je favois qu'elle avoit un autre amant que le Duc de Guife & moi. Elle me répondit que c'étoit un homme qu'elle haïffoit, & qu'elle avoit réfolu de ne jamais voir ; & que là-deffus, je n'aurois jamais aucun fujet de jaloufie. Je la crus, ou je fis femblant de la croire, travaillant moi-même à m'aveugler & à éloigner tout ce qui auroit pû m'empêcher de goûter le plaifir d'une paffion nouvelle.

J'écrivis au Duc de Guife que fa maîtreffe étoit une infidelle, & l'amour qu'elle commençoit à m'infpirer, ne m'empêcha pas de la peindre à ce Prince avec toutes les couleurs que méritoit fa perfidie : heureux, fi j'avois dû avoir pour elle tout le mépris que je voulois faire prendre au Duc, & la reconnoître pour telle que je la repréfentois dans ma Lettre ; car j'en faifois un portrait que je favois bien qui lui reffembloit parfaitement ; mais, malgré cela, je l'aimois, & j'avois réfolu de l'aimer ; & les amans portent quelquefois leur aveuglement jufqu'à ne pas connoître dans leurs maîtreffes les défauts qu'ils favent bien en faire connoître aux autres.

L'amant qui étoit en poffeffion de fon cœur avant mon arrivée, s'apperçut bientôt de notre intrigue, & je m'apperçus bien auffi qu'on ne l'avoit pas éloigné, & qu'on le voyoit toujours. Cette femme qui nous trompoit l'un & l'autre, lui avoit appris que je n'étois pas un Efpagnol, mais un François, qui ne la voyois que de la part du Duc de Guife. Dès qu'il eut fu ce fecret, il trouva un prompt reméde à la jaloufie que je lui donnois. Il alla me découvrir, & je fus arrêté. Quand je me vis en prifon, j'écrivis à cette Dame, que je comptois qu'elle employeroit le crédit qu'elle avoit fort grand, pour me faire rendre ma liberté ; mais bien loin de me faire réponfe, j'appris qu'elle publioit par-

tout que c'étoit elle qui m'avoit fait arrêter, parce que j'étois venu pour lui propo-
fer, de la part du Duc de Guife, de la faire
paffer en France. Elle imagina cet artifice
pour marquer qu'elle avoit oublié le Duc,
& pour témoigner à l'amant qui lui reftoit
qu'elle n'avoit jamais eu d'attachement
pour moi.

Lorfque j'eus appris cette perfidie, je
fortis comme d'un profond affoupiffement,
& je connus que j'avois bien mérité ce qui
m'arrivoit. O Dieu ! quelles imprécations
ne fis-je point contre les femmes ! Quels
violens defirs de me venger ! Mais il fallut
fupprimer tout cela, & ne penfer qu'à ma
liberté. Je n'ofai jamais dire qui j'étois, de
peur qu'on ne me refferrât plus étroitement. Je fis donc croire que j'étois un domeftique du Duc de Guife, qui n'étois venu en effet que pour apporter des Lettres à
cette Dame de la part de mon maître. On
crut ce que je difois, & après huit jours,
on me donna la liberté, ainfi qu'à quelques
autres malheureux François qui avoient
été les compagnons de ma prifon, & qu'on
ne crut pas plus propres que moi à fervir fur les Galeres, aufquelles j'aurois été
condamné, fi je n'étois tombé malade en
prifon.

Dès que je me vis libre, je ne penfai
qu'à revoir la Dame qui m'avoit fi cruelle-

ment abandonné. J'allai chez elle dans
l'état où je me trouvai pour lors , c'est-à-
dire, sans argent , & n'ayant qu'un mauvais
habit à demi déchiré , car on m'avoit tout
pillé en m'arrêtant. Cette femme ne put
me voir dans ce triste état , sans se mettre
à rire , & quand j'eûs pris la parole pour lui
reprocher sa perfidie , elle m'interrompit,
en me disant : que demandez-vous , mon
pauvre garçon ? Tout ce que je puis faire,
c'est de vous donner la charité , pour vous
aider à faire votre voyage. Qu'on lui donne trois pistoles, dit-elle à une de ses femmes , & qu'on le renvoye.

Quel accablement pour moi ! Mais il en
fallut passer par-là , & j'avoue que si je ré-
sistai à cet affront , ce fut pour me voir un
jour en état de me venger. Je refusai son
argent, & je sortis ; je crûs que l'homme à
qui le Duc de Guise m'avoit adressé , me
fourniroit dequoi passer en France, mais il
refusa de me voir , & je ne me trouvai plus
d'autre ressource que la Providence.

Je n'avois mené avec moi à Naples qu'un
seul valet Polonois , qui avoit pris la fuite,
dès qu'il m'avoit vû arrêté , & qui même
me vola tout ce qui étoit échappé à ceux
qui m'arrêterent. La résolution que je pris,
fut de gagner Rome, où je savois bien que
je trouverois des ressources ; soit du côté
de la France , soit du côté de la Pologne.

J'allai jufqu'à Terracine, le mieux que je pûs, & mon bonheur voulut que j'y trouvaffe la Ducheffe de . . . . qui alloit à Rome. Je lui appris qui j'étois, & lui ayant dit que j'étois tombé entre les mains des bandits, elle me mena à Rome, où je touchai bien-tôt de l'argent. Peu de temps après, je pris la pofte pour me rendre en France. La diligence que je fis, fut telle, que j'arrivai en Flandre le 18 d'Août, deux jours avant la Bataille de Lens.

J'avois bien compris que le meilleur moyen de regagner l'efprit de mon frere, & de reparoître en France avec honneur, c'étoit de commencer par quelque action d'éclat, qui effaçât tous les mauvais bruits qu'on avoit fait courir contre moi, pendant que j'avois été abfent. C'eft ce qui me fit aller droit en Flandre ; & dès que je fus arrivé à l'Armée, j'appris qu'on fe préparoit à une Bataille. Je ne voulus point paroître devant mon frere, qui fervoit dans cette Armée, avec la réputation d'un des meilleurs Officiers que le Roi eût. Je me contentai de me découvrir à un autre Officier de mes parens, qui me cacha jufqu'au jour de la Bataille, où je lui dis que je voulois fervir. Il me promit de m'y donner de l'emploi, & je reftai dans fon quartier, fans que mon frere eût le moindre foupçon de mon arrivée.

Les précautions que je veux prendre en écrivant ces Mémoires, pour ne point apprendre qui je suis, m'empêcheront de faire ici le détail d'une action qui me distingua dans la Bataille, au-delà de ce que j'aurois pû souhaiter. On a fait tant de relations de cette action, que si je spécifiois la part que j'y eûs, personne ne pourroit me méconnoître. C'est assez de dire que Monsieur le Prince publia par tout qu'il devoit le gain de la Bataille au bonheur que j'eûs d'empêcher la fuite & la défaite d'un corps considérable, qui auroit infailliblement entraîné la déroute de toute l'Armée. Cette action me valut un Régiment, que j'obtins peu de temps après, à la recommandation de Monsieur le Prince. Je retrouvai dans mon frere toute la tendresse & toute l'amitié qu'il avoit pour moi avant mon absence. J'appris que mon frere le Comte étoit allé me chercher en Pologne, ayant encore été obligé de sortir de France, pour s'être battu ; que ma sœur étoit séparée de son mari, & qu'elle demeuroit chez ma mere.

Comme la réputation que j'avois acquise à la Bataille de Lens, m'avoit mis en goût pour la guerre, je demandai à demeurer dans l'Armée du Maréchal de Rantzau. J'eûs part à la prise de Furnes, & je ne revins à Paris qu'à la fin d'Octobre, où je trouvai

tout

tout en combuſtion ; car c'étoit le temps des troubles ſi fameux, par la haine des Pariſiens pour le Cardinal Mazarin.

Plus je faiſois de réflexion à tout ce qui m'étoit arrivé depuis deux ans, plus je trouvois ma vie romaneſque, tant du côté de l'amour, que du côté de la guerre. Tant d'avantures ſi bizarres, m'avoient donné une confiance en ma deſtinée, qui m'empêcha de m'appliquer autant que j'aurois dû aux occaſions de faire ma fortune, & d'éviter les intrigues de l'amour. Je ne croyois pourtant pas qu'il fût poſſible que je fuſſe encore trompé par les femmes, & je réſolus de les voir & de les aimer toutes ſans attachement. J'eus lieu d'être confirmé dans cette réſolution, par le ridicule que ma mere donna en ce temps-là, & dont je dois parler, pour faire connoître que l'âge le plus avancé, n'eſt pas capable de faire prendre une bonne conduite aux femmes, qui ont l'entêtement d'être aimées.

Ma mere avoit vécu ſans amitié pour ſes enfans & ſans aucune économie pour la dépenſe. Il y avoit long-temps qu'elle étoit aimée d'un homme à peu près de ſon âge, & qui ayant long-temps paſſé pour ſon amant, ne juſtifioit le ſcandale de ſes aſſiduités, qu'en faiſant croire ou qu'il étoit déja ſon mari, ou qu'il le ſeroit un jour. Nous étions tous perſuadés dans la famille

que ce mariage étoit fait ; & le parti que
nous avions pris, c'étoit de vivre avec elle
avec beaucoup de froideur, mais sans aucune division ouverte ; mon frere aîné se
contentant d'avoir, autant qu'il le pouvoit,
l'œil à ses affaires, pour l'empêcher de
manger le fond de son bien.

L'homme qui passoit pour son mari avoit
un fils qu'il retira du Collége, & que ma
mere prit chez elle. Comme on nous fit
entendre qu'elle ne l'avoit pris qu'en attendant qu'on le mît à l'Académie, mon frere
aîné ne s'en plaignoit point, & souffrit,
sans dire mot, les dépenses qu'on vit bien
que ma mere faisoit pour lui ; mais nous
fûmes bien-tôt avertis par les domestiques,
que ma mere ne se tenoit pas à ne faire
pour lui que de la dépense, & que sa passion alloit jusqu'à donner toutes les marques & tout le scandale d'une véritable galanterie. Son pere en fut instruit aussi bien
que nous ; & comme il étoit plus autorisé
que mon frere à lui faire des reproches, il
lui en fit, jusqu'à la maltraiter, & à faire
sortir de force son fils de chez elle, & le
mettre à Saint Lazare. Mais, quelle fut sa
surprise & la nôtre, quand ma mere lui
déclara qu'elle avoit épousé cet enfant, &
lui fit voir un contrat & une célébration de
mariage faite avec lui depuis plus d'un mois!
Ainsi le pere n'avoit pû venir à bout, en

quinze ou seize ans d'assiduités & de com-
plaisances, de ce que son fils, encore écolier, avoit fait en trois ou quatre mois.
Cette affaire qui fit grand éclat, nous mor-
tifia au dernier point. Le pere vouloit que
nous fissions casser le mariage, & produi-
soit même une promesse que ma mere lui
avoit faite ; mais comme il nous étoit in-
différent qui elle épousât, puisqu'elle avoit
en tête de se marier, nous ne voulûmes
point remuer cette affaire, & nous laissâ-
mes le pere s'en démêler seul. Il fit beaucoup de poursuites, qui tournerent toutes
à sa confusion ; & enfin, le chagrin le prit,
& il en mourut, après avoir deshérité son
fils, qui fut rendu à ma mere. Elle déclara
son mariage, mais elle ne put y accoûtumer le public, jusqu'à l'obliger de l'appeller du nom de ce nouveau mari.

Je croyois être absolument détrompé des
femmes, par la mauvaise opinion que tant
d'expériences m'en avoient donnée ; mais
ce fut justement par-là, que je me trouvai de la disposition à de nouveaux engagemens. Je sentois un secret desir d'éprouver encore si enfin je ne trouverois point
quelque femme raisonnable. On voit bien
qu'étant dans cette disposition, je fus incapable de résister, dès que je crûs avoir trouvé ce que je cherchois.

Je voyois toujours ma pauvre Carme-

lite, c'eſt-à-dire, que je lui parlois ; car
elle gardoit exactement la régle, qui dé-
fend aux Carmelites de ſe faire voir. Elle
avoit pris beaucoup de part à mes avantures, ſurtout à la derniere, je veux dire à
la Bataille de Lens ; & je devois un peu à
ſes conſeils, & à l'amitié que j'avois toujours pour elle, le ſoin que j'eus d'éviter
beaucoup de panneaux, que les coquettes
de la Cour, qui étoient en grand nombre,
me tendoient de jour en jour pour m'attacher à elles ; car rien ne gagne plus les
femmes que la réputation d'homme guer-
rier & galant, & elles étoient toutes per-
ſuadées que j'étois l'un & l'autre. Je me
contentois donc de les voir ſans aucune liai-
ſon particuliére ; & me donnant fort ſouvent
la Comédie de ceux de mes amis, que je
voyois attachés à elles, j'étois de leurs parties, & quelquefois de leurs débauches,
n'ayant rien ſur mon compte, & me ré-
jouiſſant de tout.

Je vivois de la ſorte, quand ma Carmelite me dit, que puiſque j'avois renoncé à
la Pologne, je devois penſer à me marier à
Paris, & qu'elle avoit ſongé pour cela à
une Dame de la Cour, qu'elle me nomma,
qui étoit fort ſon amie, & qui lui avoit
toujours paru très-prévenue en ma faveur.
Elle étoit veuve, mais extrêmement riche,
& c'étoit un des meilleurs partis qu'il y eût

en ce temps-là. Je connoiſſois cette Dame.
Je l'avois trouvée fort aimable; mais en
apprenant qu'elle étoit prévenue pour moi,
je lui trouvai un redoublement de charmes
qui me toucha vivement. Je demandai en
riant à ma Carmelite, ſi elle jureroit bien
qu'une Dame d'un ſi grand mérite ne fût
pas coquette. Ah ! reprit-elle, c'eſt un
exemple de ſageſſe & de vertu; & perſonne, juſqu'à préſent, n'a pû l'accuſer que
d'un peu trop de régularité, car elle la porte juſqu'à l'excès. Je lui témoignai qu'elle
me feroit plaiſir de m'en donner la connoiſſance, & de ménager ce mariage, qui
étoit bien au-deſſus de ce que je pouvois
eſpérer. Nous prîmes jour pour nous trouver à ſon parloir, comme ſi le hazard nous
y avoit amenés. Là, je vis cette Dame; &
après une converſation générale, je la re-
menai chez elle. Dès que nous y fûmes
arrivés, elle me dit d'un air ouvert: Monſieur, je ne veux point vous faire languir.
Dans le deſſein où je ſuis de me remarier,
je cherche un homme qui puiſſe me rendre
heureuſe; & ce que votre amie m'a dit de
vous, m'a fait croire que vous ſeriez plus
capable qu'un autre de me procurer le bonheur dont je me flatte. Je répondis avec
beaucoup de marques de reconnoiſſance &
de paſſion, & elle m'apprit qui étoient ceux
qui la recherchoient. Elle ne m'en nomma

aucun qui ne fût homme de mérite & d'une qualité diſtinguée ; mais elle m'aſſura qu'aucun d'eux ne lui plaiſoit tant que moi.

Je fus charmé plus que je ne l'avois encore été de ma vie ; & trouvant enfin une femme vertueuſe, prévenue pour moi d'une inclination aſſez forte pour vouloir faire ma fortune, je m'abandonnai à la paſſion que je commençai à ſentir pour elle, & je la vis réguliérement tous les jours. Nos converſations roulerent preſquē toujours ſur des conteſtations qui ſurvenoient pour ſon bien, & je m'apperçus en peu de temps qu'elle vouloit me faire ſon ſolliciteur, avant que de me faire ſon mari. Quelque ennemi que je ſuiſſe des affaires, je pris les ſiennes à cœur ; & l'application que j'y eûs, me rendit bien-tôt bon chicaneur. Comme on voyoit que toutes ſes affaires rouloient ſur moi, & que je ne bougeois de chez elle, le bruit ſe répandit que nous étions mariés. Je l'en avertis, eſpérant que ces bruits la détermineroient à conclure ; mais elle me dit au contraire, que puiſqu'on parloit de nous, il falloit que je ne la viſſe pas ſi ſouvent ; & que ſes affaires n'étant pas encore diſpoſées de ſorte qu'elle pût ſe marier, je l'obligerois de lui en laiſſer choiſir le temps, & que cette complaiſance ſeroit une marque d'amitié, par où elle pourroit juger de moi. J'enrageois de ce

délai ; car dans le fond, il ne tenoit qu'à elle
de m'épouſer ; mais, me piquant avec elle
de complaiſance & de délicateſſe, je lui dis
que je ne la verrois plus que quand elle le
ſouhaiteroit. Elle me parut charmée de ma
docilité ; & ayant réglé mes viſites à trois fois
la ſemaine, nous nous écrivions les autres
jours. Ses lettres étoient fort tendres,& non-
ſeulement elle m'y découvroit ſans précaution la paſſion qu'elle avoit pour moi,
mais elle m'y renouvelloit les aſſurances de
n'en épouſer jamais un autre. Cependant,
la campagne commença, & il fallut quitter ma maîtreſſe. Ce fut en me jurant plus
que jamais de m'épouſer à mon retour, &
je n'eus pas lieu, pendant mon abſence,
de la ſoupçonner d'aucun changement, par
la régularité & la tendreſſe de ſes lettres.

Nous fîmes peu de choſe cette année ;
les ennemis reprirent Ipres, & nous eûmes
notre revanche par la priſe de Condé. Je
revins à Paris après la campagne, & ma
maîtreſſe m'aſſura qu'elle étoit toujours
dans les ſentimens où je l'avois laiſſée.

J'étois en ce temps-là obligé d'aller ſouvent à Saint Germain, où étoit la Cour.
Un jour que je devois être au coucher du
Roi, j'allai prendre congé de la Dame.
Elle me laiſſa ſortir après ma viſite ; & me
rappellant de deſſus le degré : A propos,
me dit-elle, que faites-vous de mes lettres ?

Voudriez-vous me les rendre, car je crains que vous n'en égariez quelqu'une ? Je l'aſfurai que j'en avois grand ſoin. N'importe, dit-elle, rendez-les moi, j'aurai l'eſprit en repos, & je vous prie que je les aye avant que vous partiez pour Saint Germain. Je voulus la refuſer ; mais elle me fit tant d'inſtances, que je lui promis de les lui renvoyer dans le moment ; ce que je fis, voulant toujours garder auprès d'elle le caractére d'homme déſintéreſſé & complaiſant. Je fus obligé de reſter pluſieurs jours à Saint Germain, & il y avoit deux jours que j'y étois, quand on dit chez la Reine qu'un Prince, que l'on nomma, alloit ſe marier, & que l'affaire étoit conclue. Je demandai quelle étoit la perſonne qu'il épouſoit, & je fus bien ſurpris, quand on me nomma celle avec qui je croyois me marier. Je le fus encore bien davantage, quand on me ſoutint que c'étoit par moi que l'affaire ſe faiſoit. En effet, toutes les apparences devoient le perſuader. Le Prince étoit mon ami, & on ſavoit que je gouvernois la Dame.

J'eûs peine à me perſuader d'abord que la nouvelle de ce mariage eût de la vraiſemblance ; mais enfin, voyant qu'on en parloit hautement, & rappellant dans mon eſprit, & l'aſſiduité que ce Prince avoit eûe depuis quelque temps pour ma maîtreſſe, &

l'affectation

l'affectation avec laquelle elle m'avoit re-
demandé fes lettres , je commençai à en
croire quelque chofe. Ce qu'il y avoit de
plus mortifiant pour moi , c'eſt que tout le
monde m'en faifoit compliment, comme
fi j'euffe fait ce mariage.

Le Prince en queſtion fe trouva pour
lors à Saint Germain , & je ne crûs point
de meilleur moyen , pour m'éclaircir entiérement de la vériré , que d'aller chez lui
fans faire femblant de rien. Si-tôt qu'il me
vit , il vint m'embraffer , difant hautement:
Voilà celui qui a voulu que je me mariaſſe ,
puiſque la perfonne que j'époufe, m'a affûré
que c'étoit fur tout le bien qu'il lui a dit de
moi , qu'elle y avoit confenti. Je penfai
tomber de mon haut, quand j'entendis ces
paroles ; & la rage & le défefpoir m'ayant
déterminé fur le champ , je lui répondis à
l'oreille , que fon mariage n'étoit pas encore fait , & qu'il y avoit une perfonne qui
avoit un mot d'importance à lui dire dans
un Jardin hors du Louvre, que je le conjurois d'y venir feul avec moi. Il fut furpris
du froid & de la pâleur avec laquelle je lui
dis ces mots ; & me fuivant fur l'heure ,
nous prîmes enfemble le chemin du Jardin; le Prince me demandant continuellement, qu'y a-t'il donc ? qu'eſt-il arrivé ?

Je ne lui répondis rien ; mais quand nous
fûmes dans le Jardin où je l'avois mené , je

lui demandai bien férieufement s'il étoit vrai qu'il époufoit la Dame dont nous venions de parler. Pourquoi, me répondit-il, me demander une chofe que vous devez favoir mieux que moi ? C'eft, lui repartis-je, parce que je l'ignore, que je vous le demande ; & la raifon qui me le fait ignorer, c'eft, fi vous ne le favez pas, que c'eft moi qui époufe cette Dame. Le Prince me regarda en riant ; & voyant que je gardois mon férieux : Es-tu fou, mon pauvre Comte ? reprit-il. Et depuis quand la cervelle t'a-t'elle tournée ? C'eft roi qui a propofé mon mariage, à ce que la Dame m'a fait entendre. Je fuis ton ami, & je me donne au diable, fi j'ai jamais penfé à l'époufer, tant que j'ai crû que tu y penfois. Dis-moi donc, à quoi en es-tu avec elle ? J'en fuis, lui répondis-je, au point qu'il n'y a que trois jours encore qu'elle m'a juré qu'elle n'en épouferoit jamais d'autre que moi ; & que je vous ai amené ici à deffein de me couper la gorge avec vous. Cela ne fera pas, s'il plaît à Dieu, me répondit-il, & je te donne ma parole, de ne penfer de ma vie à cette femme, fi elle t'a promis de t'époufer. Ne faifons donc point de bruit, lui répondis-je ; nous devons bien-tôt, vous & moi, retourner à Paris, & nous faurons à quoi il faudra nous en tenir.

J'eus impatience d'être de retour ; &
quoique je duſſe encore reſter quelques
jours à Saint Germain , je demandai mon
congé. Dès que je fus à Paris , je courus
aux Carmelites , pour informer ma Religieuſe de ce que j'avois appris à Saint Germain ; mais je la trouvai déja toute informée de cette affaire , & elle avoit reçu depuis un jour une lettre de la Dame ſon
amie , qui lui mandoit que les aſſiduités
que j'avois eûes pour elle , avoient fait
croire à tout le monde que nous avions
enſemble un commerce criminel ; & que
ne pouvant ſe réſoudre à faire croire que
ſon mariage fût la ſuite d'un pareil commerce , elle avoit écouté les propoſitions
qu'on lui avoit faites en faveur du Prince.
C'étoit à peu près le contenu de ſa lettre ,
& on juge bien que ſes raiſons nous parurent frivoles , & que nous conclûmes que
l'inconſtance ſeule ou l'intérêt étoient la
vraie cauſe de ce changement.

Ma Carmelite me conſeilla , puiſque
cette Dame étoit de ce caractére, de ne
point m'opiniâtrer à ce mariage , me faiſant craindre les ſuites d'un pareil engagement avec une perſonne ſi légere ; mais
j'étois piqué au jeu , & je voulois en venir
à bout , ou en avoir raiſon.

J'allai chez elle au ſortir des Carmelites ; & l'abordant ſans faire ſemblant de

rien, je lui demandai, après quelques autres discours, si elle ne vouloit donc pas que nous acheyaffions notre mariage. Elle me demanda fi je n'avois rien ouï dire à Saint Germain, & lui ayant répondu que non, elle me dit que mon amie des Carmelites me diroit ce qu'elle n'ofoit me dire elle-même. Alors, voyant qu'il n'étoit plus temps de diffimuler, je lui avouai que je favois qu'elle vouloit époufer le Prince d .... Hé, pourquoi donc, me répondit-elle, difiez-vous que vous ne le faviez pas ? Je n'aime point les menteurs, & cela feul m'empêcheroit de vous époufer. Cette réponfe me parut la plus outrageante qu'elle eût pû me faire, & j'en fus d'autant plus piqué, qu'elle me la fit avec un fang froid, dont je ne croyois pas que l'on pût être capable en une pareille occafion. Je m'emportai, je criai, je foupirai, je me jettai à fes pieds, je la menaçai, fans que jamais j'en pûffe tirer une autre réponfe. Je fortis, en lui difant que je publierois par tout que j'avois en effet eu avec elle le commerce dont elle fe croyoit accufée.

Ce fut d'abord le parti que je voulus prendre pour en dégoûter le Prince ; mais comme, après tout, ç'auroit été une calomnie, n'ayant jamais eu rien de pareil avec elle, je me contentai d'entrer avec lui dans le détail de tous les engagemens de parole & d'amitié que nous avions eûs ensemble. Soit que le Prince ne se souciât pas trop de ce mariage, soit qu'il ne voulût pas épouser une femme qui lui paroissoit, sur mon récit, d'un caractére peu solide, soit qu'il crût qu'elle eût eu pour moi trop de complaisance & de foiblesse, il m'assûra qu'il n'y penseroit jamais ; & en effet, il retira sa parole.

Je laissai passer quelques jours, après que l'on eût appris que son mariage avec cette Dame étoit rompu, sans lui rendre visite, afin de lui donner le temps de se consoler du chagrin que je croyois qu'elle en auroit. Elle m'envoya chercher au bout de trois jours ; & m'ayant fait des reproches de ce qu'elle étoit persuadée que j'avois dit contre sa conduite, pour rompre son mariage, elle ajoûta que, puisque c'étoit une nécessité de m'épouser après cet éclat, elle étoit prête de le faire.

Jamais je n'en eûs moins d'envie, que quand je vis que la chose étoit prête à se conclure ; car enfin, l'inconstance de cette Dame avoit éteint la passion que j'avois pour elle, mais l'opinion de sa vertu & de sa sagesse me rassûroit ; & du moins, disois-je, en trouvant beaucoup de bien, je serai sûr d'avoir une femme vertueuse.

Je n'étois pas pourtant si déterminé, que je ne balançasse quelquefois, & c'est ce qui me fit confentir à un délai de quinze jours ou de trois femaines, que me demanda cette Dame, prétextant quelque incommodité dont elle difoit qu'elle vouloit fe guérir. Je lui dis que je lui donnois tout le temps qu'elle vouloit, & je crus la chofe fi affûrée, que je commençai à m'occuper de tout ce qui étoit néceffaire pour la cérémonie.

Un foir, comme je fortois de chez elle, où je l'avois trouvée couchée, une de fes femmes de chambre me dit que fi je voulois me cacher dans une petite antichambre qui tenoit prefque à fon lit, & où je pourrois entrer par un efcalier dérobé, elle me feroit voir & entendre des chofes qui me furprendroient, & dont il étoit pourtant befoin que je fuffe éclairci. Je lui demandai ce que c'étoit. C'eft, me dit cette fille, que Madame eft groffe, & que je ne crois pas qu'elle paffe la nuit fans accoucher. Je regardai cette fille avec étonnement ; & elle me dit en levant les épaules, que fi je voulois paffer dans le lieu qu'elle m'avoit marqué, je ferois convaincu de la vérité d'une chofe fi furprenante.

L'avis que je recevois, méritoit bien que je m'éclairciffe. Je montai dans cette garde-robe ; & environ deux heures après, j'entendis la Dame en travail. On avoit pris foin d'éloigner les domeftiques, & il n'y avoit que la fille qui m'avoit parlé, & une Sage-femme, qui euſſent connoiſſance de ce myſtére. Quel fut mon étonnement ! Je n'entreprendrai point de l'expliquer. Je paſſai dans la chambre où elle accouchoit, & m'étant caché en un coin, je fus témoin oculaire de la choſe. Je penſai éclater de rage & de déſeſpoir; mais enfin m'étant retiré dans la garderobe, la même fille qui m'avoit parlé, me vint dire : Ne vous en allez pas, Monſieur, Madame vous a ap-perçu dans ſa chambre, & elle veut vous parler. Ce meſſage me ſurprit encore plus, ſi cela peut-être, que tout ce qui venoit d'arriver. Eſt - elle en état de me parler, lui dis-je ? Et veut-elle que je lui donne la mort qu'elle mérite ? Cependant, la curio-ſité de ſavoir ce qu'elle me pourroit dire, m'obligea d'entrer ; & dès que je fus près de ſon lit, elle me dit d'une voix foible : c'eſt moi, Monſieur, qui ai voulu qu'on vous rendît témoin de ce que vous avez vû, pour vous faire voir qu'il n'a pas tenu à moi que vous n'euſſiez point ce chagrin, puiſque j'ai fait ce que j'ai pû pour épouſer le Prince d . . . . mais vous vous étes opi-niâtré. Vous voyez à quelle femme vous vous étes attaché, & ſi je méritois tous les ſoins que vous vous étes donnés. Je ne répondis rien qu'après un long ſilence ; mais au moins, lui dis-je, Madame, appre-

N iiij

nez - moi quel eſt l'heureux pere de cet enfant qui vient de naître. C'eſt ce qu'il vous importe peu de ſavoir , reprit - elle. Il ſuffit que je n'ai pas voulu vous tromper ; & j'en aurois uſé autrement , ſi vous aviez été moins honnête homme ; mais vos maniéres pour moi ont été ſi reſpectueuſes & ſi ſoumiſes, que je n'ai jamais eu la force de vous faire cette injure. Adieu , vous verrez , après cela , ſi vous voulez encore m'épouſer.

La maniére dont elle venoit de me parler , me toucha juſqu'aux larmes , & j'eus peine à la quitter. Je n'en eus pas moins à deviner par quel motif j'avois pleuré en une occaſion où je ne devois avoir que du dépit. Si-tôt que je fus chez moi , je crus que ce qui venoit d'arriver étoit un ſonge, tant j'y voyois peu de vraiſemblance ; car j'avois obſervé cette Dame, & je ne m'étois jamais apperçu, je ne dis pas de la moindre intrigue , mais du moindre penchant à la débauche. Je fus agité de divers mouvemens qui m'occupoient moins, que l'envie de ſavoir de qui elle avoit eu cet enfant. Je crus que la franchiſe avec laquelle elle m'avoit rendu confident de cette affaire , ne lui permettroit pas de me le cacher , & j'allai chez elle dès qu'il me fut permis de la voir.

Elle prit la parole la premiere , & elle me dit que j'avois plus de part que je ne

penſois à ce qui lui étoit arrivé , & que jamais elle n'auroit été groſſe, ſi elle ne m'eût
paſſionnément aimé. Ce diſcours me parut
une ſuite de choſes inconcevables , & je vis
bien que toute cette avanture ſeroit contre la vraiſemblance. Elle m'apprit qu'elle
avoit eu pour moi une extrême paſſion , &
que ſon plus grand déſeſpoir avoit toujours
été de me voir avec elle ſur un pied reſ-
pectueux ; qu'elle auroit voulu que je l'euſſe
contrainte par mes maniéres à ne me rien
refuſer de ce qu'elle brûloit de m'accorder ;
& qu'étant un jour occupée de ces deſirs
violens , elle avoit reçu une de mes lettres
par un Page.

Quelque extraordinaire que fût tout ce
que cette femme me diſoit , je commençai
à le trouver vraiſemblable , en rappellant
dans mon eſprit , que ce Page avoit paru
avoir de l'attachement pour elle. Je ne
doutai pas que cette premiere avanture
n'eût été ſuivie de pluſieurs autres ; car il
ne coûte aux femmes, pour s'engager dans
les deſſeins les plus emportés & les plus
violens , que d'avoir oſé commencer ; &
plus elles font d'obligation de s'obſerver
devant les gens qu'elles craignent , plus
elles ont de facilité à ne plus rien ménager
avec ceux à qui elles ſe confient.

Je regardai donc cette femme avec d'autres yeux que je n'avois fait juſques-là ; &

fans rien dire , touchant la part prétendu
qu'elle vouloit que j'euſſe à ce qui lui étoit
arrivé , je lui dis que ſi la cervelle ne lui
eût pas tourné , elle n'auroit jamais eu une
lâcheté ſemblable ; & que le meilleur conſeil que je pouvois lui donner , c'étoit
d'épouſer le Page qu'elle aimoit.

Je la quittai en diſant ces mots , & je ne
la traitai plus que comme une folle.

J'en reçus une lettre deux ou trois heures après , dans laquelle elle me mandoit
en termes fort emportés , que j'étois cauſe
de tous ſes malheurs. Elle finiſſoit , en me
demandant un ſecret éternel ſur tout ce
qu'elle m'avoit confié. Je ne lui fis point
de réponſe , mais je lui gardai exactement
le ſecret. Je me défis du Page , qui étoit
aſſez grand pour ſervir , & j'eus la force de
ne plus penſer à une perſonne ſi indigne
de mon attachement. Sa mauvaiſe conduite
eut moins de part à cet oubli , que ſon peu
de cervelle ; & ce que je lui pardonnois le
moins , étoit la ſimplicité ou la bêtiſe avec
laquelle elle m'avoit donné connoiſſance
d'une choſe qu'elle auroit dû ſe cacher à
elle-même. Elle croyoit au contraire avoir
fait en cela une action héroïque , & que je
devois lui tenir compte de ce qu'elle n'a-
voit pas voulu me tromper. Je laiſſe à décider aux lecteurs , qui d'elle ou de moi eut
raiſon ; mais je ſai bien que je ne conſeille-

rai jamais à aucune femme d'avouer ses galanteries, ni à un mari, ni à un amant.

Quand on sut dans le monde que je ne
la voyois plus, on jugea que cette brouil-
lerie étoit une suite du chagrin que m'a-
voient donné les propositions de son mariage avec le Prince d.... Je ne me mis
pas beaucoup en peine de détruire cette opinion. Il n'y eut que le Prince que je détrompai, en lui disant en général que cette
femme avoit un caractère d'esprit capable de faire enrager tous les maris du monde : & il n'eut pas de peine à se le persuader, en se souvenant qu'elle avoit voulu l'épouser en un temps où elle vouloit
m'épouser aussi. Je ne sai si elle continua
l'intrigue du Page ; mais un an après que
tout ceci fut arrivé, un homme en faveur
la fit demander pour un de ses parens,
qu'elle a épousé, & duquel elle s'est séparée, étant devenue la femme du monde la
plus coquette & la plus décriée.

Je me trouvai donc encore la dupe de
ce dernier engagement ; & au lieu d'une
occasion de faire ma fortune, il m'en fut
une de beaucoup de chagrins & de dépenses, & je me confirmai toujours de plus en
plus dans la mauvaise opinion que j'avois
des femmes.

Je repris la résolution de ne plus m'y
attacher que par amusement, & mon amu-

sement fut auprès d'une femme qui avoit
eu une intrigue ouverte avec un grand Sei
gneur de la Cour, qu'elle ne voyoit plus,
par l'éclat que cette intrigue avoit fait dans
sa famille. Elle tâcha de me persuader
qu'elle l'avoit entiérement oublié pour
moi, & je fis semblant d'en être persuadé ;
mais qui pourroit tenir contre les protestations d'une femme artificieuse ? Celle - ci
me parut si détachée, non - seulement de
sa premiere inclination, mais encore de
tous les hommes, que je m'imaginai à la
fin qu'elle n'aimoit plus que moi. Comme
elle étoit fort aimable, & qu'elle avoit de
l'esprit infiniment, je me sus bon gré d'a-
voir fixé une femme de ce caractére ; &
malgré toutes mes résolutions, je sentis
bien que je l'aimois. Le premier soin de
cet amour, fut de lui inspirer plus de délicatesse qu'elle n'en avoit eu jusqu'à moi ; &
elle parut répondre si bien à mes sermons,
que je la crûs entiérement convertie.

Le Roi d'Angleterre Charles II. étoit
en ce temps-là à la Cour de France ; &
comme il étoit fort galant, on prétendoit
qu'il avoit grand nombre de maîtresses.
J'avois beaucoup d'accès auprès de lui, &
je m'étois souvent trouvé dans des parties
de divertissemens qui m'avoient fait entrer
dans sa familiarité. Un de mes amis qui le
voyoit aussi quelquefois, me dit qu'une

femme qu'il ne connoiſſoit point, s'étoit adreſſée à lui pour une choſe fort plaiſante. C'eſt que cette femme l'avoit aſſûré qu'il y avoit une grande Dame de la Cour qui offroit quatre cens piſtoles à quiconque pourroit lui ménager les bonnes graces du Roi d'Angleterre. Il faut, répondis-je à mon ami, que nous ſachions qui eſt cette Dame, & que vous & moi nous lui faſſions donner les quatre cens piſtoles. Vous pouvez aſſûrer la femme qui vous a parlé, que je ménagerai cette affaire auprès de ce Prince ; & en effet, je lui en parlai dès le lendemain. Le Roi d'Angleterre me parut avoir autant d'envie de voir la Dame, que j'avois de curioſité de la connoître. Mon ami rendit réponſe à la femme qui lui avoit fait cette propoſition, & ils prirent enſemble des meſures pour faire trouver la perſonne dont il s'agiſſoit à une Maiſon près de Paris, où ce Prince iroit *incognito*. La choſe ſe fit comme ils l'avoient projettée. La femme donna deux cens piſtoles à mon ami, promettant les deux cens autres après la viſite du Roi ; & ce Prince n'étant accompagné que d'un Gentilhomme Anglois, de mon ami & de moi, alla au rendez-vous. A peine fûmes nous entrés, que la même femme qui avoit négocié la partie, vint prier le Roi d'entrer ſeul, parce que la Dame ne vouloit pas être connue.

Il ne prit donc avec lui que le Gentilhomme Anglois; & mon ami & moi nous allâmes l'attendre dans un Bois qui étoit au
bout du Jardin de cette Maiſon. Le Roi
vint nous retrouver, & il nous apprit que
la Dame ſachant que nous étions-là, n'a-
voit jamais voulu demeurer, qu'elle étoit
déja partie, & que la raiſon qu'elle avoit
alléguée au Roi, pour n'être point vûe de
nous, c'eſt qu'elle me connoiſſoit pour
l'homme du monde le plus indiſcret, & qui
ne manqueroit pas de publier l'avanture. Je
fus ſurpris qu'il y eût une femme en France qui me crût de ce caractére; car je puis
dire que j'étois particuliérement eſtimé
pour ma diſcrétion. Je demandai fort au
Roi d'Angleterre comment cette Dame
étoit faite, & ce Prince me répondit qu'il
me la feroit voir, puiſqu'il ſavoit bien
qu'elle alloit ſouvent à la Cour, & que ce
n'étoit pas la premiere fois qu'il avoit vû
ſon viſage.

Trois ou quatre jours après, comme
j'étois à la Foire Saint Germain avec la
Dame à laquelle j'étois attaché, & que je
croyois avoir mis cet amour ſur le piéd
d'une vraie délicateſſe, le Roi d'Angleterre
y vint, & me voyant avec elle, il ſourit,
& me dit à l'oreille, que la même Dame
avec qui j'étois, étoit la Dame aux quatre
cens piſtoles avec laquelle il avoit eu le
rendez-vous.

Je tenois alors cette Dame par la main ; & , voyant qu'elle avoit remarqué que le Roi d'Angleterre m'avoit parlé à l'oreille, je lui dis ce qu'il m'avoit dit : elle ne m'en parut point étonnée. Quoi , dit-elle , est-ce que vous ne le saviez pas ? Je n'ai pû , Monsieur , me mieux venger de la lâcheté que vous avez eue de me livrer pour quatre cens pistoles , qu'en vous laissant faire ce que vous vouliez. Je suis fort contente du Roi d'Angleterre , & vous devez l'être de moi , puisque les pistoles vous ont été exactement payées.

Ah ! Malheureuse , lui repliquai-je , est-ce que j'aurois pu me persuader que c'étoit vous ? Croyez-moi , reprit-elle , voyant que je voulois faire du bruit, ne réveillons point cette affaire, nous n'avons rien à nous reprocher l'un à l'autre : & , s'il y a de la lâcheté à moi d'avoir aimé un Prince, il y en a beaucoup plus à vous d'avoir vendu votre maîtresse.

J'admirai le sang-froid de cette femme, & je lui enviai la présence d'esprit avec laquelle elle prit son parti ; car je fus chagrin, & peu s'en fallut que je ne la maltraitasse , pendant qu'elle ne faisoit que rire de ma mauvaise humeur. J'avoue que les femmes ont à cet égard plus de résolution que les hommes , & qu'elles soutiennent mieux que nous la honte d'être convaincues d'infidélité.

Je rompis abfolument avec cette femme, & j'en dis les raifons au Roi d'Angleterre, qui me témoigna du chagrin de cette affaire, mais qui ne laiffa pas de continuer à la voir. Je ne m'en mis plus en peine ; & l'indifférence que j'eus à l'égard de leur intrigue, me perfuada que je ne l'aimois plus. Dans le temps que je voyois cette femme, j'avois fouvent vû chez elle une de fes amies qui avoit une fille de feize ou dix-fept ans, qui étoit encore penfionnaire dans un Couvent, & que fa mere faifoit quelquefois venir chez elle. Cette fille étoit parfaitement belle, & elle paroiffoit avoir beaucoup d'efprit. Je caufois quelquefois avec elle ; mais, quoique je la trouvaffe fort à mon gré, elle me paroiffoit fi jeune, que je n'avois jamais ofé lui parler férieufement de l'inclination que j'avois pour elle. Je ne croyois pas même qu'elle eût fait beaucoup d'attention à moi ; mais je m'apperçus bien qu'elle y penfoit, par une lettre qu'elle m'écrivit de fon Couvent, à l'occafion d'une légere indifpofition que j'avois eue. Cette lettre me parut fi obligeante & même fi paffionnée, que j'en fus touché, & qu'après tant de tromperies des femmes, je me figurai qu'il y auroit plus de folidité & moins de rifque à m'attacher à une jeune perfonne, qui fembloit n'écouter & ne fuivre que fon cœur dans l'inclination

nation qu'elle me marquoit. Je répondis à
sa lettre de la maniere la plus pleine de tendresse & de reconnoissance qu'il me fut possible ; & trois jours après qu'elle l'eut reçûe,
elle m'en écrivit une autre qui ne contenoit
que deux ou trois lignes. Elle me prioit de
me trouver chez moi le lendemain à dix
heures du matin. Je ne pouvois me figurer
à quel dessein elle me faisoit cette priere,
& je n'avois garde de m'imaginer qu'elle
eût envie, ou qu'il lui fût possible de m'y
venir voir : cependant elle y vint, & elle
me dit qu'elle s'étoit échapée d'une de ses
parentes qui étoit venue la prendre dans son
Couvent. Il est aisé de s'imaginer combien
je fus charmé de cette démarche, & combien ma passion en fut augmentée. Elle
demeura peu avec moi, afin que sa parente
qu'elle avoit laissée dans une Eglise, &
qu'elle alloit retrouver, ne s'apperçût de
rien. J'en reçus des lettres le lendemain,
& elle continua pendant un mois à m'écrire tous les jours, & jamais lettres n'ont été
plus passionnées. J'y répondois d'une maniere d'autant plus tendre, que j'étois sin-
cérement touché ; car j'avois tous les sujets
du monde de croire que cette jeune personne m'aimoit, & qu'elle n'avoit jamais
aimé que moi. Je n'osois aller la voir dans
le Couvent, parce qu'elle m'avoit dit que
cela l'exposeroit, & qu'il valoit mieux que

                                    Q

jamais perſonne ne découvrît notre amour.
J'étois donc borné à lui écrire & à recevoir
de ſes lettres , en attendant l'occaſion de
nous revoir.

Il y avoit environ un mois que notre
petit commerce duroit , quand elle me
manda qu'elle étoit obligée de l'interrompre , & qu'on lui en avoit fait ſcrupule.
Cette lettre m'accabla ; & ne me contentant pas de lui écrire avec tout le déſeſpoir
dont j'étois capable , je confiai la paſſion
que j'avois pour elle à une Dame de mes
amies , qui me promit d'aller la voir , &
de lui parler pour moi.

Cette Dame l'ayant vûe , me vint dire
que le ſcrupule dont elle m'avoit parlé ,
n'étoit qu'un prétexte , & que la vraie raiſon de ſon changement étoit une paſſion
nouvelle ; qu'elle ne lui avoit pas avoué la
choſe , mais qu'il lui avoit été aiſé de le
comprendre par tout ce qu'elle avoit dit.
J'en fus perſuadé quand cette Dame m'eut
rendu compte de ſa converſation : je ne
laiſſai pas pourtant de la prier de lui rendre
une ſeconde viſite , pour tâcher de la faire
revenir. Elle ne voulut point s'expliquer
avec cette Dame plus qu'elle n'avoit fait la
premiere fois ; mais m'écrivant à moi-même , elle m'avoua qu'elle n'avoit pu continuer à aimer un homme qu'elle n'oſoit
voir , & qui d'ailleurs paſſoit pour avoir

mille autres inclinations. Le style de sa
lettre me convainquit plus de son changement, que les mauvaises raisons qu'elle
alléguoit ; & je reconnus alors, que quelque soin qu'on prenne de rendre une lettre tendre & passionnée, elle ne l'est plus
dès que le cœur ne la dicte pas. Je ne doutai donc plus qu'elle n'en aimât un autre.
Mais combien ma vanité souffrit-elle quand
j'eus lieu de croire que celui à qui elle étoit
attachée étoit un valet-de-chambre de sa
mere !

Comme je l'aimois de bonne foi, je tâchai de la justifier dans mon esprit, n'at-
tribuant l'amour qu'elle avoit pour lui qu'à
la facilité qu'elle trouvoit de le voir ; & je
résolus de lui ôter du moins ce prétexte,
en me mettant sur le pied de la voir aussi
souvent que je voudrois. J'avoue qu'il y
avoit un peu de lâcheté à moi de continuer
à aimer une personne qui avoit le cœur
assez bas pour écouter un valet-de-chambre ; mais, outre que ma jalousie n'alloit
pas aussi loin qu'elle auroit pu aller, parce
que ce valet n'avoit pu la voir qu'à la grille, je l'excusois un peu de n'avoir pas, à
son âge, assez de constance pour aimer &
ne voir jamais son amant. C'est ma faute,
disois-je ; & depuis que je l'aime, je devois avoir trouvé cent manieres de la voir.

Celle que j'imaginai pour cela, fut de

me déguifer moi-même en valet, & d'aller la voir, comme fi je fuffe venu de la part de fa mere. Dès qu'elle m'eut reconnu, elle témoigna tant de joie & de reconnoiffance de ce que je l'avois affez aimée pour cela, que je crus vingt fois qu'elle alloit perdre l'efprit, tant elle parut hors d'elle-même. Elle ne ceffoit point de me répéter : Hélas ! Eft-il poffible que vous m'aimiez ? Je ne le croyois pas. Que je fuis heureufe ! J'en mourrai de joie.

Ces tranfports fi naturels me charmérent au point que je n'eus plus de chagrin de l'infidélité qu'elle m'avoit faite : je lui en fis des reproches ; elle m'avoua qu'elle avoit eu quelque honnêteté pour l'homme dont je lui parlois, mais qu'elle ne l'avoit écouté que dans le défefpoir où l'avoit mife l'indifférence qu'elle s'étoit imaginée que j'avois pour elle ; & qu'au refte, pour me marquer qu'elle n'avoit nulle confidération pour lui, elle le feroit poignarder, ou qu'elle le poignarderoit elle - même fi je voulois. Je lui dis qu'elle ne fe mît point dans l'efprit d'idées chimériques ; & que c'étoit affez qu'elle ne vît jamais cet homme, & qu'elle me demandât pardon. Elle fe jetta à genoux, & pleurant de tout fon cœur, elle me fit des excufes d'une maniére fi vive, que j'avois peine à ne pas rire.

Tout cela me faifoit un plaifir extrême,

& je goûtois tout ce qu'il peut y avoir de
délicieux dans l'affurance d'être aimé ; car
on ne pouvoit avoir plus d'efprit qu'elle en
avoit, & j'étois perfuadé que ce n'étoit que
la force de la paffion qui la portoit à ces
excès. Je lui donnai, avant que de la quitter, quelques leçons pour m'être toujours
fidéle.; & voyant que je ne lui parlois point
de l'époufer, elle me demanda fi je ne la
trouvois pas un affez bon parti pour cela.
Je lui répondis que je ne croyois pas que
fes parens penfaffent fi-tôt à l'établir, &
que je craignois d'ailleurs que pouvant prétendre à de meilleurs partis que moi, on
ne me refusât fi je la faifois demander. Hé
bien, me dit-elle, qu'avons-nous affaire
de parens ? Si vous voulez que je fois votre
femme, je me fauverai du Couvent, &
j'irai vous trouver où vous voudrez. Il faudra bien qu'on nous marie après cela. Je
lui repréfentai qu'il falloit avoir un peu de
patience, & que j'agirois fourdement pour
preffentir la volonté de fa mere & pour
tâcher d'avoir fon confentement. Ces paroles la remirent un peu ; mais elle ne voulut jamais me laiffer aller, que je ne lui
euffe juré que je l'épouferois.

Elle étoit en effet un fi bon parti, qu'il
y avoit déja quelque temps qu'on ména-
geoit fon mariage avec l'aîné d'une Maifon titrée ; & même toutes chofes ayant

été difpofées pour ce mariage, on la fit fortir du Couvent, & le bruit fe répandit qu'elle alloit fe marier à celui qui la recherchoit. Elle dit hautement à fa mere qu'elle ne l'épouferoit jamais, parce qu'elle s'étoit promife à un autre, & elle me nomma fans en vouloir faire aucun myftére.

Cette nouvelle me furprit d'une étrange forte, car perfonne ne favoit que je la connoiffois. Comme le mariage dont il s'agiffoit étoit réfolu entre les parens, on lui remontra qu'elle ne devoit jamais ni fe fouvenir, ni parler de l'intrigue qu'elle difoit qu'elle avoit eûe avec moi ; & que fi elle s'obftinoit à ne pas obéir, on la renfermeroit pour le refte de fes jours. Cette menace l'intimida ; mais ce qui la rendit obéiffante, ce fut la vûe de celui qu'elle devoit époufer. Elle ne le vit que la veille du jour deftiné au mariage ; & elle le trouva fi à fon gré, qu'elle l'aima d'abord avec la même facilité & le même emportement qu'elle avoit eu pour moi.

Elle m'avoit fait favoir ce qu'elle avoit dit à fes parens, touchant les engagemens que nous avions enfemble, ajoûtant qu'il n'y avoit point d'autre reffource que de l'enlever ; & pour cela, elle me donnoit une heure où je pourrois la trouver dans une Eglife voifine de fa maifon. J'avois peine à me réfoudre d'en venir à cette extrêmité-là,

mais comme elle étoit un fort bon parti ,
& que je m'en croyois aimé paſſionnément,
je paſſai par-deſſus toutes les conſidérations
qui auroient pû me retenir ; & ayant pris
toutes les meſures néceſſaires pour cet enlevement , je me rendis avec un carroſſe à
l'Egliſe qu'elle m'avoit marquée. J'y arrivai juſtement comme on la marioit. Je crus
qu'elle avoit voulu me jouer, & ne me
figurant pas qu'on pût changer en ſi peu de
temps , je pris tout ce qu'elle m'avoit mandé touchant le deſſein de l'enlever , comme une piéce qu'elle avoit voulu me faire.
Cela me conſola aſſez de ſa perte , pour
oſer être le témoin de la cérémonie de ſon
mariage. J'y demeurai juſqu'à la fin ; ce qui
choqua fort les parens à qui elle avoit parlé
de moi , qui depuis ce temps-là ont toujours été mes ennemis , ſans que jamais
j'aye pû avoir d'éclairciſſement , ni avec
eux , ni avec mon infidéle maîtreſſe , qui
ne fit pas ſemblant de me voir , ou qui peut-
étre ne me vit pas , tant elle étoit occupée
de celui qu'elle épouſoit.

On ſera ſurpris que je ne penſaſſe point
à me venger des infidélités que l'on me faiſoit ; mais j'avoue que l'amour étant la choſe du monde la plus libre , je n'ai jamais
mis ces ſortes d'injures au nombre de celles
dont il eſt permis à un honnête homme de
ſe venger. Je n'ai pourtant pas toujours

gardé cette modération ; & dans la fuite ,
on en verra des exemples qui m'ont coûté
bien des peines & des embarras.

Quand je vis cette derniere maîtreffe
mariée , je crus plus que jamais qu'il étoit
impoffible de trouver parmi les femmes les
douceurs d'une véritable paffion , & cela
me rendit , à leur égard , moins honnête
que je n'avois été. Je ne me piquai plus
avec elle , ni de politeffe , ni de complaifance ; & ce qui me furprit moi - même ,
c'eft que plus je paroiffois brutal , plus
il me fembloit qu'elles avoient pour moi
de ménagement & d'égards.

J'eus cette brutalité , qui ne m'étoit pas
naturelle , pour une Dame que je ne connus que par le mal que je lui entendis dire
de moi. C'étoit une femme qui avoit un
mari qu'elle avoit rendu prefque imbé-
cille , à force d'avoir pour lui des airs de
hauteur & de mépris. Comme elle étoit
belle & fort maîtreffe de fa conduite , prefque tous les jeunes gens de la Cour s'atta-
choient à elle , & elle avoit la réputation
de changer d'amans tous les quartiers. Je
n'avois pû m'empêcher d'en faire des railleries qui lui étoient revenues. Elle s'en
plaignoit par tout , & elle garda fi peu de
mefures , qu'un jour l'ayant trouvée dans
une maifon , elle me déchira , en ma préfence , de la maniére du monde la plus
injurieufe.

injurieuſe. Je lui rendis injures pour injures ; & ſi l'on ne m'avoit retenu , je crois
que je lui aurois donné un ſoufflet. Ce dé-
mélé fit beaucoup de bruit , & tout le monde blâma en moi une brutalité que je con-
damnois le premier. On voulut m'obliger
de lui en faire quelque ſatisfaction , mais
je ne pus m'y réſoudre , & je continuai à
donner par tout des marques du mépris que
j'avois pour elle.

Ce procedé me réuſſit mieux que je ne
penſois , & cette Dame devint mon amie
à force de me croire ſon ennemi. Elle me
fit parler par une Dame , qui me demanda
en grace que je la viſſe chez elle , m'aſſurant que je n'en ſerois pas mal ſatisfait. Je
ne pouvois m'attendre dans ce rendez-vous,
qu'à recevoir de nouvelles injures , & c'eſt
ce qui me donnoit de la peine à y conſen-
tir ; mais enfin , on m'aſſura ſi fort que ce
n'étoit point pour cela qu'on vouloit m'entretenir , que je me laiſſai gagner , & je
me trouvai chez la Dame qui devoit me la
faire voir.

Elle y vint , & elle commença par pleurer , en diſant qu'elle étoit bien malheureuſe d'être haïe du ſeul homme qu'elle
aimoit. Ce compliment me ſurprit & me
toucha , & nous nous raccommodâmes ſi
bien , que je devins le premier & le plus

aſſidu de ſes amans. J'écartai tous les au
tres ; mais voyant qu'elle faiſoit aveuglé
ment tout ce que je ſouhaitois, je commer
çai à n'avoir plus pour elle les maniére
auſſi hautes que je les avois eûes. Ma com
plaiſance & mon honnêteté lui donneren
le moyen de rappeller les amans que j'avoi
fait fuir , & j'aimai mieux la voir infidéle
que de devoir ſa fidélité à mes mauvai
traitemens & a mes menaces. Je m'en éloi
gnai peu à peu , & j'appris qu'elle diſoit
en parlant de moi , que je n'avois pas aſſ
de courage pour être méchant , & que m
bonté me rendoit malheureux auprès de
femmes. J'admirois qu'une femme qui n
gouvernoit ſon mari qu'en le gourman
dant , voulût être gourmandée à ſon tour
pour être gouvernée par ſes amans.

J'avois cette intrigue dans le temps qu
la Reine-Mere fit arêter Monſieur le Prin
ce ; & l'attachement que nous avions pou
lui , mon frere & moi , nous ayant rendu
ſuſpects , mon frere me conſeilla de fair
un voyage en Pologne , où le bien & le
enfans que j'y avois laiſſés , pouvoien
avoir beſoin de ma préſence. Je ſuivis ſor
conſeil, le laiſſant ſeul à Paris ménager
la fois , & ce qu'il devoit à la Reine , & ce
qu'il devoit au Prince ; & je pris la route
de Pologne, me croyant fort détrompé des

femmes , mais étant pourtant toujours le même & plus exposé que jamais à leurs infidélités. C'est ce qu'on verra dans la suite d'une maniére encore plus marquée qu'on ne l'a vû jusqu'ici.

Fin du second Livre.

LIVRE TROISIÉME.

JE pris ma route par l'Allemagne, & j'arrivai à Heidelberg sur la fin d'Avril. Il n'y avoit que deux ou trois ans que le Prince Charles Louis de Baviere avoit été rétabli dans son Electorat ; & ses amours ont fait assez de bruit pour faire juger que sa Cour étoit galante, & que je pouvois y trouver les écueils que j'avois résolu d'éviter : mais j'avoue que je n'aurois jamais prévû celui que j'y trouvai, & qu'il me fut d'autant plus fâcheux que je l'avois moins recherché. Il y avoit une Françoise au service de Madame l'Electrice. Cette fille étoit belle, & elle ne connoissoit ni dans quelle Province de la France, ni de quels parens elle étoit née. Elle avoit été, à ce qu'on disoit, amenée en Allemagne à l'âge de dix ans, par une Françoise qui avoit passé pour sa mere jusqu'à sa mort ; mais cette femme avoit déclaré en mourant, qu'on l'avoit chargée de sa conduite sans lui avoir découvert le secret de sa naissance : &, comme elle ne s'étoit pas mieux expliquée sur le sort de cette fille, on l'appelloit l'Avanturiere, nom qui lui convenoit fort, & que la suite de sa vie confirma encore mieux que le commencement.

L'Avanturiere donc , car on ne l'appelloit point autrement , étoit à Heidelberg
quand j'y arrivai. Comme elle étoit belle ,
& qu'elle avoit beaucoup d'efprit & d'agrément , elle y étoit fort diftinguée , & la
plûpart des galanteries dont on parloit le
plus , rouloient fur elle. Je la vis , & dès la
premiere vûe nous fîmes connoiffance. Je
la trouvai fiére fur la qualité ; & ce qu'on
difoit de l'incertitude de fa condition & du
peu de connoiffance qu'on avoit de fes parens , lui avoit fait prendre le parti de s'en
donner de confidérables : elle ne faifoit
donc point difficulté de dire qu'elle étoit
fille d'un grand Prince & d'une grande
Princeffe , qui , pour des raifons qu'elle
n'expliquoit pas , l'avoient fait cacher en
Allemagne. Je crus d'abord que ce n'étoit
qu'en riant qu'elle s'attribuoit une naiffance fi illuftre ; mais je m'apperçus qu'elle en
étoit perfuadée ; & dès la trois ou quatrié-
me fois que je la vis , elle me dit qu'elle
avoit fait tirer fon horofcope , & que les
Devins lui avoient prédit qu'elle devoit paffer en Pologne , parce que c'étoit là où elle
trouveroit fes parens , & un établiffement
digne d'elle. Elle vivoit dans cette efpérance , en attendant que le Ciel lui préfen-
tât une occafion d'accomplir fon horofcope , en lui fourniffant le moyen d'aller à
Varfovie. Elle crut qu'elle avoit trouvé

P iij

cette occafion en moi ; & elle ne douta plus que le Ciel ne m'eût envoyé exprès pour la conduire où fes deſtinées l'appelloient.

Elle m'en parla, & je reçus fa propoſition en raillant ; mais je fus obligé de prendre mon férieux , voyant qu'elle parloit tout de bon. Je lui repréſentai qu'elle étoit trop bien chez Madame l'Electrice pour la quitter ; que j'étois obligé de faire mon voyage en poſte , & par conféquent il m'étoit impoſſible de me charger d'elle ; & qu'enfin ce feroit expofer fa réputation & la mienne , que de faire une pareille équipée. Elle me répondit que j'avois beau dire, & qu'elle me ſuivroit.

Je reconnus alors la faute que j'avois faite d'avoir noué connoiſſance trop facilement avec cette fille , & d'avoir paru m'attacher à elle ; car j'avoue qu'elle m'avoit plu. Elle étoit Françoiſe ; & la voyant fans aucun obſtacle , j'avois un peu débuté par lui en conter. Elle avoit fait fonds ſur mon amour lorſque je ne penſois qu'à me divertir ; & elle fe mit fi bien dans la tête que je l'aimois , & que je ferois fidéle , qu'elle réſolut de me fuivre.

Je ne vis point d'autre moyen de m'en débarraſſer , que d'examiner fi parmi ceux qui lui en contoient , il n'y auroit point quelqu'un qui l'aimât de bonne foi , & à

qui fon abfence ne fût pas indifférente. Je
ne fus pas long-temps fans trouver ce que
je cherchois, & je m'apperçus qu'un gros
Allemand, homme de qualité, l'aimoit
éperduement, & l'auroit époufé fans Madame l'Electrice, qui s'oppofoit à une alliance indigne de lui.

Ne doutant point du tout de l'attachement férieux de cet homme pour la Demoifelle, je réfolus de lui donner de la
jaloufie, & j'affectai encore plus qu'auparavant d'en paroître amoureux. Je trouvai
même le moyen de lui faire dire que j'étois
homme capable de lui enlever fa maîtreffe,
& qu'il feroit bien, non-feulement de l'obferver, mais auffi d'avertir Madame l'Electrice de prendre garde qu'elle ne lui écha-
pât. Je ne favois fi cet artifice réuffiroit,
car l'Allemand ne s'expliquoit point : il
ouvroit de grands yeux fur moi toutes les
fois que nous étions enfemble, mais c'é-
toit toujours fans me parler.

Cependant le jour de mon départ arriva;
& ayant encore doublé mon férieux pour
faire entendre raifon à l'Avanturiere, &
pour l'obliger de quitter fa réfolution de
me fuivre, je fortis d'Heidelberg avec mes
gens, croyant qu'elle y avoit renoncé;
mais, à peine fûmes-nous à une lieue de
cette Ville, qu'ayant été obligés de nous
arrêter, parce qu'un de nos chevaux s'é-

toit déferré , nous fûmes joints par deux
Cavaliers : c'étoit mon Avanturiere dégui-
sée en homme. Quelque étonnement que
me donnât cette apparition , je fus encore
plus surpris de voir que le Cavalier qui
l'accompagnoit étoit le gros Allemand qui
en étoit amoureux.

Il ne me parla pas plus qu'il avoit fait
jusques-là , & il se contenta de me regarder
avec de grands yeux, pendant que l'Avanturiere me disoit que sur les difficultés que
je lui avois faites de la conduire en Pologne , elle avoit persuadé à cet Allemand
de l'accompagner , & que je ne pouvois
lui refuser de souffrir qu'ils fissent le voyage avec moi.

Comme j'avois paru à Heidelberg amoureux de cette fille , j'eus peur qu'on ne mît
sa fuite sur mon compte ; & , d'ailleurs , je
prévoyois beaucoup d'embarras à la mener
en Pologne. L'équipage où je voyois son
Allemand, me surprenoit ; & je ne pouvois
comprendre comment un homme de cette
qualité alloit de la sorte , sans suite, dans
un pays étranger , traînant avec lui une
fille qui vouloit se faire accompagner par
un homme qu'il avoit sujet de regarder
comme son rival. Je résolus de m'en expliquer avec lui ; & le prenant en particulier , je lui dis en Allemand , que je le
priois de m'apprendre quel étoit son des-

fein , & à quoi je pouvois le fervir.

Cet homme , avant que de me répondre , me fit de profondes inclinations ; &
enfin , rompant le filence obftiné qu'il
avoit toujours gardé avec moi , il me dit,
me traitant d'Alteffe , qu'il étoit trop honoré du choix que j'avois fait de lui pour
lui faire époufer la Princeffe ma fœur. On
peut juger combien ces paroles m'étonné-
rent : mais , quelque furprife que j'en euffe,
je devinai la tromperie qu'on lui faifoit ;
& ce que je connoiffois déja du caractére
de l'Avanturiere , me fit conjecturer tout
ce que j'appris dans la fuite.

Elle avoit fait entendre à cet Allemand
que j'étois fon frere , & elle m'avoit donné
le nom de Prince d . . . en lui faifant croire que je me déguifois pour les mêmes raifons qui l'avoient obligée de fe déguifer
auffi à Heidelberg ; mais , que s'il vouloit
paffer avec elle en Pologne , je l'avois affurée de les marier , & de les remener enfuite en France avec tout l'éclat de ma
qualité.

Il n'eft pas difficile de voir que le gros
Allemand n'étoit pas l'homme du monde
le plus fpirituel ; mais il n'eut pas la même
bétife lorfque je l'eus détrompé ; il prit fon
parti en homme d'efprit, & il me jetta dans
de nouveaux embarras. Je lui dis donc,
que je n'étois ni Prince , ni frere de l'A-

vanturiere ; qu'il falloit qu'elle eût perdu l'efprit, pour fe mettre ces extravagances dans la tète, & pour vouloir les lui perfuader; & que le meilleur confeil que je puffe leur donner à l'un & à l'autre, c'étoit de retourner à Heidelberg avant que leur fortie eût éclaté.

Soit que cet homme fût médiocrement amoureux, foit que la tromperie qu'on lui avoit faite, eût guéri fon amour, à peine eut-il reconnu que je lui parlois de bonne foi, qu'il piqua fon cheval vers la Ville, me laiffant l'Avanturiere plus obftinée que jamais à vouloir me fuivre. Je lui dis réfolument, que je ne pouvois l'emmener, & que fi elle s'opiniâtroit à un deffein fi peu raifonnable, je retournerois à Heidelberg, & que j'apprendrois fa folie à tout le monde.

Mes difcours la touchérent foiblement; &, atteftant toujours mon amour & ma fidélité, elle me conjura, les larmes aux yeux, de lui aider à fuivre fes deftinées : & j'avouerai encore ici ma foibleffe. Je ne pouvois balancer à croire que cette fille étoit une folle ; cependant fa beauté m'attendriffoit : j'étois meme flatté du violent amour qu'elle me faifoit paroître ; & je crois que j'aurois été affez bon pour l'emmener, fi on ne fût venu la reprendre : ce qui prouve bien qu'il n'y a point de folie

ſi outrée, qui puiſſe quelquefois empêcher
les femmes de tourner les hommes comme
elles veulent.

Lorſque cette fille commençoit à me
gagner, nous vîmes arriver, de la part de
Madame l'Electrice, une femme dans une
litiere, accompagnée de pluſieurs hommes
à cheval, qui ſe ſaiſirent de l'Avanturiere,
& qui me dirent que Monſieur l'Electeur
auroit été bien aiſe que je vinſſe lui rendre
compte des raiſons que j'avois eues de l'enlever : c'étoit me dire qu'ils m'arrêtoient
de ſa part. Je ne fis aucune difficulté de les
ſuivre , & je retournai à Heidelberg , où
tout le monde paroiſſoit perſuadé que c'é-
toit moi qui lui avoit mis l'amour en téte,
pour l'engager à me ſuivre. L'Allemand,
honteux d'avoir crû les folies qu'elle lui
avoit dites , étoit le premier à publier par
tout que j'avois obligé cette fille à ſe déguiſer , pour faire avec moi le voyage de
Pologne; & il étoit venu en avertir l'Electrice ſi-tôt qu'il nous eut quittés.

J'admirois ma deſtinée ſur les enleve-
mens , car c'étoit la troiſiéme ou la qua-
tiéme fois de ma vie que je paſſois pour
avoir voulu enlever des femmes ; ce qui
me devoit convaincre qu'on ne peut trop
prendre garde à ne ſe pas embarquer avec
des perſonnes qu'on ne connoît point, puiſqu'en ſe piquant d'honnêteté pour les tirer

d'embarras, on eſt ſouvent expoſé à d'é-
tranges avantures.

Je rendis compte à Monſieur l'Electeur
de la maniére dont les choſes s'étoient paſ-
ſées. Il ne douta point du tout de la vérité
de mon récit : il rit beaucoup du gros Allemand, & m'aſſura qu'il mettroit ſon application à lui faire épouſer l'Avanturiére.

On me permit de partir après cette explication, mais je tombai malade en chemin, & je n'arrivai à Varſovie que plus de
ſix ſemaines après. J'appris avant que d'y
arriver, que la ſeule perſonne dont je craignois la préſence, étoit morte depuis quelques jours. On voit bien que je parle de
celle chez qui j'étois demeuré caché il y
avoit trois ans. Après mon départ, elle
avoit épouſé celui avec qui je l'avois ſur-
priſe, & le bruit étoit que cette femme
ayant voulu l'empoiſonner, avoit été prévenue, & qu'elle n'étoit morte que du poiſon qu'il lui avoit donné.

Le Roi Ladiſlas étoit mort auſſi dès l'année 1648, & le Prince Caſimir ſon frere
lui ayant ſuccedé à la Couronne, avoit
épouſé la Reine, ſa belle-ſœur. Je trouvai
cette Princeſſe groſſe & ſur le point de faire
ſes couches. Elle me témoigna beaucoup
de joie de me revoir, & me dit que j'arri-
vois fort à propos, pour deux raiſons; l'une,
pour remédier à toutes les mauvaiſes affai-

res que mon second frere s'étoit fait en Pologne ; & l'autre, pour rendre le calme à une pauvre fille qui avoit eu recours à elle, & qui se plaignoit fort de moi.

Elle m'apprit en gros que mon frere s'étoit attiré beaucoup d'ennemis par l'imprudence de plusieurs galanteries, & que même il étoit obligé de ne plus venir à la Cour. A l'égard de la fille, qui prétendoit avoir sujet de se plaindre, je fus fort surpris d'apprendre par le portrait qu'on m'en fit, que c'étoit mon Avanturiere d'Heidelberg, qui étoit arrivée en Pologne, près de quinze jours avant moi.

La Reine me dit que cette fille publioit que je lui avois donné une promesse de mariage, & qu'après avoir reçu d'elle toutes les marques d'une entiére confiance, je l'avois abandonnée. Je répondis à la Reine que c'étoit une folle, & je lui racontai tout ce qui m'étoit arrivé à son égard. La Reine ajoûta qu'elle commençoit à plaire au Roi, & qu'on disoit déja que ce Prince avoit de l'amour pour elle. Cela me consola un peu, & j'esperai que la complaisance qui lui étoit dûe, pourroit me débarrasser de cette folle.

J'appris comment elle étoit sortie d'Heidelberg, & voici ce qu'on me conta. Après que Madame l'Electrice l'eut fait revenir, Monsieur l'Electeur pensa à ce qu'il m'a-

voit dit, & tâcha en effet de la marier a
Seigneur Allemand qui en étoit amoureux
mais cette extravagante, toujours perfua
dée que fon étoile l'appelloit en Pologne
refufa de l'époufer. L'Allemand s'opini:
tra, foutenu du crédit de l'Electeur, & o
l'enferma pour mieux la réduire. Elle tro
va le moyen de fe fauver, & ayant pris u
habit d'homme, elle avoit paffé à Varfc
vie, fuivie d'une feule femme déguifé
comme elle. Je fus le premier qu'elle che
cha; mais ne me trouvant point, & ne f:
chant ce que j'étois devenu, elle s'avifa d
dire que je l'avois trompée, & qu'elle éto
venue me chercher, pour exiger de m
l'effet de la promeffe qu'elle difoit que j
lui avois donnée. C'eft ainfi qu'elle parla
la Reine; mais avant même que j'arrivaff
elle commençoit à tenir un autre langage
& l'amour que le Roi marqua pour elle
& qu'il lui déclara prefqu'auffi-tôt qu'il l
vit, lui fit croire que fon horofcope allo
s'accomplir, & elle ne s'avifa plus de
plaindre, ni de moi, ni de fa mauvai
deftinée.

Je la revis donc comme fi nous ne nou
étions jamais vûs; elle ne m'entretint qu
de l'amour que le Roi lui témoignoit
J'applaudis fort au choix de ce Prince, &
il me parut que la gloire de s'en voir a
mée, lui avoit entiérement remis l'efprit

& qu'elle étoit devenue auſſi raiſonnable qu'elle étoit belle ; car c'étoit en effet une des plus charmantes perſonnes que j'euſſe jamais connues. Je devins ſon confident ſur l'intrigue qu'elle avoit avec le Roi , & cela me jetta dans de nouveaux embarras.

La Reine auſſi jalouſe de ſon dernier mari qu'elle l'avoit été du premier, vouloit que je l'avertiſſe de tout ce que je ſavois touchant cette galanterie. Ne ſachant comment la contenter , je m'aviſai de faire ſemblant d'être fort amoureux de cette fille , & je fis croire à la Reine que le Roi ne la voyoit point , & qu'elle n'avoit point d'intrigue qu'avec moi.

Cela raſſura l'eſprit de cette Princeſſe , qui ſe moqua de tous les avis qu'on lui donnoit touchant cette galanterie. Elle ne put même s'empêcher de dire au Roi le bruit qui couroit , & l'injuſtice qu'on lui faiſoit , de le croire amoureux d'une fille , avec qui j'avois un commerce qui étoit connu.

Ce diſcours ne ſervit qu'à me rendre ſuſpect à ce Prince. Il crut qu'en effet j'étois ſon rival , & il défendit à ſa maîtreſſe de recevoir mes viſites. Quand la Reine vit que je n'oſois plus continuer à la voir, elle fut perſuadée de tout ce que j'avois tâché de lui déguiſer , & m'accuſant de l'avoir trompée , elle en eut tant de dépit , qu'elle

commença à me haïr presqu'autant que sa
rivale.

D'ailleurs, la mauvaise conduite de mon
frere le Comte, avoit un peu rendu notre
nom odieux aux Polonois. J'ai dit qu'il
s'étoit retiré à Varsovie il y avoit plus de
dix-huit mois, ayant été obligé de sortir
de France, & croyant que j'étois encore
en Pologne. Il y avoit trouvé cet ami dont
j'ai parlé, avec qui j'avois quitté Venise,
& dont je m'étois séparé à Padoue.

La Reine les avoit fort bien reçus l'un
& l'autre ; mais comme la mort du Roi
Ladislas, & l'élection du nouveau Roi Ca-
simir, suivie de son mariage, n'avoit occupé les Polonois que de cérémonies & de
divertissemens, ils n'avoient pû trouver
l'occasion, qu'ils disoient qu'ils étoient ve-
nus chercher, de servir le Roi de Pologne
contre la Suéde, & tout leur temps s'étoit
passé à des commerces d'amour. Je n'en
fûs point d'autres particularités, sinon
qu'ils s'étoient souvent battus, & que la
profession qu'ils faisoient de ne garder aucunes mesures avec les femmes, dont il leur
plaisoit d'être amoureux, avoit obligé la
Reine de leur défendre de se montrer à la
Cour ; c'est-à-dire, qu'ils avoient admira-
rablement bien confirmé l'opinion qu'on
avoit, dès ce temps-là, du peu de politesse
des François dans leurs intrigues amou-
reuses ;

reufes ; opinion que ceux de nos jeunes
gens qui ont depuis vifité les Cours étrangéres , n'ont pas détruite , & que je vois
aujourd'hui fi bien établie par tout , qu'on
regarde avec admiration un jeune homme
de qualité , qui n'eft pas un étourdi &
un fou.

Quelque chagrin que la Reine eût contre moi , elle mettoit beaucoup de différence entre le caractére de mon frere & le
mien ; & fi elle me parut fouhaiter que je
ne reftaffe pas long-temps en Pologne, ce
fut parce qu'elle me crut peu propre à la
fervir dans le deffein qu'elle avoit de gouverner le Roi, à qui j'étois devenu fufpect.
Ainfi , quand j'eus mis ordre à mes affaires
& affuré le bien de mes enfans , dont la
Reine prenoit toujours foin, je penfai à
m'en retourner en France. Je tâchai de
perfuader à mon frere & à l'ami que j'avois
en Pologne , d'avoir une meilleure conduite , & l'effet de mes remontrances , fut
de les faire paffer en Suéde , où ils efpé-
roient trouver plûtôt l'occafion de fervir ,
car leur procès leur avoit été fait en France , & ils n'ofoient y revenir.

Je quittai la Pologne cette feconde fois ,
à peu près comme j'en étois forti la premiere, c'eft-à-dire, affez mal avec la Cour ,
& toujours à caufe des femmes ; car ce fut

l'Avanturiere d'Heidelberg qui vint m'y troubler, & fans ce malheureux incident, j'aurois trouvé beaucoup d'agrément auprès du Roi Cafimir. Ce Prince étoit du génie de fon frere, c'eft-à-dire, ennemi des affaires & efclave des plaifirs, mais beaucoup plus brave & plus courageux. Il n'avoit pas naturellement affez de hardieffe pour rien entreprendre; c'eft ce qui a donné à la Reine un pouvoir abfolu pour le déterminer fur tout : mais quand il étoit déterminé, il ne manquoit ni de courage, ni de réfolution pour bien exécuter. Il avoit un extrême penchant pour les femmes, & fe piquoit peu d'être conftant. Sa légereté naturelle étoit aidée, à cet égard, par des réflexions, qui lui faifoient craindre que Dieu ne le punit des égaremens où l'entraînoient fes intrigues, & il ne manquoit jamais d'être dévot, quand il commençoit à fe laffer d'une maîtreffe ; mais fa dévotion ne duroit pas plus que fes amours, & toute fa vie a été un mélange de galanteries & de fcrupules. A l'égard des maniéres, il les avoit franches & honnêtes, mais il étoit fimple, & s'amufoit à la bagatelle; & fi le Roi de Suéde & Lubomirski (1) euffent voulu le laiffer en repos, il fe feroit

(1) Général des Rebelles, qui lui firent la Guerre pendant quinze ans

peu mis en peine de la réputation de grand
Roi, pour jouir des commodités & des plaifirs d'homme privé.

La Reine le gouvernoit, fans être aufli
affurée qu'elle devoit l'être du pouvoir
qu'elle avoit fur lui. Elle n'avoit là-deffus
aucune préfomption, & elle étoit la feule
du Royaume qui ne fentît pas toute fon
autorité. Ce n'eft pas qu'elle n'eût affez
bonne opinion de fon efprit, & qu'elle ne
connût le caractére de celui du Roi, mais
c'étoit par cette connoiffance même qu'elle
fe défioit de fon autorité. Elle craignoit
toujours qu'un Prince, dont le caractére
étoit fi facile, ne fe laiffat gouverner par
d'autres; & comme il ne pouvoit s'empêcher d'avoir des galanteries, elle avoit
grand foin de le dégoûter de toutes les
femmes qui pouvoient avoir affez d'efprit
pour fe rendre maîtreffes du fien.

Telle étoit la fituation de la Cour de
Pologne; car commençant à n'être plus
enfant, je m'appliquois un peu plus que je
n'avois fait jufques-là à connoître le génie
des perfonnes que je fréquentois, & l'état
de leurs affaires.

Avant que de quitter la Pologne, il m'arriva une avanture nouvelle qui penfa me
coûter la vie, & qui me rendit témoin d'un
des plus cruels fpectacles que l'on puiffe
voir. Je frémis même encore, quand j'y

penſe. Quoique le penchant que j'avois à
être honnête & généreux à l'égard des femmes, fût particuliérement ce qui m'engagea dans cette avanture, je ne puis cependant la mettre au nombre de celles que
j'aurois pû éviter, ſans ce penchant, puiſqu'il n'y a perſonne qui ait un peu d'huma-
nité, qui ne s'y fût engagé ainſi que moi.

Il y avoit deux jours que j'étois ſorti de
Varſovie, quand me repoſant dans une
eſpéce de Bourgade, en attendant qu'on
m'eût donné des chevaux, je vis accou-
rir à moi une femme échevelée qui ſe
hâtoit fort de me joindre, me faiſant ſigne
de m'approcher, pour lui épargner un chemin dont elle paroiſſoit extrêmement fati-
guée. J'allai au-devant d'elle, & quand
j'en fus aſſez proche, elle ſe jetta entre mes
bras, voulant me parler, mais elle n'en
eut pas la force, & elle s'évanouit. C'étoit
une petite femme, comme le ſont preſque
toutes les femmes Polonoiſes. Elle ne paroiſſoit pas avoir vingt ans, & quoiqu'elle
fût fort abattue, je ne laiſſai pas de remarquer qu'elle devoit être auſſi belle qu'on
peut l'être en ce pays-là. Je l'emportai
dans l'endroit où étoient mes gens, &
l'ayant miſe ſur de la paille, faute de lit,
nous la fîmes revenir.

Elle nous dit qu'elle étoit de Breſlau, &
que ſes parens l'avoient mariée à un Tar-

tare, de qui elle recevoit des traitemens si
rudes & si rigoureux, que ne pouvant plus
y résister, elle avoit pris la fuite, & qu'elle
cherchoit quelqu'un qui voulût bien la conduire à Varsovie, où elle avoit des parens
qui la protegeroient contre son mari. Ce
fut-là tout ce qu'elle nous dit d'abord ;
mais nous connûmes dans la suite qu'elle
ne s'étoit sauvée des mains de ce mari, que
parce qu'elle lui avoit donné lieu de soupçonner sa fidélité. Nous apprimes méme
que c'étoit avec celui qui passoit pour son
amant qu'elle avoit pris la fuite, & que cet
homme étant tombé dans une embuscade
de Cosaques, y avoit perdu la vie, &
qu'elle avoit été témoin de sa mort.

Cette pauvre femme me fit d'autant plus
de pitié, qu'outre la douleur d'avoir vû
assassiner son amant, elle avoit une crainte
mortelle de retomber dans les mains de son
mari, dont elle nous dit qu'elle étoit pour-
suivie. Je ne voyois guéres d'apparence de
la secourir autrement, qu'en prenant soin
moi-méme de la remener à Varsovie ; ce
que je ne pouvois faire qu'en retournant
sur mes pas. Je crus que l'honneur & la
charité m'y obligeoient, & j'ordonnai à un
de mes gens de la prendre en croupe & de
me suivre ; mais à peine eûmes-nous mar-
ché une demi-journée, que nous rencontrâmes son mari qui s'étoit arrêté à un Bourg

avec dix ou douze Tartares. Il la recon‑
nut, & venant le fabre à la main à celui
qui avoit fa femme en croupe, il le me‑
naça de le tuer. Je vins à fon fecours le
piftolet à la main, mais le grand nombre
de Tartares nous eut bien‑tôt entourés, &
la femme nous fut enlevée. Je ne fai fi dans
la colére où étoit le mari, il me prit pour
l'amant de fa femme; mais m'ayant fait fai‑
fir, il me força d'entrer dans une étable où
il l'avoit déja enfermée, & il me rendit le
témoin de l'horrible maniére dont il fe ven‑
gea de fon infidélité. Il la fit prendre par
quatre hommes qui lui tinrent les bras &
les pieds pendant que ce barbare commen‑
ça à l'écorcher. Cette malheureufe créature
me regardoit de temps en temps, & parmi
les horribles cris que cet affreux fupplice
lui faifoit jetter, elle prioit Dieu de lui
faire miféricorde. Elle mourut bien‑tôt
dans cette barbare opération; & fon mari
la voyant morte, me jetta à la tête ce qu'il
lui avoit arraché de fa peau. Cette action
me fit croire qu'il me prenoit pour fon ri‑
val; & craignant avec raifon qu'il ne vou‑
lût me traiter comme fa femme, je lui
criai en Polonois, qu'il prît garde à qui il
avoit affaire, que j'étois un étranger, &
que je ne connoiffois point fa femme. Ces
paroles l'obligerent de m'examiner atten‑
tivement, & ne trouvant en moi aucuns

traits de celui pour qui vraifemblablement
il m'avoit pris, il vint à moi avec plus de
civilité que je n'avois fujet d'en attendre
d'un homme fi inhumain; &, fans me rien
dire, il me fit rendre mes gens & mon
équipage, & me laiffa en liberté de continuer ma route.

J'avoue que jamais avanture ne m'a cau-
fé, ni plus de terreur, ni plus de crainte de
périr. Je paffai plus de dix jours fans pouvoir m'ôter de devant les yeux le cruel fupplice où j'avois vû expirer cette déplorable
créature, & il me prenoit de temps en temps
de violentes envies d'aller chercher le Tar-
tare & de le tuer de ma propre main; mais
enfin le temps diffipa, avec cette affreufe
image, ces defirs extravagans, auffi bien
que les réflexions, que je ne pouvois m'empêcher de faire fur les malheurs d'un mariage mal-afforti, & fur la mauvaife conduite des femmes.

J'arrivai à Paris fur la fin de Janvier,
après avoir été près de dix mois à mon
voyage. Dix ou douze jours après mon
retour, Meffieurs les Princes furent mis en
liberté, & j'efpérai qu'il nous feroit permis, à mon frere & à moi, de témoigner
tout l'attachement que nous avions pour
Monfieur le Prince, fans nous brouiller
avec la Cour, avec laquelle nous croyons
qu'il alloit être mieux qu'auparavant; mais

nous ne fûmes pas long-temps fans reconnoître que cette efpérance étoit vaine ; &
dès la premiere fois qu'il nous fut permis
de faluer Monfieur le Prince , nous jugeâmes bien qu'il méditoit de fortir de France.
Il ne reconnoiffoit que trop que la Reine
vouloit faire revenir le Cardinal Mazarin ,
qui je croi étoit alors à Sedan. Ce Prince ne
déguifoit pas que fi ce Miniftre paroiffoit
jamais , il fe mettroit en état de le chaffer
la force à la main. Nous voyions bien où
cela tendoit , & nous ne fûmes bien-tôt que
trop confirmés dans nos conjectures. Mon
frere ne crut pas devoir fuivre Monfieur le
Prince hors du Royaume, quelque attachement qu'il eût pour lui; mais comme j'étois
plus fans conféquence , non-feulement il
trouva bon que je fiffe ce qu'il ne faifoit
pas , mais il me confeilla de m'attacher à
fa fortune , foit qu'il ne vît pas lieu de me
fervir auprès de la Reine , foit que dans le
defir fincére que mon frere avoit de voir le
Prince revenir au fervice du Roi , il fût
bien aife d'avoir quelqu'un auprès de lui ,
par qui il pût infinuer les confeils qu'il auroit à lui donner.

Mais , quelque motif que mon frere pût
avoir de me faire prendre ce parti , je fai
bien que je ne l'aurois jamais pris , tant je
le trouvois peu sûr pour ma fortune , fi
dans ce temps-là je n'avois été bien aife de
m'éloigner

m'éloigner de Paris, pour me confoler de
la perfidie d'une maitreffe, avec laquelle
je m'étois embarqué depuis mon retour de
Pologne. Ce fut une vraie hiftoire, & depuis celle de ma Carmelite, rien ne m'a-
voit tant touché au cœur, & ne m'avoit
expofé à tant d'agitations & de chagrins.
Auffi peut-on dire que dans les divers événemens de cette avanture, quoiqu'elle eût
peu duré, j'eus lieu de connoître dans les
femmes, des caractéres que je n'y avois
point encore apperçus, & contre lefquels
je n'étois point en garde. On en jugera par
le récit que je vais en faire.

J'étois logé à Paris dans le voifinage
d'une femme dont le mari étoit mort depuis peu de temps, mais duquel elle avoit
été féparée peu d'années après fon mariage. Tout le monde vouloit que les galanteries de cette femme euffent donné lieu à
leur féparation, & je le crus comme les
autres ; mais quand je vins à la mieux connoître, je trouvai encore d'autres raifons
qui avoient pû obliger fon mari à l'éloigner. C'étoit la perfonne du monde la plus
finguliére. Les fingularités d'une femme
toujours bizarres & toujours oppofées à ce
qu'on peut attendre d'elle, font, à mon
fens, auffi infupportables que fa mauvaife
conduite. Si la réputation d'un mari en

souffre moins, le repos & la douceur de la vie n'en font que plus troublés.

Cette femme avoit une fille qui avoit suivi fa deftinée, & qui vivoit auprès d'elle ; car dans leur féparation, les garçons étoient demeurés chez le mari , & on avoit donné la fille à la mere. C'étoit affurément la plus mauvaife école où l'on pût la mettre, non-feulement par le caractére de fingularité qu'avoit la mere , mais aufli par des fenti-mens fort extraordinaires dans une mere , à l'égard d'une fille ; car , ce qu'on auroit de la peine à comprendre , ou du moins ce que je n'avois jamais compris jufques-là , cette mere , qui ne pouvoit ignorer que l'on avoit parlé d'elle , fe trouva jaloufe de la réputation que la fille pouvoit avoir en ne fuivant pas les exemples de fa mere, & elle ne fouhaitoit rien davantage que de la voir dans quelque engagement qui pût aufli faire foupçonner fa conduite ; mais , par une autre efpéce de rafinement , elle ne vouloit pas que les engagemens qui commettroient la réputation de fa fille , à l'égard de la conduite , puffent lui faire honneur , à l'égard du choix ; & elle avoit autant d'application pour éloigner d'auprès d'elle les hommes d'efprit & de mérite , que pour lui en faire voir de fots & de ridicules.

Telle étoit cette mere , comme j'eus lieu de le reconnoître , & je n'avois garde de l'accufer d'un pareil caractére. Je crus feulement que la facilité avec laquelle elle fouffroit que des gens fans mérite viffent fa fille , n'étoit fondée que fur l'opinion qu'elle avoit qu'ils étoient moins dange-reux que d'autres.

La fille étoit fort aimable ; elle avoit naturellement beaucoup d'efprit & de feu , mais fort peu de jugement, & elle joignoit à ce défaut un tempéramment fort vif & fort emporté pour tout ce qui flatte les paffions.

Je ne connoiffois ni la mere, ni la fille, pour telles que je viens de les dépeindre ; & je les vis d'abord comme d'agréables voifines , dont le commerce feroit à mon goût, par le peu de contrainte qu'elles fai-foient profeffion & de donner & de rece-voir ; mais je n'eus pas vû la fille deux fois, que j'en devins très-férieufement amou-reux. Elle reçut les marques de mon amour d'une maniére qui le redoubla , & en peu de jours , nous nous vîmes en poffeffion de nous aimer , comme fi nous nous fuf-fions connus toute notre vie.

Elle m'avertit qu'il ne falloit point don-ner de foupçon à fa mere ; & pour la met-tre dans nos intérêts , je fis femblant de m'attacher à fa fille pour deux raifons ;

l'une , pour lui former l'esprit par les con‑
noissances que les voyages & les langues
que je possédois m'avoient données ; &
l'autre, pour ménager son mariage avec
un de mes parens , homme fort riche , &
qu'on disoit que je gouvernois un peu.

Mais ces deux raisons étoient justement
de toutes celles que j'aurois pû choisir, les
plus capables de me rendre suspect à la
mere. Elle ne vouloit pas que sa fille eût
du mérite, & elle vouloit encore moins
qu'elle fût bien mariée. Elle ne songeoit
qu'à la faire passer pour sotte & pour déré‑
glée , & elle me trouva mal-propre à l'un
& à l'autre.

Je m'apperçus donc bien-tôt que je ne
lui étois pas agréable. On me comptoit
mes visites , on en mesuroit la durée , &
jamais je ne me trouvois seul avec la fille,
qu'on ne nous fît à elle & à moi des cha‑
pitres qui duroient deux heures.

En même temps que j'étois si maltraité,
on donnoit une liberté entiére à un autre,
de voir & d'entretenir la Demoiselle, tant
qu'il lui plaisoit. C'étoit un homme qui
possédoit au souverain degré tout ce qui
étoit capable de gâter la réputation d'une
fille, & de la faire croire de mauvais goût,
c'est-à-dire, qu'il étoit parfaitement tel que
sa mere vouloit que fussent les amans de
sa fille.

Il avoit cinquante-cinq ans, & il étoit
si universellement méprisé, que tout le
monde à Paris, se trouvoit de la même
opinion sur son chapitre. Le plus grand
bien que l'on dît de lui, c'est que c'étoit un
fort bon homme, ami de la paix & du repos, qu'il ne s'avisoit point de troubler,
ni par colére, ni par vengeance, n'ayant
jamais mis l'épée à la main, ni menacé de
la mettre, encore qu'il fût Officier. Le seul
talent qu'il avoit, étoit de se rendre éternel
dans une maison, si-tôt qu'il s'y attachoit,
sur tout si c'étoit une maison où l'on man-
geât & où l'on put croire qu'il y eût quelque galanterie ; car il avoit grand soin d'é-
pargner sa bourse & de se faire passer pour
homme à bonne fortune.

Il y avoit trente ans que ce vieux Officier étoit ami de la mere de la Demoiselle,
& je ne fus pas d'abord surpris de l'assiduité
des visites qu'il rendoit à l'une & à l'autre ;
mais la fille, qui paroissoit avoir pour moi
autant de confiance que d'inclination, me
dit qu'il étoit furieusement amoureux d'elle.
Comme je croyois qu'elle ne parloit ainsi
que pour me demander mes conseils, &
que je n'avois garde de croire qu'une personne en qui je trouvois beaucoup de mérite, fût capable de l'accepter pour amant,
j'en ris avec elle, & je me contentai de lui
dire qu'elle évitât exactement de se trouver

R iij

feule avec lui , pour ne pas donner lieu à la vanité d'un homme auffi fat & auffi vain que celui - là.

Je crus qu'elle avoit déferé à mes con-feils , mais je fus bien-tôt averti du con-traire. Je fus qu'elle le voyoit depuis le matin jufques au foir , & que prefque tous les jours , quand la mere étoit couchée , il reftoit feul avec la fille , jufqu'à deux ou trois heures après minuit. Je lui en parlai ; & après m'avoir voulu nier que cela fût auffi fréquent qu'on me l'avoit dit , elle s'excufa fur ce qu'elle ne pouvoit faire au-trement , parce que fa mere vouloit abfo-lument qu'elle en usât de cette maniére. Ce fut alors que je commençai à connoître le caractére d'une mere fi indigne de ce nom , & je ne doutai point du tout qu'elle ne cherchât à faire décrier fa fille. L'intérét que je prenois à la réputation & à l'établiffe-ment d'une perfonne que j'aimois de bonne foi , m'obligea de lui découvrir mes con-jectures fur la conduite de fa mere , mais il étoit trop tard. La facilité avec laquelle elle voyoit ce vieux Officier , lui avoit donné du goût pour lui. Elle commençoit à le trouver aimable & à ne me plus aimer ; car enfin , les femmes s'attachent où elles peuvent , & quelque différence que cette fille trouvât entre mon vieux rival & moi , elle aima plus celui des deux qu'il lui étoit plus aifé de voir.

J'avoue que quelque chagrin que j'euſſe du changement de la Demoiſelle , je l'ex-cuſois quelquefois , & que mon plus fort reſſentiment tomboit ſur la mere ; mais j'eus bien-tôt ſujet de ne me plaindre que de la fille.

Comme elle aimoit le vieil Officier , & qu'elle ſe trouvoit bien de la liberté qu'on lui donnoit de le voir à toutes heures , elle eut peur que je ne la rendiſſe ſuſpecte ; & pour s'aſſurer à mes dépens la poſſeſſion où elle étoit , elle apprit à ſa mere que je l'ai-mois. J'oſe dire que ce fut moins mon amour qui me nuiſit auprès de la mere, que l'idée qu'elle avoit de mon mérite. Elle craignit que ſa fille n'aimât un honnête homme , & ne paſſât pas pour être d'auſſi mauvais goût qu'elle la vouloit.

Je ne ſavois point que cette fille eût dé-couvert mon amour à ſa mere , & je n'at-tribuai le froid qu'on me fit qu'à une ſuite de ſes bizarreries ordinaires. Cependant, ce que la mere avoit prévu arriva. Les viſi-tes trop fréquentes du vieil Officier firent bruit dans le monde. Les valets préten-doient l'avoir vû ſortir à heure indue de la chambre de la fille ; & en peu de temps , on en dit tout ce qu'on en pouvoit dire de plus déſavantageux.

Je me trouvai alors dans des circonſtan-ces bien dures pour un homme qui aime

fincérement. Quoique je ne cruſſe pas cette
fille auſſi perfide qu'elle étoit , je ne pouvois pourtant m'empêcher de croire une
partie des bruits qu'on en répandoit ; mais
comme je l'aimois toujours, & que l'amour
m'intéreſſoit à ſa gloire , je me voyois par-
tout obligé de prendre ſon parti , & de
m'inſcrire en faux contre des choſes que je
ne ſavois que trop bien fondées.

Cette fille ne pouvoit ignorer le zéle
avec lequel je prenois ſes intérêts ; mais,
ſoit qu'elle eût honte de la perfidie qu'elle
ſe reprochoit, ſoit qu'elle eût levé le maſ-
que , & qu'elle craignît des conſeils qu'elle
ne vouloit pas ſuivre , elle m'évita avec
tant de ſoin , qu'il ne me fut pas poſſible
de lui parler.

Je me trouvai fort embarraſſé ſur le parti
que j'avois à prendre. Je ne me pouvois
mettre dans l'eſprit qu'elle aimoit véritablement mon rival ; je ne me ſentois pas
même aſſez de courage pour la haïr, quand
cela auroit été. Cependant , la médiſance
s'augmentoit toujours , & j'entendois dire
par tout qu'elle étoit groſſe. Quoiqu'on
m'en donnât des preuves qui ne me paroiſ-
ſoient que trop fortes, je ne pouvois pourtant me réſoudre , ni de la croire coupable , ni de la croire innocente , ni de la
haïr, ni de l'aimer. Enfin , je crus à propos
de ne rien approfondir , & d'aller oublier

loin de Paris une maîtreffe, fur laquelle je fentois que j'étois fi peu d'accord avec moi - même. J'avoue que je n'ai jamais mieux connu la foibleffe du cœur que dans cette occafion, & que cette avanture me donna des chagrins d'une efpéce plus fenfible encore que tous ceux que j'avois eus fur le fujet de l'amour.

Je trouvai Monfieur le Prince fort chagrin & fort peu content des Efpagnols. Il avoit fur le cœur la perte de Monrond ; & dès qu'il fut feul avec moi, il me demanda ce qu'on difoit de lui à Paris, & fi mon frere ne viendroit pas auffi le trouver. Je lui dis que tout le monde, à Paris & à la Cour, étoit affectionné à fon fervice, mais que perfonne ne lui étoit plus attaché que mon frere ; & qu'une marque de fon attachement, c'étoit de m'avoir permis de venir fervir dans fon Armée. Monfieur le Prince me demanda encore plufieurs fois fi mon frere ne viendroit pas, & s'il pouvoit s'accommoder du Cardinal. Je lui répondis encore que mon frere ne faifoit fa cour qu'au Roi, & qu'il n'avoit aucunes liaifons particuliéres avec Monfieur le Cardinal. Mandez-lui, me dit le Prince, qu'il faffe tout un, ou tout autre ; & que s'il ne veut pas ramper devant le Cardinal, il fera mieux de fervir ici. Je dis au Prince que je ne croyois pas que mon frere prît un autre parti que celui qu'il avoit pris. Je vois bien, dit le Prince, qu'il veut être Maréchal de France. Je ne l'en eſtime pas moins ; & ſi j'avois été en ſa place, je n'aurois jamais quitté priſe ; mais la condition des Princes eſt malheureuſe. Là-deſſus, il m'ouvrit ſon cœur, & je vis bien qu'il condamnoit lui-même l'engagement où il s'étoit mis. Je voulus me ſervir des ouvertures qu'il me faiſoit, pour le porter à faire ſa paix avec le Roi. Il me répondit qu'il étoit trop tard, & que puiſque le vin étoit tiré, il falloit le boire. Nous eûmes enſemble pluſieurs autres converſations ; & ſoit qu'il eût en moi plus de confiance qu'aux autres, ſoit qu'ayant commencé à me découvrir ſon cœur, il s'en fût fait une habitude, il ne paſſoit aucun jour ſans peſter avec moi contre les Eſpagnols, & il avoit toujours de nouvelles découvertes à me raconter ſur le peu de fonds qu'il devoit faire ſur eux : cela lui fit venir une penſée qui me chagrina, car je mourois d'envie de ſervir ; & Monſieur le Prince, qui m'avoit connu depuis la Bataille de Lens, & qui paroiſſoit m'eſtimer, n'auroit pas manqué de me donner de l'emploi, tel que j'aurois pû le ſouhaiter ; mais voyant qu'on ne déterminoit rien en Flandre que par le conſeil de Madrid, il crut qu'il devoit envoyer en Eſpagne quelque perſonne de confiance qui pût appuyer ses intérêts auprès de Dom Louis de Haro , premier Ministre , & lui rendre compte de ce qui se passoit en cette Cour-là. Il me dit qu'il avoit d'abord jetté les yeux sur l'Abbé de M...... pour lui donner cette commission , parce qu'il auroit mieux aimé retenir en ma personne un Officier capable de le servir à l'Armée ; mais que cet Abbé étoit trop fou & trop emporté , & qu'il craignoit qu'il ne gâtât tout ; qu'il ne trouvoit personne plus propre que moi à lui ménager les Ministres d'Espagne ; que cet emploi , qui seroit secret , me convenoit mieux que de porter les armes contre la France , où j'avois un frere , sur lequel on se vengeroit peut-être de moi ; que comme il n'y avoit pas d'apparence que mon frere quittât jamais le parti du Cardinal, il prévoyoit qu'il feroit aussi tous ses efforts pour me rappeller ; & qu'en cas que je voulusse retourner en France , je le ferois plus honnêtement , ayant eu l'emploi qu'il me destinoit , que si j'avois servi dans ses troupes.

Je me rendis aux raisons & aux sollicitations de Monsieur le Prince ; & je vis bien qu'il avoit encore un motif dont il ne me parloit pas , & qui peut-être avoit eu plus de part que tout le reste , au choix qu'il faisoit de moi : c'étoit la jalousie de ceux qui passoient pour avoir plus de crédit auprès de lui, & qui voyoient bien, par la maniere dont Monsieur le Prince en usoit avec moi, qu'en restant auprès de lui, je partagerois sa faveur.

Je dis donc à Monsieur le Prince, que j'étois prêt de faire ce qu'il souhaitoit; &, ayant reçû mes instructions, je partis pour Madrid sans être connu, & sans avoir d'autre qualité que celle d'Etranger qui alloit en Espagne pour ses propres affaires. Monsieur le Prince n'avoit pas jugé à propos de me faire paroître autrement, pour ne point donner de jalousie aux Espagnols, & pour mieux assûrer mes négociations : il n'avoit même dit à personne l'emploi qu'il me donnoit; & il fut le seul qui sût ce que j'étois devenu.

Je fus près de deux ans à Madrid, sans rendre d'autres services à Monsieur le Prince, que de porter de temps en temps les plaintes qu'il faisoit des Espagnols, de Flandre à la Cour d'Espagne, & que de répondre à celles que les Epagnols même faisoient de lui; car, à en juger par leurs lettres, il n'y avoit guére d'intelligence entr'eux; & je connus encore mieux a Madrid, que Monsieur le Prince ne le connoissoit en Flandre, combien on est à plaindre quand la révolte nous fait dépendre des Etrangers. On trouvoit Monsieur le Prince trop peu ménager d'argent, & trop lent

dans fes conquêtes ; & on auroit voulu que,
fans qu'il en eût coûté un fou à l'Efpagne,
il lui eût affujetti la France en trois mois.
A la vérité, on ne pouvoit rien ajouter à
l'idée que l'on avoit du mérite & de la valeur de ce Prince ; & tous les jours on faifoit à Madrid des parties pour aller le voir
dès qu'il étoit à Bruxelles : mais, avec toutes les hautes idées qu'on avoit de lui, on
le fervoit mal ; & le bruit couroit que Dom
Louis de Haro étoit gagné par le Cardinal
Mazarin & la Reine Mere, & qu'il en touchoit des penfions confidérables, pour laiffer manquer le Prince de foldats & d'argent. Quoi qu'il en foit, je fervis peu à
Madrid, & je n'y pûs ménager pour Monfieur le Prince que des promeffes vagues &
des louanges ftériles.

Etant donc fort peu occupé, on ne doit
pas s'étonner fi je me redonnai à la galanterie, & fi j'eus en deux ans que je reftai à
Madrid, les affaires & les intrigues dont
je vais parler. L'Efpagne eft un pays fertile
en ces fortes d'avantures, & on y peut encore mieux connoître qu'ailleurs, le génie des femmes, qui eft ce que je me fuis
particuliérement propofé dans ces Mémoires.

Je me logeai avec un François qui étoit
de Bayonne, & qui, par fa fauffe vanité,
auroit pu paffer pour un Efpagnol naturel,

car les Efpagnols & les Gafcons ont affez
de conformité ; du moins, celui dont je
parle me donna lieu de trouver cette ref-
femblance. Cet homme étoit, je crois, un
Négociant ; mais il fe difoit de qualité, &
il ne s'expliquoit pas plus fur les affaires
qui le retenoient à Madrid, que moi fur les
raifons que j'avois d'y demeurer. Le trafic
que je lui voyois faire de Tapifferies & de
Tableaux, me donna lieu de le croire de
race & de profeffion marchande ; car on
ignoroit alors que les gens de qualité puffent faire, comme ils le font aujourd'hui,
un trafic de curiofités.

Je ne puis m'empêcher de dire ici la
maniére dont je le vis acheter quelques
Tapifferies & quelques Tableaux : elle pa-
roîtra peu vraifemblable ; & on aura de la
peine à fe perfuader qu'il y ait en Efpagne
de fi effrontés voleurs.

Un Efpagnol avec lequel celui dont je
parle étoit en commerce, le mena un jour
chez le Roi ; &, lui ayant fait confidérer
les Tableaux & les Tapifferies de fon plus
bel appartement, il lui demanda s'il trouvoit parmi ces différens meubles quelque
chofe qui lui fît envie. Mon homme fpéci-
fia entr'autres un Tableau & une Tapifferie. Hé bien, lui dit l'Efpagnol, combien
en voulez-vous donner, & je trouverai le
moyen de vous les faire avoir? Le François

ne s'imaginant pas que celui qui lui parloit
eût droit de difpofer de ces chofes, voulut
d'abord prendre en riant ce qu'il lui difoit;
mais l'Efpagnol l'ayant affûré qu'il parloit
tout de bon, & que ce n'étoit pas la premiere fois qu'il avoit vendu les meubles du
Roi fans qu'on s'en fût apperçu, ils con-
vinrent du prix, & dès le lendemain l'Efpagnol lui fit porter le Tableau dont il s'a-
giffoit, après l'avoir coupé dans la place où
il étoit, n'y laiffant que la bordure. Il eut
quelques jours après la Tapifferie, que
mon homme fit paffer promptement à
Bayonne. Ce fut lui-même qui me raconta
comment il les avoit achetés; & il me difoit que les Efpagnols n'en faifoient point
d'autres, & que tous les jours des filoux
trafiquoient ainfi des meubles de plufieurs
Palais, convenant du prix avant que de les
dérober.

Je me trouvois en affez mauvaife compagnie, avec un homme qui avoit part à
de telles friponneries; mais, ne me mêlant
point de fes affaires, je me contentois de
lui conter quelquefois mes galanteries,
comme il me faifoit part de toutes les fiennes.

La premiere intrigue que j'eus, fut avec
une femme dont le mari étoit créature de
Dom Louis de Haro. Comme l'emploi
dont j'étois chargé à la Cour de Madrid

me donnoit lieu de voir fouvent ce Miniftre, je connus le mari de celle dont je
parle, & j'étois fouvent obligé de m'adref-
fer à lui pour avoir audience de Dom Louis.
Je n'avois point vû fa femme ; & je ne favois pas même qu'il fût marié, quand elle
me parla un jour en entrant dans une Eglife. Je vis qu'elle me connoiffoit, & je jugeai qu'elle avoit envie que je la connuffe
auffi. Elle étoit jeune & belle, & je n'eus
pas de peine à lui témoigner que je ferois
ravi d'avoir occafion de l'entretenir. Elle
me répondit que je priffe garde à ce que je
lui difois, & que fi j'étois fincere, je n'a-
vois qu'à me repofer fur fes foins, & que
huit jours ne fe pafferoient pas fans que je
trouvaffe le moyen de lui parler. Le François avec qui je logeois étoit ce jour - là
dans cette Eglife ; il s'apperçut que j'avois
eu quelques momens d'entretien avec cette
Dame.

Quand nous fûmes de retour au logis,
il me demanda fi je la connoiffois, & fi
c'étoit la premiere fois que je l'avois vûe.
Je lui demandai à mon tour, pourquoi il
me faifoit cette queftion. C'eft, dit-il, parce
que j'y dois prendre intérêt, puifqu'il y a
déja plus de fix mois que je fuis en intrigue
avec elle ; &, quand il vous plaira, je vous
ferai voir plus de deux douzaines de fes
lettres. Il me raconta alors, qu'à peine
étoit-il

étoit-il arrivé à Madrid , qu'il l'avoit connue, s'étant trouvé auprès d'elle en sortant
d'une Féte que le Roi avoit donnée ; que
depuis ce temps-là il la voyoit réguliérement, deux ou trois fois la semaine , à un
rendez-vous qu'il me marqua , & où il
s'offrit de me mener.

Le discours de cet homme me donna du
chagrin de plus d'une espéce. Je fus fâché
qu'une Dame que j'avois dessein d'aimer,
& qui me sembloit aimable , eût déja le
cœur touché ; mais , ce qui me fâcha le
plus , c'est de voir qu'elle eût de l'engagement pour un homme qui m'en paroissoit
tout-à-fait indigne ; car , en effet , celui
dont je parle n'avoit nul mérite.

J'écoutai tout ce qu'il me dit avec une
émotion qui me fit connoître que j'aimois
déja cette femme plus que je ne pensois.
J'eus du dépit & de la jalousie ; mais je dissimulai tous ces sentimens , pour ne marquer que de la curiosité. Je lui dis qu'il me
feroit plaisir de me montrer de ses lettres ,
& il me le promit. Un jour ou deux se pas-
sérent sans qu'il me tînt parole ; & enfin le
faisant toujours souvenir de sa promesse, il
me fit voir cinq ou six lettres sans nom ,
mais fort emportées, & il m'assûra qu'elles
étoient de la personne qui m'avoit parlé.

Je ne doutai pas , en les voyant , que
cette femme ne fût une coquette achevée.

Les lettres me parurent même fi peu fpiri-
tuelles, que je réfolus de n'y plus penfer,
& de la laiffer pour ce qu'elle valoit. Cependant, une affaire m'ayant obligé d'aller
chercher fon mari, je retournai chez elle:
j'appris qu'il étoit à la campagne; & la même perfonne qui me fit cette réponfe, me
dit à l'oreille que fa femme avoit à me parler. Je balançai fi je la verrois; enfin, la
curiofité l'emporta, & je montai dans fon
appartement, bien réfolu de ne lui rien cacher de ce que je favois de fon intrigue.

Elle m'affûra que rien n'étoit plus faux
que tout ce qu'on m'avoit dit; qu'elle ne
connoiffoit aucun François, & qu'elle n'a-
voit jamais écrit de lettres qui puffent être
entre les mains de perfonne. Voyant l'affûrance avec laquelle elle me parloit, je
commençai à me défier de mon Gafcon;
& je crus qu'il pourroit bien avoir com-
pofé à fa fantaifie les lettres qu'il m'avoit
montrées, auffi-bien que le refte de l'a-
vanture.

Je dis donc à cette Dame que je lui ferois voir à elle-même les lettres qu'il lui
attribuoit. Elle me témoigna un defir extrême de les voir, & je la quittai avec un
amour qui n'étoit retenu que par ce qu'il
me reftoit de foupçon de fa prétendue intrigue.

Je ne dis point au Gafcon que j'avois

revû la Dame ; mais, faisant semblant d'a-
voir trouvé les lettres qu'il m'avoit montrées fort à mon gré, je le priai de m'en
faire voir encore quelques-unes ; & aussi-
tôt il m'en tira une de sa poche, qu'il me
dit qu'il venoit de recevoir.

Je la lus & je la gardai : le Gascon ne se
mit pas trop en peine de la ravoir. Je la
portai aussi-tôt à la Dame, que je trouvai
toute prête de m'en envoyer une, qu'elle
m'écrivoit, disoit-elle, pour mieux me
marquer, en me faisant voir son caractére,
qu'elle n'avoit aucune part aux lettres de
mon Gascon.

Ce que j'avois conjecturé se trouva véritable. Ces lettres étoient toutes suppo-
sées ; & le Gascon les avoit écrites lui-
même, ou pour m'embarrasser, ou pour
se donner la mauvaise gloire d'une agréable intrigue : il ne connoissoit même pas
la Dame avec laquelle il se disoit si heureux ; & tout ce qu'il m'avoit conté étoit
imaginaire.

J'en fus convaincu ; & rien ne m'empêcha de prendre un parfait engagement avec
cette femme, qu'une bizarrerie inconcevable de son esprit, & dont je ne croyois
pas encore que les femmes pussent être
capables. Elle devoit naturellement avoir
du mépris & de la haine pour un homme
qui avoit été capable de lui donner, & des

lettres, & une avanture abfolument fauffe, & qui ne lui faifoit aucun honneur. Mais de quoi le cœur d'une femme n'eft-il point fufceptible ! Les menteries & les fictions du Gafcon firent fur celle-ci un effet tout contraire à celui qu'elle devoit faire ; elle eut envie de le connoître. D'abord elle me dit que c'étoit pour fe venger de ce qu'il m'avoit voulu faire croire d'elle ; mais je vis bien que cet homme avoit, fans y penfer, trouvé le moyen d'engager la Dame ; & en effet, dès qu'elle le vit, ils furent amis, & on me compta pour rien.

Qui pourroit dire par quels refforts fe remue le cœur des femmes, en voyant que celle-ci fut prife par la chofe même qui auroit dû la mieux défendre ? Pour moi, plus je fais réflexion à cette avanture, plus je me trouve embarraffé à expliquer par où le Gafcon avoit pû venir à bout de lui plaire ; & tout ce qu'il me femble qu'on en peut dire, c'eft qu'elle jugea qu'il avoit cru qu'elle valoit la peine d'être aimée, puifqu'il s'étoit donné le foin d'imaginer cette intrigue. Peut-être même trouva-t'elle dans les Lettres fuppofées, qu'on avoit affez attrapé le caractére de fon cœur, & qu'elle eut envie d'être aimée d'un homme qui avoit deviné fi jufte.

Quoiqu'il en foit, ils furent amis, & le Gafcon auroit pû depuis me montrer autant de Lettres véritables, qu'il m'en avoit fait voir de fuppofées ; mais il devint difcret, dès qu'il fut fincérement amoureux. Je lui aurois fans doute difputé davantage une conquête qu'il avoit fi peu méritée, fi dans le temps même que je m'apperçûs que la Dame l'écoutoit, je n'avois voulu me faire aimer d'une autre perfonne, qui me parut une conquête plus digne de moi.

J'avois trouvé Monfieur de Guife à Madrid, qui, quoiqu'il n'eût pas encore la liberté de retourner en France, jouilloit de celle de voir fes amis. On voit bien que je ne manquai pas de lui rendre compte de mon avanture de Naples, & de lui dire tout ce que j'avois vû de la maîtreffe pour laquelle il m'avoit donné la fatale commiffion qui m'avoit coûté la liberté. Je lui dis tout, excepté l'intrigue que j'avois eûe avec elle ; mais je ne déguifai rien de fes infidélités pour tout le refte.

Monfieur de Guife, qui avoit déja appris par mes lettres une partie de ce que je lui difois, me dit qu'il vouloit me confoler de cette malheureufe commiffion, en me faifant connoître à une Dame Efpagnole, qui lui avoit paru avoir du penchant pour moi, & dont le rang & la fortune fatisferoient ma vanité, fi j'étois homme à être pris par-là. Je n'étois pas plus vain qu'un autre ; mais j'avoue que ce que Monfieur de Guife me dit de la qualité & du rang de la Dame, à laquelle il fuppofoit que j'avois plû, me donna plus d'envie de la connoître, que ce qu'il me difoit de fa beauté, dont il ne manqua pas de me faire un portrait avantageux.

Je lui témoignai donc fans déguifement la difpofition où j'étois de ne pas refufer cette avanture, & nous prîmes jour enfemble pour aller à un rendez-vous, où il me promettoit de me donner l'occafion de lui parler & de la voir. Il me mena deux jours après dans une maifon, où je vis bien qu'il avoit tout pouvoir, par la facilité avec laquelle on nous laiffa entrer. Il étoit environ cinq heures du foir, & le jour étoit encore affez grand, pour me faire voir que les meubles de cette maifon étoient magnifiques. Cette magnificence me confirma l'idée qu'il m'avoit donné de la qualité & des richeffes de la Dame, & redoubla terriblement l'amour que je commençois à avoir pour elle.

Monfieur de Guife me laiffa feul dans un cabinet, jufques bien avant dans la nuit, me difant qu'il alloit préparer la Dame à ma vifite. Je m'imaginois bien que cette Dame devoit être une maîtreffe de ce Prince, & j'avois fujet de croire qu'il ne me l'avoit propofée, que parce qu'il commençoit à s'en dégoûter; mais telle eft la foi-

blesse de la vanité humaine , que les réflexions faisoient peu d'impression , tant j'a-
vois envie de compter une Dame si puis-
sante & si riche au nombre de mes conquêtes.

Mais quelle fut ma surprise , quand je
vis que c'étoit la même Dame Napolitaine,
dont j'avois tant sujet d'être mécontent!
Monsieur de Guise me la présenta , & me
dit en riant, qu'elle venoit réparer la faute
qu'elle avoit faite, quand elle m'avoit abandonnée à Naples. Je fus étonné , si je l'ai
jamais été de ma vie, & ma premiere pensée fut une pensée de colere & de vengeance ; mais enfin , ce n'étoit pas le lieu de la
laisser échapper , & voyant Monsieur de
Guise & cette Dame rire de tout leur cœur ,
je me mis à rire aussi.

Je reconnus bien-tôt que Monsieur de
Guise m'avoit trompé , quand il m'avoit
dit que cette Dame vouloit avoir une intrigue avec moi , puisqu'il étoit mieux que
jamais avec elle. Tout ce qu'il avoit pensé,
n'avoit été que de me la faire voir , ou pour
se réjouir de ma surprise , ou pour m'en
donner meilleure opinion, en me récon-
ciliant avec elle. Je ne pus m'empêcher
d'avoir un secret dépit contre la malice du
Duc ; & pour me venger de lui , je pris la
résolution de me faire encore aimer de
cette Dame.

Jamais réfolution ne fut ni plus imprudente , ni plus lâche ; car enfin, c'étoit
une honte à moi d'aimer encore une perfonne fi digne de mépris , & il y avoit de
l'imprudence à vouloir enlever au Duc de
Guife une maîtreffe qui avoit quitté fon
pays pour lui , & qui n'étoit venu en Efpagne que pour le chercher ; mais je paffai
par - deffus cette lâcheté & cette imprudence , & je trouvai le moyen , avant que
de quitter cette Dame, de lui dire à l'oreille,
fans que le Duc s'en apperçût, que je l'aimois plus que jamais , & que je mourrois,
fi elle ne répondoit à mon amour. Elle me
ferra la main , en entendant ces paroles ;
& ce figne me fit tout attendre d'elle. Dès
le lendemain , elle m'envoya chercher, &
fa vûe me fit faire de bonne foi , ce que
je n'avois entrepris que pour me venger
du Duc.

Elle commença par me demander mille
pardons du traitement qu'elle m'avoit fait à
Naples , alléguant pour excufe la crainte
qu'elle avoit eûe de fe rendre fufpecte , fi
elle eût pris le parti d'un François. Elle
me dit tant de chofes , & elle les accompagna de tant de larmes , que quoique fes
excufes fuffent très-mauvaifes , je les reçus
comme fi elles euffent été les meilleures
du monde , & je lui promis de ne me plus
fouvenir du paffé. Nous tombâmes enfuite

fur

sur le Duc de Guise, dont elle me fit de grandes plaintes, disant que quoiqu'elle fût venue exprès à Madrid pour le voir, & qu'elle lui eût fourni des sommes considérables, il n'en étoit pas plus attaché à elle, & qu'il s'amusoit à être le rival du Roi d'Espagne, en faisant l'amour à une Dame qui étoit aimée de ce Prince.

Il est aisé de penser que je ne pris pas le parti du Duc ; aussi fus-je le premier à exhorter celle à qui je parlois de rompre avec lui & de l'oublier. Elle me dit qu'elle vouloit garder des mesures jusqu'au bout ; & que le Duc étant sur son départ pour retourner en France, elle ne vouloit point se brouiller avec lui, mais qu'elle le traiteroit de maniére, que je n'aurois pas sujet d'en être jaloux.

Je me laissai éblouir par toutes les choses qu'elle voulut bien me dire, & je sortis aussi amoureux d'elle, que si elle eût été une Vestale. Cependant, elle me trompoit encore, lorsqu'elle faisoit semblant d'être mal satisfaite du Duc de Guise, & on va voir si elle avoit lieu de lui savoir mauvais gré d'être le rival du Roi.

J'étois informé que le Roi d'Espagne étoit un Prince qui ne gardoit pas trop de mesures du côté de la galanterie, & on ne racontoit rien plus souvent à Madrid, que les diverses intrigues qu'il avoit eûes, &

qu'il avoit encore. On m'avoit auſſi appris
que tout le monde diſoit qu'il étoit alors
amoureux d'une etrangére qu'il voyoit chez
le Comte . . . . . & que c'étoit même cette
étrangére qui avoit agi auprès du Roi pour
la liberté du Duc de Guiſe. Ce Duc m'en
avoit quelquefois parlé ſans la nommer ;
mais comme le Roi avoit pluſieurs maîtreſſes, je ne m'étois pas trop mis en peine
de connoître celle-ci.

Le Gaſcon avec qui j'étois logé, étoit
beaucoup plus curieux & plus intriguant
que moi. Il avoit accès chez celui où le
Roi avoit coutume de voir ſa maîtreſſe, &
il me dit que ſi je voulois, il me feroit voir
ce Prince un jour qu'il viendroit la voir. Je
me laiſſai entraîner à cette curioſité, &
m'étant rendu avec mon Gaſcon chez le
Comte . . . . nous nous cachâmes dans un
eſcalier obſcur qui donnoit ſur un paſſage,
par où l'on faiſoit entrer le Roi. Ce Prince
n'étoit accompagné que de deux Courti-
ſans, & il venoit toujours en habit déguiſé.
Je le vis donc, & ſi je n'avois été prévenu
que c'étoit lui, j'aurois eu de la peine à le
reconnoître ſous ſon déguiſement, tant il
étoit différent de ſon habit ordinaire. C'étoit
une eſpéce de Cape ſemblable à celles que
les Profeſſeurs en Droit portent en Eſpagne. Il fut ce jour-là peu de temps chez le
Comte . . . . & nous le vîmes reſſortir envi-

ron une demi-heure après. Dès qu'il fut parti, nous fortimes auffi de l'endroit obf-cur où nous étions, & ayant voulu defcen-dre l'efcalier, on nous cria de faire place. J'apperçus au haut de l'efcalier une Dame qui vouloit defcendre, & mon Gafcon me dit que c'étoit la maîtreffe du Roi. Je me collai contre la muraille pour lui laiffer le paffage libre. Elle avoit le vifage couvert d'un long voile qui m'empêcha de la voir; mais venant à paffer auprès de moi, je fen-tis qu'elle me pinçoit & qu'elle s'appro-choit de mon oreille, comme fi elle eût voulu me dire quelque chofe; & en effet, j'entendis qu'elle me dit ces mots en Ita-lien : Seigneur Comte, ce n'eft pas ici le lieu où je veux vous voir. Comme elle defcendoit fort vîte, je ne pûs repartir, & je demeurai avec tout l'étonnement qu'on juge bien que cette avanture pouvoit me donner.

Je ne doutai pas que cette femme ne voulût avoir une intrigue avec moi, & je fentis ma vanité bien flattée de voir qu'une Dame aimée d'un Roi, m'avoit fait de pa-reilles avances. Je ne m'appliquai donc plus qu'à trouver les moyens de la voir, & de favoir qui elle étoit. Je crus que per-fonne ne pourroit mieux m'en inftruire que ma Napolitaine, puifqu'elle m'en avoit

T ij

parlé, quand elle s'étoit plainte que le Duc de Guife étoit le rival du Roi.

J'allai chez elle le plûtôt que je pûs, & l'ayant mife fur les amours du Roi, je lui demandai qui étoit celle de fes maîtreffes que le Duc de Guife aimoït. Elle fourit à cette queftion, & elle me demanda pour quelle raifon je la lui faifois. Je lui répondis que c'étoit par une fimple curiofité. Elle me demanda encore plufieurs fois fi je n'avois point d'autre raifon ; & comme je lui faifois toujours la même réponfe : Vous n'étes pas fincére, me dit-elle ; je fai plus de vos nouvelles que vous ne penfez. Celle que vous avez tant d'envie de connoître, eft ma meilleure amie. Je fai qu'elle vous aime & qu'elle vous a parlé ; mais fi vous étes fage, vous la laifferez-là ; & d'ailleurs, je ne crois pas que dans le temps que nous fommes enfemble comme nous fommes, vous voulufliez me faire l'infidélité d'embarquer une affaire avec une autre.

Je voulus nier d'abord que cette femme m'eût parlé, mais je vis que la Napolitaine étoit inftruite, puifqu'elle me répeta jufqu'aux termes dont elle s'étoit fervie. J'avouai donc la vérité, mais je promis de m'en tenir-là, & de ne faire nulle perquifition pour découvrir qui étoit la Dame, ni pour avoir les moyens de la voir.

Le Duc de Guife m'en parla , & il me fit connoître qu'il n'étoit pas moins inftruit que la Napolitaine ; mais au lieu de me détourner comme elle de m'attacher à cette femme , il m'y exhorta , & il me dit que je ne pouvois mieux faire que de fuivre fon exemple ; qu'il devoit bien-tôt retourner en France , & qu'il me laifferoit le champ libre.

Je n'étois que trop difpofé à faire ce que le Duc vouloit que je fiffe , & je ne pouvois m'ôter de l'efprit la gloire que je me figurois à avoir été ainfi prévenu. Cependant , voulant diffimuler avec lui , je pris en riant tout ce qu'il me dit , & je ne lui témoignai aucune envie de connoître cette femme. Je n'épargnai pourtant rien pour en venir à bout ; mais , foit que je n'ofaffe m'expliquer ouvertement , foit que ceux à qui je m'adreffois ne fuffent pas mieux inf-truits que moi , je fus encore long-temps fans favoir qui elle étoit. Le Duc de Guife auroit pû me l'apprendre , fi j'avois voulu l'interroger ; mais je me défiois de lui , ne doutant point que dès qu'il me verroit amoureux de la maîtreffe du Roi , il n'allât tout dire à la Napolitaine , avec laquelle je voulois garder des mefures.

Je reftai donc dans mon ignorance , me faifant les plus belles idées du monde de cette nouvelle maîtreffe, & me privant, par

ces idées chimériques, de la douceur réelle
que j'aurois pû goûter chez la Napolitaine,
que je commençois à trouver insupportable, depuis que j'aimois, sans savoir qui.

Je n'ai jamais mieux connu qu'en cette
occasion, combien l'amour est une passion
bizarre ; car enfin, quoique je n'eusse jamais vû cette femme , & que je ne m'en
représentasse qu'une image en l'air, j'en
étois pourtant plus occupé que je ne l'avois
été d'aucune maîtresse. Il semble même que
ma passion étoit d'autant plus violente, que
j'avois une idée moins distincte de l'objet
qui la causoit ; au lieu qu'en aimant une
femme qu'on a vûe , l'amour se régle sur
l'image qu'on en conserve, c'étoit ici tout
le contraire. Je réglois l'image de ma maîtresse sur l'amour que j'avois pour elle , &
c'est là ce qui me la faisoit croire beaucoup
plus charmante, que si je l'eusse vûe.

Je connus alors par mon expérience ,
qu'il y a plus de vraisemblance qu'on ne
croit au caractére de ces Héros roma-
nesques , qu'on nous représente courir le
monde pour l'amour d'une Dame invisi-
ble , car je n'étois guére différent de ces
merveilleux Paladins , & ma Dame invi-
sible m'occupoit uniquement.

L'avanture fut même conduite de maniére à renouveller en ma personne tout le
merveilleux du Roman ; car je reçus des

lettres de la Dame, qui étoient très-tendres
& très-paſſionnées, par leſquelles elle me
promettoit de ne me pas laiſſer long-temps
dans mon ignorance & dans mon inquiétude, pourvû que je lui fuſſe fidéle, & que
je ne parlaſſe jamais des avances qu'elle
me faiſoit.

Je n'avois pas peu de peine à lui garder
le ſecret ; car toutes les fois que j'avois
reçu de ſes Lettres, la Napolitaine m'en
parloit, & paroiſſoit toujours très-inſtruite
de ce qu'on m'avoit mandé. Je fus mené
de la ſorte pendant trois mois, au bout deſ-
quels je reçus un matin un billet, par lequel on me promettoit que ce même jour
la Dame ſe feroit connoître à moi, & qu'elle
ſe rendroit pour cela chez la Napolitaine.

Quelque chagrin que j'euſſe qu'on eût
choiſi cette maiſon pour le rendez-vous,
j'avois une ſi furieuſe envie de connoître
ma maîtreſſe, que paſſant par-deſſus toutes
ſortes de difficultés, je ne manquai point
à m'y trouver à l'heure marquée. Là, je
reconnus que la Napolitaine & la maîtreſſe
du Roi qui m'avoit parlé & qui m'avoit
écrit, étoient la même perſonne qui avoit
voulu ſe donner ce divertiſſement, voyant
la facilité avec laquelle je m'étois laiſſé ſur-
prendre par ſes avances.

Je ſûs donc que cette Dame ayant quitté
Naples, pour ſuivre le Duc de Guiſe en

T iiij

Efpagne, avoit à peine paru à Madrid, que le Roi en étoit devenu amoureux ; que le Duc de Guife , qui n'avoit à cet égard aucune délicateffe , avoit aidé lui-même à la faire voir au Roi , & qu'à la faveur du fervice qu'il avoit en cela rendu à Sa Majefté, il avoit ménagé l'affaire de fa délivrance , & étoit refté en poffeffion d'être le rival du Roi , fans que ce Prince , ou le foupçonnât , ou en eût de la jaloufie.

Lorfque toutes ces chofes m'eurent été expliquées , je voulus faire femblant de n'en avoir pas été la dupe , & j'affûrai fort qu'il y avoit long-temps que j'étois inftruit du tour que l'on me jouoit. Mais , quand même la Napolitaine auroit été capable de croire , par mes difcours , que j'avois deviné fa malice , elle n'en auroit rien crû , par la manière dont elle vit que je m'attachaï à elle depuis que j'eus reconnu la vérité , car j'en fus plus paffionné que jamais ; au lieu que je l'avois négligée , tant que j'avois eu dans l'efprit celle qui m'avoit parlé fur le degré.

Il eft vrai que cette femme me parut avoir des charmes nouveaux , quand je me repréfentai que c'étoit celle dont je m'étois fait une fi charmante idée. Il femble que j'ajoûtai à ce qu'elle avoit de beauté , tous les attraits que j'avois attribués à la Dame invifible ; & c'eft ce qui doit marquer que

l'amour a toujours befoin de l'imagination,
& qu'il n'eft jamais plus violent, que quand
il eft excité par d'agréables images ; mais,
en même temps, on doit reconnoître la
foibleffe & l'illufion du cœur, qui, dans
cette paffion, donne prefque tout à l'idée.

Quoi qu'il en foit, je recommençai à
aimer la Napolitaine, comme fi elle eût
été une autre perfonne, & l'amour que j'eus
pour elle me parut tout nouveau. Comme
le Duc de Guife partit prefqu'auffi-tôt, je
me trouvai après fon départ, encore plus
en liberté de me donner tout entier à cet
amour, & j'en fis mon occupation pendant
plus de fix mois. Je fus furpris de la maniére dont le Duc fe fépara d'elle ; & je vis
bien que lui & fa maîtreffe étoient à-peu-
près du même caractére. La joie de retourner en France, le rendit infenfible au dé-
plaifir de quitter une femme qui avoit tant
fait de chofes pour lui ; & cette femme,
de fon côté, fut peu touchée de fon départ,
par la gloire d'être maîtreffe du Roi, &
par la commodité de trouver en ma perfonne un amant capable de tenir auprès
d'elle la place du Duc. Ce qu'il y eut de
plus furprenant dans leur procédé, c'eft
qu'ils fe préparérent de concert à la facilité
de fe quitter, & que le Duc lui dit de bonne foi, qu'étant obligé de fe féparer d'elle,
il vouloit lui donner quelqu'un qui la con-

folât de fon abfence , & qu'il ne pouvoit choifir perfonne qui lui convînt mieux que moi ; c'eft-à-dire , qu'ils traitérent cette féparation avec un fang-froid dont je n'aurois jamais cru que des perfonnes qui s'aimoient fuffent capables. Heureux quand on eft de ce caractére , & combien de fois ai-je eu lieu de fouhaiter d'en être ! Car tout mon malheur a toujours été d'aimer avec trop de conftance & de tendreffe. J'étois né pour un autre fiécle que celui-ci ; & j'aurois été plus heureux & plus fage dans les temps où il y avoit encore de la bonne foi en amour.

La Napolitaine me parut fi bien une maîtreffe nouvelle , que j'oubliai jufqu'à fon caractére , & que je me mis à lui faire l'amour comme fi tout ce qui m'étoit arrivé à Naples eût été un fonge. Quand j'examine la caufe de cet aveuglement , je ne puis l'attribuer qu'à ma vanité ; car j'avoue qu'elle étoit flattée par la maniere dont cette Dame étoit revenue à moi : fi j'en euffe jugé favorablement , je n'aurois dû attribuer ce retour qu'à la même légereté qui l'avoit autrefois fait changer pour moi; mais il étoit dit que je ferois aveugle , & toujours dupe de cette femme.

Une autre caufe encore de mon aveuglement , fut la grande oifiveté où je me trouvois à Madrid , & la difficulté d'y voir

d'autres femmes. J'avois befoin d'occupation, & je craignois de me faire des affaires. Tout cela me livra à la perfonne dont
je parle, & je ne pouvois en choifir une
moins propre à me procurer le repos que
j'envifageois. Il eft vrai qu'elle fut occuper mon oifiveté, mais ce ne fut que par
le grand nombre d'affaires qu'elle me fit.

A peine le Duc de Guife fut parti, qu'elle
s'avifa de le regretter, & de dire qu'elle
vouloit le fuivre en France. Tant que cette
fantaifie lui dura, je n'en reçus que des
chagrins, & elle difoit que j'étois caufe de
ce que ce Prince avoit pû fe réfoudre à la
quitter, & de ce qu'elle-même avoit confenti à fon départ.

Quand je vis qu'elle s'avifoit de me faire
ces incartades, je m'avifai auffi de lui en
faire de mon côté. Je lui reprochai l'intrigue qu'elle avoit avec le Roi, & je lui dis
que ma délicateffe ne pouvoit s'accommoder de ce partage; c'eft-à-dire, que nous
ne fifmes plus que nous quereller; & cela
dura plus de trois femaines. Enfin elle re-
devint de meilleure humeur, & ne me parla
plus du Duc de Guife : je lui fis auffi quartier fur le Roi d'Efpagne, & nous fûmes
bons amis.

Mais cette paix ne dura guére. Je la
trouvai un foir comme une furie; &, lui
ayant demandé la caufe de fa colere, elle

me témoigna une jalousie extrême contre
une de ses rivales ; car, comme je l'ai dit,
le Roi d'Espagne avoit encore d'autres
maîtresses qu'elle.

Je fus d'autant plus surpris de la voir
dans cet emportement, que je l'avois jusques-là toujours trouvée très-patiente sur
les autres femmes que le Roi aimoit. Je lui
demandai quelle mouche l'avoit piquée,
& elle me dit qu'elle n'avoit aucun nouveau sujet de haïr cette rivale ; mais qu'elle
avoit fait des réflexions qui l'avoient persuadée qu'il lui étoit honteux de n'être pas
aimée seule.

Quoique cette délicatesse me parût venir bien tard, je voulus pourtant m'en servir, pour lui persuader de ne plus avoir
d'intrigue avec le Roi. Je lui représentai
qu'elle avoit assez de bien pour n'avoir pas
cette complaisance pour un Prince qu'elle
n'aimoit pas, & qui ne devoit lui plaire
que par la pension qu'il lui faisoit.

Elle ne s'accommoda point du tout de
ce conseil, & elle me dit au contraire,
qu'elle vouloit se servir plus que jamais du
pouvoir qu'elle avoit auprès du Roi, pour
le dégoûter de toutes ses autres maîtresses,
& demeurer seule en possession de son
cœur.

Je lui représentai encore, que rien ne
lui étoit plus impossible que de fixer ce

Prince , qui tous les jours ajoutoit une maîtresse nouvelle à celles qu'il avoit déja. Elle persista à me soutenir qu'elle en viendroit à bout , & qu'il falloit même que je l'aidasse , parce que personne ne le pouvoit mieux que moi.

Je voulus savoir comment je pouvois la servir à débusquer ses rivales. C'est , dit-elle , qu'il faut que vous fassiez semblant d'être amoureux de celle dont j'ai plus lieu de me plaindre : le Roi ne manquera pas d'être jaloux quand il saura que vous l'aimez ; j'aurai soin de l'en instruire, & je tournerai si bien les choses , que tout le chagrin du Roi ne tombera que sur ma rivale.

Je lui dis qu'elle étoit folle, de vouloir m'engager à une chose qui sûrement me feroit bien plus funeste qu'à celle qu'elle vouloit détruire. Elle me répondit en colere , que si je ne le faisois , elle avertiroit le Roi du commerce que nous avions ensemble , & que dès qu'elle lui en diroit un mot , je serois perdu.

Je trouvois toutes les propositions de cette femme si extravagantes & si folles , que j'eus peine à croire qu'elle parlât sérieusement ; mais elle soutint toujours ce qu'elle avoit avancé, & je vis bien que cela n'étoit que trop sérieux. Dans les extrémités dont j'étois menacé , j'aimai mieux prendre le parti de faire semblant d'aimer fa rivale, parce que cela me paroiſſoit plus long, & que j'eſpérai que ſa fantaiſie changeroit, au lieu qu'en la refuſant, j'avois lieu de craindre qu'elle ne me jouât inceſſamment quelque tour auprès du Roi.

Je lui dis donc que je la priois de me faire connoître par où elle croyoit que je devois m'y prendre pour faire l'amoureux de cette fille : elle me dit que cela ne me feroit pas mal-aiſé, puiſqu'elle me la feroit voir ; que, quoiqu'elle fût ſa rivale, & qu'elle eût envie de la perdre, elle ne laiſſoit pas de faire ſemblant d'être de ſes amies, & qu'elle la voyoit ſouvent.

Nous convînmes donc qu'elle la prieroit un jour de venir chez elle, & que je m'y trouverois. La choſe s'exécuta comme nous l'avions projettée, excepté que je ne fis point ſemblant d'être amoureux, parce que j'aimai bien-tôt de tout mon cœur.

Cette perſonne étoit une Catalane de dix-huit à vingt ans, que je nommerai Eleonor : elle avoit l'humeur du monde la plus douce & la moins artificieuſe ; elle n'étoit pas de qualité, & elle avoit été amenée à Madrid dans le temps de la révolte des Catalans contre l'Eſpagne, par la femme du Gouverneur qui fut égorgé dans cette fameuſe révolution. Cette Dame l'avoit fait connoître à la Cour, & le Roi l'aimoit paſſionnément, ſans en pouvoir rien obtenir. Il n'y avoit que ce Prince qui connût sa sagesse, parce que tout le monde étoit persuadé qu'il n'y avoit point de fille qui pût rien refuser à un Roi.

Comme elle étoit la plus belle des maîtresses de ce Prince, c'étoit celle qui donnoit plus de jalousie à la Napolitaine; & cette femme reprochant un jour au Roi l'attachement qu'il avoit pour elle, il lui avoua qu'elle lui avoit toujours résisté, & qu'il n'espéroit plus en rien obtenir, parce qu'il commençoit à se lasser de ses refus.

Cet aveu du Roi, fut ce qui mit la Napolitaine de mauvaise humeur contre cette rivale. Elle fut au désespoir qu'une fille si sage fût si aimée; &, craignant que sa sagesse ne lui donnât la préférence dans l'estime de ce Prince, elle résolut de la détruire, en faisant croire au Roi qu'elle n'étoit sage que pour lui; car c'est le génie ordinaire des femmes qui ont quelque chose à se reprocher dans leur conduite, de haïr & de décrier celles dont l'exemple les condamne. Je ne savois point que ce fût par ce motif que la Napolitaine vouloit que j'en parusse amoureux, & je ne l'appris que long-temps après.

Je fus touché de sa beauté dès que je la vis, & j'étois si rebuté de tous les travers de la Napolitaine, que mon cœur qui n'étoit point content avec elle, saisit avec ardeur la premiere occafion d'en aimer une autre. Celle-ci me parut digne de mon amour ; &, comme nous étions convenus que je me déclarerois fon amant, je ne tardai pas à lui faire cette déclaration. Elle me répondit en termes généraux, & enfin elle m'affura que fi la paffion que je lui marquois étoit fincere, elle ne me donneroit pas lieu de m'en repentir.

Nous prîmes jour au lendemain pour nous revoir ; & la Napolitaine qui croyoit que tout ce que je faifois étoit une feinte, & qui étoit bien-aife que fa rivale s'engageât de plus en plus avec moi, nous laiffa feuls dès qu'elle fut arrivée.

Cette fille voyant qu'elle pouvoit me parler fans témoins, m'ouvrit fon cœur ; &, après m'avoir affûré qu'elle n'avoit jamais rien accordé au Roi, elle me dit qu'elle auroit la même conduite pour quelque homme que ce fût, & qu'elle ne s'attacheroit jamais qu'à celui qui l'eftimeroit affez pour l'époufer.

Ces fentimens ne firent qu'augmenter l'amour que j'avois eu pour elle, dès la premiere fois que je l'avois vûe. Je lui dis que j'aurois fouhaité être un parti digne d'elle, mais que j'étois obligé de lui avouer que j'avois peu de bien en France ; que celui que j'avois en Pologne appartenoit à mes enfans, & qu'en un mot ce feroit la

tromper,

tromper, que de lui promettre que je l'é-
pouferois.

Elle me répondit qu'elle ne cherchoit
point de grandes richeffes, & que pourvû
qu'elle trouvât un mari qui pût lui donner
fon néceffaire fans s'incommoder, elle feroit contente. Je lui répliquai qu'elle devoit avoir de plus hautes prétentions, &
que tout ce que je pouvois faire pour fon
fervice, c'étoit de lui donner mes confeils
pour embarquer quelque affaire qui lui fût
avantageufe. Elle me dit que ce n'avoit été
qu'en cette vûe qu'elle avoit fouffert l'a-
mour du Roi ; qu'elle favoit bien que fa
réputation en fouffroit, mais qu'enfin ayant
befoin de fupport, elle croyoit que Dieu
ne l'abandonneroit pas tant qu'elle n'auroit rien à fe reprocher.

Ces fentimens me rappellérent le fouvenir de ma pauvre Carmélite ; & je trouvai celle qui me parloit, fi femblable à
elle, qu'en ce moment je repaffai fur les
aventures de ma vie aufquelles elle avoit
eu part ; & cette penfée me fit venir les larmes aux yeux.

Eléonor fut fort furprife de me voir
pleurer ; je lui dis que c'étoit l'effet de l'eftime que j'avois pour elle, & du défefpoir
où je me trouvois de ne pouvoir répondre
comme j'aurois voulu, à des fentimens
auffi nobles & auffi vertueux que les fiens.

Ce difcours lui fit plaifir, & je vis bien
qu'elle en avoit pour moi plus d'eftime &
plus de confiance. Elle me dit que puifque
je voulois bien lui donner mes confeils,
elle ne les acceptoit qu'en cas qu'ils lui fer-
viffent à obliger le Roi d'Efpagne à lui faire
affez de bien pour m'époufer fans m'être à
charge ; car, ajouta-t-elle, je vous avouerai franchement que j'aurois beaucoup plus
de goût pour vous que pour tout autre.
J'aime la France ; & je croirois mon bonheur extrême, fi je pouvois y paffer ma
vie avec vous.

Quelque charmé que je fuffe de ces paroles, je ne laiffai pas de lui dire toujours
que je ne voyois guére d'apparence à notre
mariage, & je lui répetai fi fouvent qu'il
n'y falloit pas penfer, qu'elle s'en fâcha un
peu contre moi. Ne croyez pas, me dit-
elle, que fi j'infifte à vouloir vous époufer, ce foit manque de trouver d'autres
partis ; car je vous dirai qu'il y en a un qui
fe préfente, dont tout autre que moi feroit
éblouie. Elle me conta alors que le fils du
Duc d'..... étoit fort amoureux d'elle, &
que fi elle eût voulu y donner les mains, il
l'auroit déja enlevée ; mais qu'elle s'étoit
toujours oppofée à fes deffeins, de peur
de lui faire des affaires avec le Roi.

Je me trouvai alors fort embarraffé, &
je connus bien que je l'aimois véritable-

ment, par le chagrin que me donna l'amour
dont elle me parloit ; mais enfin, voyant
que je ne la pouvois époufer, j'eus affez
de force pour lui dire qu'elle ne devoit pas
négliger ce parti, qu'il falloit qu'elle mé-
nageât le fils du Duc.... & que je l'aide-
rois à lui faciliter les moyens de devenir
fa femme.

Ce fut-là à peu près que fe termina la
converfation de cette premiere vifite. La
Napolitaine me demanda fort où j'en étois,
& je lui répondis qu'il n'y avoit rien à faire,
& que cette fille étoit incapable d'aucun
attachement. Cela ne fit qu'augmenter le
defir qu'elle avoit de la perdre ; & dès la
premiere fois qu'elle vit le Roi, elle lui
dit que cette fille fi fiére pour lui, avoit
une intrigue avec moi, & que je m'étois
vanté de fes bonnes graces.

Le Roi qui l'eftimoit, lui dit tout ce
que la Napolitaine lui avoit appris, & cette pauvre fille croyant qu'il étoit vrai que
je m'étois vanté, comme on difoit, d'être
bien avec elle, jura au Roi que cela étoit
faux, & elle lui demanda vengeance de
cette calomnie.

Elle ne fe contenta pas de ce que le Roi
lui promit ; elle fufcita auffi contre moi le
fils du Duc d.... qui lui donna fa parole
qu'il me feroit dédire, ou qu'il m'ôteroit
la vie. Je n'avois garde de me défier du

tour qu'on me jouoit, & je n'étois rempli
que d'eſtime & d'admiration pour cette
fille, pendant qu'elle juroit ma perte.

J'étois donc fort en repos, quand un ſoir
me retirant chez moi, je fus attaqué par ſix
hommes robuſtes, qui me prenant par les
jambes, me firent tomber, & m'ayant ôté
par-là le moyen de mettre l'épée à la main
& de me défendre, me liérent & me con-
duiſirent dans une maiſon, où la premiere
perſonne que je vis fut Eleonor.

Elle vint à moi avec un viſage furieux,
& elle me dit qu'il falloit que je lui rendiſſe
l'honneur que je lui avois ôté, ou que je
m'attendiſſe à être hâché en mille piéces.
Le fils du Duc d . . . . étoit avec elle, qui
me mettant le poignard ſous la gorge, ſembloit ne vouloir pas même attendre que je
parlaſſe, & crioit qu'il falloit me tuer.

Tout ce que je pus faire dans le péril où
je me voyois, fut de regarder Eleonor avec
des yeux qui imploroient ſon ſecours, car
je n'eus pas la force de prononcer un mot.
Je ne ſai ſi mes regards lui firent compaſſion; mais retenant le bras de celui qui faiſoit mine de me vouloir couper la gorge:
Parle donc, malheureux, me dit-elle, par
où ai-je mérité les calomnies que tu as
répandues contre moi?

La parole me revint à ce diſcours, &
jugeant bien qu'il falloit qu'on lui eût fait

entendre ce qui n'étoit pas , je commençai à craindre un peu moins ; & continuant
à la regarder tendrement : Moi , Madame,
lui dis-je , j'aurois dit de vous des chofes
injurieufes ? Vous ne pouvez pas le croire ;
& je ne fuis coupable , que parce que je
vous eftime peut-être trop , & que j'ai pris
trop de plaifir à publier les louanges que
vous méritez.

Je prononçai ces paroles d'un air fi plein
de bonne foi , que je vis bien qu'Eleonor
commençoit à revenir des préventions
qu'on lui avoit données. J'oubliai que j'é-
tois en préfence d'un homme qui la vouloit époufer , & je continuai à lui parler
avec tant de paffion , qu'en me juftifiant
dans l'efprit de la fille , je commençai à
me rendre coupable en celui de fon amant.
Il jugea bien qu'il falloit que je l'aimaffe ,
pour lui parler comme je faifois , & c'eft
pour cela que m'interrompant , il continuoit toujours à dire qu'il falloit m'ôter
la vie.

Eleonor lui répondit qu'il étoit bon de
m'entendre , & auffi-tôt elle m'apprit ce
que la Napolitaine avoit dit au Roi. Je
proteftai que c'étoit une invention de fa
malignité & de fa jaloufie ; & Eleonor
paroiffant tout-à-fait défabufée , me demanda fi je ne voudrois pas bien foutenir
devant le Roi ce que je difois. Je m'offris

à le foutenir, non-feulement en préfence
du Roi, mais auffi devant tout l'univers,
& je ne pûs m'empêcher d'accompagner
mes proteftations de termes tendres & paf-
fionnés, lui répetant que je l'adorois, que
je n'aimois qu'elle, & que je la priois
de prendre ma vie, fi ma mort lui étoit
agréable.

Tout cela me rendoit fufpect au fils du
Duc d..... qui regardant Eleonor avec
dépit : Hé quoi donc, Madame, lui dit-il,
fouffrez-vous qu'on vous parle de la forte,
& n'avez-vous fait conduire ici cet homme
que pour me donner le chagrin d'apprendre qu'il eft mon rival ? Hé ! Ne voyez-
vous pas bien, reprit-elle, qu'il ne fait ce
qu'il dit, que la crainte de la mort lui a
troublé la cervelle, & qu'il ne me parle
avec tant de paffion, que pour obtenir la
vie, qu'il craint qu'on ne lui ôte ?

Bien loin de voir à ce difcours que j'a-
vois fait une faute très-imprudente en témoignant mon amour en préfence d'un rival qui pouvoit m'ôter la vie, & qui me
tenoit toujours le poignard fous la gorge,
je ne fis attention qu'à l'injure qu'on me
faifoit, en m'accufant de craindre la mort.
J'oubliai donc entiérement le danger où
j'étois, pour ne témoigner que ma paffion.
Non, repris-je, ce n'eft point la mort que
je crains ; je fai ce que je dis ; & fi vous

voulez, dis-je, en parlant à mon rival, me faire délier, nous verrons qui de vous ou de moi a le plus à craindre.

A ces paroles, cet homme qui n'étoit pas brave, se rapprocha de moi pour m'enfoncer son poignard dans la gorge ; & je n'en évitai le coup, que parce qu'Eleonor lui retint le bras, & se mit entre lui & moi. L'Espagnol voyant que sa maîtresse prenoit ma défense, sortit en la menaçant, & emmena ceux qui m'avoient arrêté. Elle fit ce qu'elle put pour me retenir, mais inutilement, & elle resta seule avec moi, me déliant elle-même, & me blâmant fort d'avoir si mal-à-propos témoigné que je l'aimois.

Je la consolai comme je pûs, & je lui dis qu'il ne m'arriveroit jamais de parler de la sorte, mais qu'elle ne devoit attribuer mon imprudence qu'au chagrin dont j'avois été saisi, en voyant qu'elle m'avoit accusé de mal parler d'elle. Je lui promis de désabuser le Roi quand elle voudroit, & de la venger de la Napolitaine. Elle me dit que ce n'étoit plus de quoi il s'agissoit, & que je ne devois penser qu'à lui donner les moyens de persuader à mon rival que tout ce que j'avois dit, ne venoit que de ce que j'avois été peu maître de moi, dans le danger dont je m'étois vû menacé.

Je l'assurai que je ferois tout ce qu'elle

voudroit pour cela, & elle me dit qu'il falloit que je commençasse par ne la plus voir.
Quelque rigoureux que fût cet ordre, je
m'y soumis, l'assurant que je tiendrois ma
parole, à quelque prix que ce fût, & au
péril même de ma vie. Cependant, le fils
du Duc d . . . . sortit de si mauvaise humeur, & si irrité de ce qu'elle l'avoit empêché de me tuer, qu'il alla publier par
tout qu'elle m'aimoit, & qu'il avoit été
convaincu de tout ce qu'on disoit que je
m'étois vanté d'avoir obtenu d'elle.

Le Roi en entendit parler, & il ne douta plus, après ce témoignage, de tout ce
que la Napolitaine avoit voulu lui persuader de la mauvaise conduite de cette fille.
Ainsi, elle se vit décriée par tout, & je
me trouvai la cause innocente du tort que
cette médisance lui faisoit. J'en eus un chagrin mortel ; & malgré ma promesse que
je lui avois faite de ne la plus voir, je cherchai à lui parler, pour m'offrir à tout ce
qu'elle voudroit m'ordonner, ou pour la
venger de ses ennemis, ou pour lui faire
recouvrer sa réputation ; mais d'autres que
moi prirent soin de l'un & de l'autre.

Le Roi croyant avoir lieu d'être persuadé que cette fille avoit de l'inclination pour
moi, espéra que puisqu'elle n'avoit pû me
résister, car c'est ce qu'il pensoit, elle pourroit enfin se résoudre à avoir la même complaisance

plaifance pour lui. C'eft ainfi qu'à l'égard des cœurs qui ont peu de délicateffe , l'amour fe nourrit par ce qui devroit le détruire. Il redoubla donc fes foins & fes empreffemens pour elle avec tant d'éclat & d'affiduité, qu'on crut qu'il avoit oublié fes autres maîtreffes.

Je ne fai fi elle fe laiffa gagner ; mais le Roi la maria quinze jours ou trois femaines après à un Seigneur Efpagnol , auquel il donna , dès qu'ils furent mariés , le Gouvernement de M...... retenant fa femme à Madrid.

J'étois alors brouillé avec la Napolitaine , & j'avois juré de ne la voir de ma vie , après le danger où elle m'avoit expofé : mais elle fit tant de chofes pour me faire revenir , que je fuccombai encore par les mêmes raifons qui m'avoient déja rappellé une fois auprès d'elle , je veux dire , par l'oifiveté où je me trouvois , & la difficulté de voir d'autres femmes.

Comme le Roi l'avoit fort négligée , je la trouvai réfolue de ne voir jamais ce Prince , de refufer fa penfion , & de retourner à Naples. Je m'oppofai à ce dernier deffein , parce que je ne pouvois quitter Madrid , & que je craignois , quand elle feroit partie , de manquer d'amufement ; car j'étois alors perfuadé qu'il m'étoit impoffible de vivre fans quelque intrigue , tant c'eſt un malheur déplorable à un honnête homme d'avoir contracté ces maudites habitudes, juſqu'au point de ne pouvoir plus s'en paſſer. Ce fut-là l'unique ſource de tous mes maux, que j'ai déplorée mille fois, & que je conſeillerai toujours d'éviter à quiconque voudra vivre heureuſement.

Elle conſentit de ne point retourner à Naples, mais je ne fus pas long-temps à me repentir de m'être oppoſé à ſon départ. Elle reprit ſes jalouſies pour la Catalane, & elle ne balança point à me dire qu'elle vouloit que je l'aidaſſe à perdre cette femme. J'eus beau lui repréſenter l'injuſtice & les dangers d'un tel deſſein. Plus je voulus l'en détourner, plus elle s'y opiniâtra. Je rompis encore avec elle, ne pouvant avoir la complaiſance qu'elle exigeoit, & elle, ne voulant point de moi ſans cette complaiſance.

Quand j'eus ceſſé de la voir, elle trouva le moyen d'engager le fils du Duc d.... qui étoit ce rival qui m'avoit voulu tuer, & qui avoit aimé Eléonor. L'amour de cet homme s'étoit changé en haine, dès le moment que ſa maîtreſſe l'avoit empêché de me tuer dans l'aventure dont j'ai parlé. Cette haine s'étoit fortifiée par le mariage de cette fille & par l'attachement que le Roi continuoit à avoir pour elle. Il ſe trouva donc très-diſpoſé à ſeconder la ven-

geance de la Napolitaine, lorſqu'il fut aſſez
bien avec elle pour s'en croire aimé.

Comme ils avoient l'un & l'autre l'ame
baſſe & cruelle, ils ne réſolurent pas moins
que de la faire poignarder. Je fus averti de
leur deſſein par un domeſtique de la Napolitaine, qui avoit autrefois été le confident
de l'intrigue que j'avois eûe avec elle, &
qui avoit toujours continué à être dans mes
intérêts, & à m'avertir de ce que faiſoit ſa
maîtreſſe.

- Etant inſtruit par cet homme des meſures qu'ils prenoient pour exécuter leur dé-
teſtable deſſein, je crûs que je devois m'y
oppoſer, non-ſeulement parce que j'étois
moi-même redevable de la vie à celle qu'ils
vouloient faire périr, mais auſſi parce que
j'avois conſervé une véritable paſſion pour
cette généreuſe perſonne ; & que d'ailleurs,
je me trouvois aſſez généreux moi-même
pour prendre le parti des gens malheureux
& opprimés, ſans autre intérêt que d'avoir
la gloire d'empêcher la violence.

La premiere démarche que je fis, fut
d'avertir Eleonor des deſſeins qu'on tramoit
contr'elle, & de lui dire qu'elle ne devoit
point différer d'en inſtruire le Roi. Elle le
fit ; mais ayant dit à ce Prince que c'étoit
par moi qu'elle avoit ſû qu'on en vouloit à
ſa vie, il alla ſe mettre dans l'eſprit que
j'avois continué à la voir & à être bien avec

elle. Cela lui donna de la jalousie, & sa jalousie lui fit croire que je n'avois donné cet avis que pour me rendre nécessaire, & c'est ce qui fut cause qu'il le négligea. Cependant, il en dit un mot au pere de celui qui avoit conspiré avec la Napolitaine ; & ce pere dit à son fils, que j'avois fait avertir le Roi du dessein qu'il méditoit. Le fils assura son pere que cet avis étoit sans nul fondement & un pur effet de mon imagination ; & il persuada d'autant plus aisément ce qu'il disoit, qu'on ne voyoit guére d'apparence qu'un homme comme lui eût la lâcheté de faire assassiner une femme.

Ainsi, mon zéle n'eut point alors d'autre effet que de me rendre suspect, & à ceux à qui j'avois donné cet avis, & à ceux qui avoient tramé l'horrible complot que je voulois renverser. Les premiers me regarderent comme un calomniateur, & les autres conçurent le dessein de me faire périr, pour mieux se défaire ensuite de la pauvre Catalane. Ce fut elle qui m'avertit que le Roi devoit me faire arrêter, & je me cachai si bien, que j'évitai, & ceux qui avoient ordre de me prendre, & ceux qui me cherchoient pour m'ôter la vie.

Je devois alors ne penser qu'à me sauver, & c'est le parti que j'aurois pris, si je n'avois été persuadé que j'étois seul capable d'empêcher qu'on n'exécutât le dessein dont j'avois donné l'avis , & des circonstances duquel j'étois trop instruit , pour n'en pas craindre les suites. Ainsi , le desir de sauver la vie à une personne que j'aimois , quoique je ne la visse plus, eut plus de pouvoir sur moi , que le soin de ma propre vie. Je restai donc à Madrid , mais je fis courir le bruit que je m'étois sauvé , & alors la Napolitaine & son amant me croyant bien loin , ne penserent plus qu'à exécuter ce qu'ils avoient projetté , pour perdre leur ennemie.

Il est étrange qu'ils s'opiniâtrassent à une entreprise qui avoit été éventée par l'avis que j'avois donné , & dont , après cet avis, ils ne pouvoient éviter d'être soupçonnés , si elle s'exécutoit , mais ils n'en voulurent point démordre ; & fermant les yeux à leur propre péril , ils n'eurent d'attention qu'à leur vengeance.

Cependant , j'étois fort embarrassé pour trouver les moyens de détourner le coup qu'ils méditoient. N'ayant plus la liberté de paroître , ni d'agir , & ne pouvant plus avoir de nouvelles du domestique qui m'avoit donné les premiers avis , je m'avisai de me déguiser en Esclave Algérien. Je me barbouillai le visage , & je m'appliquai une grosse barbe postiche , qui me rendit tout-à-fait méconnoissable ; & en cet état, j'allai chez la Catalane , à qui je me décou-

vris , lui difant que je n'avois pû l'abandonner dans le péril dont elle étoit mena-
cée ; que je la conjurois de ne point fortir
fans efcorte , & de fouffrir que je me tinffe
caché chez elle , parce que j'étois perfuadé
qu'on en vouloit à fa vie , & qu'au moins
je voulois , ou la fauver de fes affaffins ,
ou périr avec elle.

Elle ne douta point , en me voyant faire
une pareille démarche , que le péril ne fût
effectif , & elle commença à le craindre fi
bien , que pour avoir un piétexte à ne plus
fortir , elle fit femblant d'être malade. Elle
fouffrit que je reftaffe chez elle , & elle dit
à tous fes domeftiques que j'étois un Efclave qui lui avois apporté des nouvelles de
fon mari. Je fus près de huit jours caché
chez elle ; & enfin , le moment que nous
appréhendions arriva.

Des gens armés vinrent fur le foir faire
infulte à quelques-uns de fes domeftiques,
qu'ils pourfuivirent jufques dans fa maifon,
& en ayant tué quelques-uns , ils fe rendirent maîtres de la porte , & le furent bien-
tôt de tout le logis. La premiere chofe
qu'ils firent , fut de vouloir entrer dans la
chambre où la Dame étoit couchée , & ils
ne trouverent que moi qui leur en difputât
l'entrée. Je fis affez de réfiftance , pour donner à ceux de fes domeftiques qui avoient
évité leur violence , le courage de fe join-

dre à moi ; & là , nous fîmes une efpéce
de combat fort fanglant , où ayant d'abord
tué deux de ces malheureux , les autres
prirent la fuite. Nous les pourfuivîmes jufques dans la rue , où je trouvai le fils du
Duc d...... qui les attendoit, & qui étoit
le chef de cette belle expédition. J'avoue
qu'à cette vûe , je ne fus pas maître de moi,
& que voyant ce malheureux , je me jettai
fur lui , & lui donnai un coup de fabre qui
l'étendit mort fur le carreau.

Le Guet qui étoit accouru au bruit,
arriva en ce moment , & je me vis arrêté
& conduit en prifon avec un des domeftiques de la Catalane. Nous fûmes interro-
gés prefque fur le champ ; j'eus le bonheur
de n'être point reconnu. Toutes les dépo-
fitions allerent à ma juftification , & quelque bruit que fît le Duc , pere de celui que
j'avois tué , il fut obligé de confentir à
mon élargiffement, & on lui confeilla même de ne pas pourfuivre une affaire qui ne
faifoit point d'honneur à la mémoire de
fon fils , parce qu'on fe fouvint alors des
avis que j'avois donnés , & j'eus la confolation d'entendre dire à tout le monde ,
qu'on avoit eu tort de les négliger, & qu'on
regrettoit fort la violence qui m'avoit , à
ce qu'on croyoit , obligé de prendre la
fuite.

La Napolitaine, qui étoit impliquée dans
X iiij

cette affaire, difparut dès qu'elle eut appris la mort de fon amant, & je ne doutai pas qu'elle n'eût pris le chemin de Naples.

On ne parla plus que du courage de l'Efclave Algérien, & il ne fut non plus fait mention de moi, que fi j'avois été en France, où tout le monde me croyoit, tant j'étois bien déguifé. Eleonor feule favoit qui j'étois, & on ne peut dire quelle reconnoiffance elle eut du fervice que je lui avois rendu. Elle m'obligea de prendre une caffette où elle avoit mis tout ce qu'elle avoit d'or & de pierreries ; & ne fe contentant pas de ce préfent, elle me dit qu'elle vouloit apprendre au Roi que c'étoit moi qui lui avoit fauvé la vie, & engager ce Prince à la reconnoiffance qui m'étoit due. Je lui dis qu'elle fe gardât bien de le faire, que ce feroit me perdre en voulant me rendre fervice, & que ce Prince ne manqueroit pas d'avoir une extrême jaloufie, quand il apprendroit ce que j'avois fait pour elle. Elle me crut ; mais voyant que je parlois de retourner en France, elle me conjura fort de n'en rien faire. Elle me repréfenta que le danger étoit paffé, & que je pouvois, fans aucun péril, quitter le déguifement fous lequel je m'étois caché. Je lui répondis que je ne partirois point ; mais que la grace que je lui demandois, c'étoit de me permettre, en reparoiffant aux yeux de tout le monde , sous mon nom & sous mon habit ordinaire , de reprendre quelquefois celui d'Esclave Algérien , pour aller la voir. Je vis bien qu'en lui faisant cette proposition , je n'avois fait que la prévenir , & que la reconnoissance lui avoit donné pour moi assez d'attachement , pour souhaiter que ce déguisement nous servît à nous voir avec plus de commodité.

Je restai donc à Madrid , y faisant le personnage de deux hommes différens , & c'est ce qui m'exposa à de nouvelles avantures.

Fin du troisiéme Livre.

LIVRE QUATRIÉME.

ON a déja pû connoître plus d'une fois, en lifant le récit fincére que je fais ici des aventures de ma vie, qu'il arrive tous les jours aux hommes des chofes auffi finguliéres que celles que les faifeurs de Romans ont inventées ; mais on ne trouvera cette vérité nulle part plus fenfible qu'en ce qui m'arriva à Madrid , pendant que j'y fis les deux perfonnages dont j'ai parlé , & j'ai lieu de craindre que tout ce que je vais rapporter, ne paffe pour une agréable invention ; mais dans le parti que j'ai pris de ne rien dire que de vrai , je dois rendre compte avec une égale fincérité , & des chofes qui paroiffent incroyables , & de celles que l'on peut croire aifément ; & je demande à ceux qui liront ces Mémoires , de n'ajoûter pas moins de foi aux unes qu'aux autres. Les aventures de ma vie ont été différentes , felon l'âge & le temps où elles me font arrivées , & on s'appercevra , je croi, de cette différence, à mefure qu'on lira ces Mémoires.

Etant réfolu , ou plûtôt obligé de refter à Madrid , parce que les intérets de Monfieur le Prince m'y retenoient encore , je

parus dès que l'affaire de l'assassinat du fils
du Duc d..... eut été terminée, & que la
persuasion où l'on étoit qu'un Esclave Algérien l'avoit tué, m'eut entiérement assuré
qu'aucun soupçon ne tomboit sur moi.

Je revis Dom Louis de Haro, & j'eus
aussi audience du Roi, à qui je fis entendre que j'avois été obligé de m'éloigner,
pour éviter le danger dont on m'avoit dit
que j'étois menacé, à l'occasion des avis
que j'avois donnés. Le Roi me traita fort
bien ; & faisant semblant de s'intéresser à
ma conduite, il me dit qu'il me conseilloit
de ne plus voir Eleonor, puisque c'étoit
elle qui avoit été l'occasion du malheur qui
avoit pensé m'arriver. Aussi bien, ajoûta
ce Prince, n'y a-t'il rien à gagner dans le
commerce d'une femme, dont le mari,
quoiqu'éloigné, est fort jaloux.

Je savois mieux que personne le motif
qui obligeoit ce Prince de me donner ces
salutaires avis, & comme j'étois assuré de
voir sous l'habit de l'Esclave Algérien, la
personne dont il vouloit que j'évitasse le
commerce, je lui promis que je ne la re-
verrois jamais. Je paroissois tout le jour
sous l'habit à la Françoise, & je reprenois
quelquefois sur le soir celui de l'Esclave,
quand je voulois voir Eleonor. Cela dura
quelque temps : mais enfin, le Roi eut de
la jalousie de cet Esclave, & il dit à Eleo-

nor qu'il étoit étonné qu'il reſtât ſi long-
temps à Madrid, après avoir eu la liberté ;
car ce fut la premiere récompenſe qu'on
me donna, quand, ſous ce déguiſement,
j'eus fait l'action dont j'ai parlé.

' Eleonor dit au Roi que l'Eſclave reſtoit
à Madrid, pour faire quelque petit commerce, employant à cet uſage le peu d'argent que la reconnoiſſance l'avoit engagée à lui donner.

Le Roi, qui vouloit ſe défaire d'un homme qui lui devenoit ſuſpect, dit qu'il lui
falloit encore donner deux mille ducats,
& qu'il les lui envoyeroit, afin qu'on les
donnât à cet Eſclave, & qu'on l'obligeât
de partir. Eleonor me rendit compte de
cette converſation, & elle me donna deux
mille ducats, me priant, & de ne la plus
voir & de ne plus reprendre l'habit d'Eſclave. Je lui promis ce qu'elle voulut, &
elle fit entendre au Roi que l'Eſclave étoit
parti.

J'avoue que je me vis privé avec une
douleur bien ſenſible de la liberté de voir
cette femme. Elle en fut auſſi affligée que
moi ; mais comme, après tout, je reſtois
à Madrid, nous nous conſolâmes un peu
par l'eſpérance de retrouver, peut-être,
l'occaſion de nous voir ; car elle me fit
promettre que tant que le Roi le lui défen-
droit, je la ménagerois aſſez, pour ne lui

pas donner de chagrin, en cherchant à lui parler & à retourner chez elle.

Cela me remit dans l'oifiveté, qui avoit déja été la caufe des engagemens que j'avois eu en Efpagne, & qui fut encore la fource de ceux où je m'embarquai. J'avois fait connoiffance avec un Efpagnol, que j'appellerai Dom Antonio Manrique, & dont je cacherai la qualité, pour ne faire injure à perfonne, dans des Mémoires où je ne me propofe que l'utilité publique par les inftructions qu'ils renferment.

Cet homme avoit une femme que j'appellerai auffi Dona Ifabella, pour la mieux déguifer. Comme Manrique trouvoit bon que je viffe fa femme, j'avois fouvent des converfations avec elle, mais il étoit rare que je les euffe tête à tête, & nous avions toujours pour témoins, ou le mari, ou les domeftiques. Entre plufieurs chofes générales que cette femme me dit, elle me parla fouvent de l'Efclave Algérien, qu'elle me dit qu'elle avoit vû une fois, & à qui elle avoit trouvé, à ce qu'elle difoit, une mine & un air qui marquoient, auffi bien que la belle action qu'il avoit faite, qu'il étoit autre chofe que ce qu'il paroiffoit.

Je jugeai à ce difcours que cette femme favoit que cet Efclave & moi étions la même perfonne ; & pour mieux m'en éclaircir, je répondis que je l'avois fort connu pendant le féjour qu'il avoit fait à Madrid. Quoi ! dit cette femme, il eft parti ? Elle prononça ces paroles avec chagrin ; & dans la penfée où j'étois qu'elle favoit que cet Efclave n'étoit autre chofe que moi, je crus que fon chagrin étoit diffimulé. Je lui répondis qu'il étoit vrai que l'Efclave étoit parti, & qu'il ne paroîtroit plus jamais en Efpagne. Elle témoigna qu'elle en étoit très-affligée, & qu'elle auroit eu une vraie curiofité d'entretenir un homme fi extraordinaire.

Je ne favois que penfer du chagrin qu'elle témoignoit, mais toujours perfuadé qu'elle ne paroiffoit affligée du départ de l'Efclave, que pour me marquer que je devois prendre pour moi le defir qu'elle avoit eu de le voir, je crûs qu'elle vouloit que nous euffions une intrigue enfemble, & cette opinion me rendit fort amoureux d'elle.

Cependant, je me trompois ; elle n'avoit aucun foupçon que je fuffe cet Efclave. C'étoit pour lui feul qu'elle avoit tant d'empreffement, & je le reconnus dans la fuite. Je lui dis en la quittant, que je lui étois obligé des bontés qu'elle avoit pour cet Efclave, & que fi elle vouloit me marquer un lieu où on la pût trouver fans témoins, je lui donnerois le moyen de la voir & de lui parler. Elle me retint à ces paroles, & me demanda s'il étoit vrai que l'Efclave ne fût pas parti. Elle me fit cette demande d'une maniére fi naturelle, que je commençai à croire qu'elle n'en vouloit qu'à l'Efclave, & qu'elle ne foupçonnoit point que ce fût moi qui eût paru fous l'habit & le nom de l'Algérien. Je lui répondis qu'effectivement, il n'étoit pas parti, que je favois où il étoit, & que quand elle voudroit, je l'amenerois en tel lieu qu'il lui plairoit de choifir. Non, dit-elle, il ne faut point que vous preniez ce foin-là : c'eft affez que vous m'appreniez où il fe retire. Ces paroles me confirmant encore de plus en plus dans la penfée qu'elle n'en vouloit qu'à l'Efclave, je lui dis qu'il fe retiroit chez un Marchand, dont je lui enfeignai la demeure. Ce Marchand étoit de ma connoiffance ; & à peine eûs-je quitté cette femme, que j'allai le voir, pour lui dire qu'en cas qu'on vînt chercher chez lui un Efclave d'Alger, il répondît que c'étoit bien chez lui qu'il demeuroit, mais qu'il n'étoit pas au logis ; qu'on revînt le lendemain fur le foir, & qu'on ne manqueroit pas de le trouver.

Je retournai deux jours après chez le Marchand, pour favoir fi l'on n'étoit point venu chercher l'Efclave, & il m'apprit qu'il n'avoit entendu parler de rien. Cela me donna encore la penfée que j'avois eûe d'abord, & me perfuada que la Dame ne m'avoit parlé de l'Efclave que pour me faire connoître qu'elle me vouloit aimer.

Je retournai la voir, & le hafard permit que ce jour-là je lui parlaffe fans témoins. Je ne fis pas plus de mention de l'Efclave, que fi elle ne m'en eût jamais rien dit, & ne parlant que de moi, je lui témoignai que je l'aimois éperdùment. Cette femme reçut cette déclaration avec une fierté qui me déconcerta. Elle me dit qu'elle avertiroit fon mari de l'infolence que j'avois de lui témoigner de l'amour ; qu'elle me défendoit de retourner jamais chez elle ; & ajoûta que fi j'y remettois les pieds, on me feroit un mauvais parti. Elle ne me donna pas le temps de lui répondre, & elle me quitta, me pouffant elle-même hors de la chambre, & criant comme fi j'avois voulu lui faire violence.

Son mari étant arrivé dans le moment, elle lui conta que j'avois voulu la féduire ; & cet homme, fans m'entendre, me dit que fans l'intérêt que Monfieur le Prince prenoit à moi, il me feroit couper la gorge. Je lui répondis que j'étois moins coupable qu'il ne croyoit ; que je n'avois rien dit à fa femme qui eût l'air ni de violence, ni de féduction ; que c'étoit de fimples honnêtetés, telles que les François avoient coutume d'en dire à toutes les femmes ; & que pour lui marquer que je n'avois point eu

d'intentions

d'intentions criminelles , je lui promettois
de ne revenir jamais chez lui. Manrique
parut s'appaifer à ces paroles, & il me laiffa
fortir.

J'étois outré contre le procédé de cette
femme , & je me repentis terriblement de
la déclaration que je lui avois faite , bien
réfolu de m'obferver davantage , & de n'en
plus hafarder de pareilles en un pays auffi
fujet aux incidens que l'Efpagne. Cependant , quelque colére que j'euffe contre
Dona Ifabella , il me fembla que je n'en
avois que plus de paffion pour elle. Elle
m'avoit paru ce jour-là plus belle que les
autres jours , & je fentis bien que l'amour
s'irrite prefque toujours par les difficultés.

Je ne voyois guéres d'apparence à gagner l'efprit d'une femme qui en avoit fi
mal ufé , quand le Marchand , chez qui je
l'avois adreffée , pour apprendre des nouvelles de l'Efclave, vint me chercher, pour
me dire qu'on étoit venu le demander ; &
que felon mes ordres, il avoit remis au lendemain la perfonne qui étoit venue. Je ne
pouvois douter que ce ne fût de la part
d'Ifabella , qu'on étoit venu , & j'allai le
lendemain chez le Marchand , où je fus
tout le jour , après avoir repris l'habit & la
barbe de l'Efclave, en attendant l'heure où
l'on devoit revenir.

Une Duegne revint effectivement fur le

foir , & ayant demandé au Marchand fi
l'Efclave étoit au logis , le Marchand vint
m'avertir , & cette Duegne me dit que fi
je voulois la fuivre , elle me feroit voir
une perfonne qui avoit une extreme paffion de me parler. Je lui dis que j'étois prêt
d'aller où elle voudroit : & fans me répondre , elle me fit figne de la fuivre.

Elle me mena par plufieurs rues écar-
tées , & nous nous arretâmes devant une
maifon où il y avoit un balcon affez bas ,
d'où après que la Duegne eut touffé deux
ou trois fois , on jetta une échelle de corde. La Duegne me dit que je n'avois qu'à
monter , & j'obéis avec précipitation , tant
j'avois d'impatience de favoir fi je trouverois Ifabelle. C'étoit elle-même , qui après
m'avoir aidé à monter fur le balcon , me
fit entrer dans une chambre où l'on avoit
placé un flambeau affez éloigné , pour ne
l'éclairer qu'à demi , mais qui donnoit affez
de lumiére pour me faire reconnoître que
c'étoit Dona Ifabella , avec qui je me trouvois.

Elle me dit que , quoiqu'elle ne m'eût
vû qu'une fois en paffant , elle avoit été
touchée de ma bonne mine , & que la belle
action que j'avois faite , l'avoit déterminée
à fe confier à moi. Je ne pouvois m'ôter
de l'efprit que cette femme me reconnoiffoit. Cependant , pour en être éclairci da-

vantage, je déguisai ma voix, comme j'a-
vois toujours fait, quand j'avois paru sous
l'habit de l'Esclave, & je lui répondis que,
quelque obligation que je lui eûsse de la
démarche qu'elle faisoit, je ne pouvois lui
dissimuler que j'avois appris le procédé
qu'elle avoit eu pour un de mes amis, nom-
mant mon nom, à qui elle avoit fait faire
une avanie bien cruelle, quoiqu'il ne fût
coupable que de l'avoir voulu aimer.

Quoi! reprit-elle, cet homme est-il
donc tant de vos amis, & vous a-t-il raconté cela? Oui, lui dis-je, Madame; &
j'avoue que cela m'a un peu fait perdre la
bonne opinion que j'aurois eue de vous.
Hé quoi, dit elle encore, me connoissez-
vous, & m'avez-vous vûe? Oui, lui dis-
je, mon ami vous a montrée à moi un jour
que je vous vis sortir de l'Fglise de......
He, où étiez-vous, dit-elle? Je ne vous
vis point. Vous passâtes, lui dis-je, avec
tant d précipitation, que vous ne regardâ-
tes point ceux qui vous examinoient. Mais,
reprit-elle, on m'avoit dit que vous ne pa-
roissiez plus, & que vous étiez parti. Il est
vrai, repris je, que je me cache, & que
tout le monde me croit parti; mais ce
jour-la je ne pûs résister à l'envie que j'a-
vois de connoitre une femme que mon
ami me faisoit d'un si étrange caractére.
Hé bien, répondit-elle, m'avez vous trou-

vée si digne de mépris ? Je vous ai trouvé, lui dis-je, aussi belle que vous étes, & j'ai été fâché qu'une si aimable personne fût si mechante. Mon Dieu, dit-elle, ne croyez point que je sois méchante : vous voyez comme je me fie à vous ; & je serois perdue, si vous alliez dire à votre ami ce que je fais en votre faveur. Ne craignez point, lui dis je, Madame, que je lui en apprenne jamais rien, mais au moins daignez m'expliquer pourquoi vous en avez si mal usé avec lui. C'est vous, reprit-elle, qui en étes cause ; car, depuis que je vous ai vû, tout autre homme m'a été insupportable ; & j'ai maltraité votre ami, parce que je ne me suis point senti d'inclination pour lui, & que j'ai été bien-aise de donner à mon mari bonne opinion de ma vertu & de ma conduite. Quoi ! Madame, repartis-je, mon ami vous paroît donc bien haïssable ? Oui, me dit-elle ; il a un caractére qui ne me revient point : enfin, il ne faut point raisonner sur l'inclination, je le hais autant que je vous aime.

J'avoue que je fus interdit à ces paroles, & que rien ne me parut plus bizarre que de voir que la même personne qui me trouvoit haïssable sous ma figure ordinaire, eût de la passion pour moi sous l'habit & la barbe d'un vilain esclave : mais tel est le caprice des femmes & celui de l'amour, &

il ne faut point difputer des goûts. Je me
trouvai fi humilié de tout ce qu'on me difoit de moi, que je fus tenté de me découvrir. Je réfiftai à cette tentation, mais je
ne pûs m'empêcher de combattre un peu
l'averfion que la Dame avoit pour moi
quand je paroiffois fous ma figure ordinaire, & je fus auffi jaloux du bonheur de
l'Efclave, que fi ce n'avoit pas été moi-
même.

Cette vanité fut caufe que je ne répondis pas, comme j'aurois dû le faire, aux
empreffemens d'Ifabella; & elle s'apperçut
bien que toute l'application de l'Efclave
qui lui parloit, étoit de lui donner bonne
opinion de fon ami. Elle en fut irritée, &
elle me dit que je ne méritois pas l'honneur qu'elle me faifoit, puifque je paroiffois plus touché de mon ami que d'elle.
Je vis bien alors que j'avois fait une fottife, & je tâchai de raccommoder ce que
j'avois gâté; mais elle me répondit qu'elle
ne pouvoit plus fe fier à moi, & que fi je
voulois qu'elle continuât à m'aimer & à
me voir, il falloit que je lui promiffe non-
feulement de ne rien découvrir jamais à
mon ami de la démarche qu'elle avoit faite
pour moi, mais auffi de ne lui jamais parler à elle-même d'un homme qu'elle ne
pouvoit aimer. Je lui fis l'une & l'autre
promeffe; mais elle me dit que pour s'af-

fûrer que je lui tiendrois parole , il falloit
remettre notre entrevûe à une autre fois ,
& que dans un jour j'aurois de ses nouvelles , & qu'elle verroit bien par la maniere
dont j'en uferois , fi en effet je l'aimois plus
que mon ami. Quelque chofe que je lui
pûffe dire, il en fallut paffer par-là. Elle
m'obligea de me retirer , & , étant defcendu par la même échelle , je retournai chez
mon marchand.

Jamais on n'a été agité de penfées plus
diverfes que je le fûs après cette aventure ;
& on auroit de la peine à comprendre le
parti que je pris , fi l'on ne favoit pas que
l'amour propre & la vanité eft la plus forte
de nos paffions.

Quelque réfléxion que je fiffe , il me fut
impoffible de me réfoudre de profiter de
la foibleffe de cette femme fous un autre
nom , & fous un autre habit que le mien.
Il me fembloit qu'il y avoit de la honte à
n'en être redevable qu'à mon déguifement;
& je réfolu , fi on venoit encore me prendre pour me mener au même rendez vous,
d'y aller , non plus fous l'habit de l'Efclave , mais fous le mien.

Je paffai toute la journée chez le marchand & la même Duegne revint fur le
foir redemander encore l'Efclave. Je m'é-
tois habillé à la Françoife , & le plus magnifiquement que j'avois pû ; mais , dès

qu'on me dit que la Duegne me demandoit, je mis ma barbe poſtiche, & une
veſte qui cachoit mes habits, & je ſuivis
en cet état la Duegne qui me mena au même balcon, où je trouvai encore la même
échelle par où je montai ; mais, avant que
de monter, je jettai la barbe & la veſte, &
j'arrivai ſur le balcon habillé à la Françoiſe, & tel que j'étois quand Iſabella m'avoit
fait l'avanie dont j'ai parlé.

Elle vint me recevoir ; mais à peine fus-
je entré dans la chambre, que, me recon-
noiſſant, elle jetta un grand cri, diſant
qu'elle étoit perdue, & qu'on l'avoit tra-
hie. Je me jettai à ſes genoux, la conjurant de ne point faire de bruit. Elle parut
ſe raſſûrer, mais ce ne ſut que pour me dire
ces paroles : Je voi bien que le coquin
vous a plus aimé que moi, puiſqu'il vous
a dit mon ſecret ; mais, ſi vous m'aimez,
vous m'aiderez à me venger de ce perfide
Eſclave ; & ce n'eſt qu'à ce prix-là que je
vous promets de vous écouter.

Je vous vengerai, lui dis-je, comme il
vous plaira, & je vous répons que je vous
aime mille fois plus que lui, & que je lui
arracherai la vie ſi vous voulez ; mais, au
moins, apprenez-moi par où un ſi vilain
homme a mérité un cœur que vous m'avez
refuſé ? Allez me venger, me dit-elle, &
quand vous m'aurez apporté ſa tête, vous
ſerez contente de moi.

Je ne pus m'empêcher de rire en faifant réfléxion à cette bizarre aventure, & je crus qu'il étoit temps de me déclarer. Je ne puis, lui dis-je, Madame, vous apporter fa tête autrement que vous la voyez, puifque cet Efclave eft un perfonnage chimérique, qu'il eft le même que moi qui me fuis déguifé fous cet habit, qui fuis venu encore hier ici, & qui mérite feul vos bontés.

Ifabella étoit fi interdite qu'elle écoutoit à peine ce que je lui difois; mais, quand je lui eus répété plufieurs fois la même chofe, elle m'écouta enfin, mais elle n'en fut pas pour cela plus perfuadée que j'étois en effet le même Efclave qu'elle avoit aimé. Non, difoit-elle, cela eft impoffible, & il faut, pour vous croire, que je vous voye fous l'habit que vous aviez hier. Il eft aifé, lui dis-je, Madame, de vous contenter, puifque j'ai laiffé au piéd de votre balcon la barbe & la vefte qui me déguifoient; &, fi vous voulez me le permettre, j'irai reprendre l'une & l'autre, & vous verrez que je fuis en effet ce que je dis. Elle parut y confentir; & auffi-tôt, defcendant par la même échelle, j'allai reprendre l'équipage Algérien : mais, dès que j'eus le piéd hors de l'échelle, Ifabella la retira, & il me fut impoffible de remonter. J'eus beau touffer & faire du bruit,

l'échelle

l'échelle ne parut plus , & je vis bien que la Dame s'étoit retirée.

Cette étrange bizarrerie m'étonna au-delà de ce qu'on peut dire , & je commençai à croire qu'Isabella n'avoit pas été détrompée , & qu'elle n'avoit retiré l'échelle que parce qu'elle avoit cru que je n'étois pas l'Esclave , & que j'avois seulement pris sa place pour profiter de la passion qu'elle avoit pour lui.

Comme la nuit étoit fort obscure , & que je ne pouvois reconnoître la maison où je lui avois parlé , je pris le parti d'attendre jusqu'au jour pour la reconnoître. J'allai m'asseoir sur une borne qui étoit vis-à-vis du balcon où j'avois monté. Il y avoit une demi-heure que j'y étois , & je commençois à y sommeiller , quand je fus réveillé par le bruit de plusieurs hommes que j'apperçus venir à moi l'épée à la main. Je démêlai la voix de Manrique ; & c'étoit lui en effet qui venoit pour m'assassiner.

J'appris depuis que c'étoit sa femme qui l'avoit envoyé , soit qu'elle crût toujours que je n'étois pas l'Esclave , soit qu'elle fût fâchée de s'être trompée. Comme la maison où je lui avois parlé étoit la sienne , à peine fus-je descendu du balcon , qu'elle alla conter à son mari que j'avois voulu entrer dans sa chambre , & que j'étois encore dans la rue , en attendant l'occasion

d'escalader les fenêtres & de lui faire violence.

Manrique ne perdit pas de temps à cette
nouvelle ; &, prenant avec lui trois de ses
domestiques, il vint m'attaquer comme j'ai
dit. Si-tôt que je vis qu'on venoit à moi,
je jettai la veste & la barbe qui m'embar-
rassoient, & mettant l'épée à la main, je
perçai celui qui s'avança le premier, &,
avant que les autres pussent m'entourer,
je me sauvai courant de toute ma force.

C'étoit Manrique que j'avois blessé, &
l'attention que ses domestiques donnérent
à secourir leur maître qui tomba sur eux,
fut cause qu'ils me laissérent échaper. Je
courus sans savoir où j'allois, n'ayant pû
retrouver le chemin de ma maison qu'à la
pointe du jour, & ayant été assez heureux
pour ne faire aucune mauvaise rencontre.

Les domestiques ramassérent la veste &
la barbe que j'avois quittées : ils les porté-
rent à Isabella, qui reconnut que c'étoit le
même équipage sous lequel elle avoit toujours vû son cher Esclave ; & elle commença à croire, en les reconnoissant, que les
choses pouvoient être telles que je les lui
avois dites.

Soit que Manrique ne crût pas avoir des
preuves capables de lui donner droit de me
poursuivre, soit qu'il s'imaginât qu'il étoit
de son honneur de dissimuler, on ne fit

encore dans cette affaire aucune mention
de moi ; & le bruit courut que le même
Efclave qui avoit tué chez Eléonor le fils
du Duc de . . . . ., étoit celui qui avoit bleſſé
Manrique. Mais on n'eut pas plus de preuves contre cet Efclave que contre moi ; &,
comme on le croyoit parti depuis long-
temps , on regarda ce qu'on en diſoit comme une imagination de Manrique , qui ſe
garda bien de produire en Juſtice la barbe
& la veſte qu'il avoit trouvées , & qui ſe
contenta d'être perſuadé dans ſon cœur,
que c'étoit moi qui l'avoit bleſſé lorſqu'il
m'avoit attaqué pour ſe venger.

Je m'apperçus bien que cet homme,
dont la bleſſure ſe trouva légere , & qui fut
bientôt en état de ſortir , me regardoit de
travers toutes les fois qu'il me rencontroit ;
& , ne pouvant douter que ſa femme ne
l'eût ſuſcité contre moi dans cette derniere
affaire , je me tins ſur mes gardes , m'attendant à en recevoir bien-tôt quelque inſulte ; mais j'en fus garanti par l'endroit
d'où je l'eſpérois le moins : & c'eſt ce qui
doit encore nous faire connoître le génie
& le caprice des femmes.

Dona Iſabella faiſant réfléxion à tout
ce qui s'étoit paſſé, commença enfin à ſortir d'erreur , & à être perſuadée que l'Eſclave & moi nous étions la même perſonne. L'amour qu'elle avoit eu pour cet Eſ-

clave fe réveilla en ma faveur , & elle fe
repentit de m'avoir rendu fufpeĉt à fon mari. Voici l'étrange parti qu'elle prit pour
lui ôter les foupçons qu'elle lui avoit donnés contre moi.

Comme elle commença à m'aimer dès
qu'elle fut bien perfuadée de la chimere de
fon Efclave , & à fentir pour moi le penchant qu'elle avoit eu pour le perfonnage
fuppofé, elle chercha les moyens de m'entretenir , pour m'apprendre les fentimens
que je lui avois enfin infpirés.

Elle n'eut pas de peine à y réuffir fi-tôt
qu'elle le voulut. Je la vis chez le même
marchand où elle avoit envoyé fa Duegne,
& elle vint un jour fous l'habit de cette
Duegne , comme fi elle eût eu à me parler de quelque affaire. Moins j'étois préparé à cette vifite , plus je fus furpris de la recevoir ; & , quoique je me défiaffe de la
Dame , je crus devoir l'écouter. Elle me
protefta qu'elle n'avoit point eu de part au
deffein que Manrique avoit eu de m'affaffiner. Comme je favois la vérité de cet ar-
ticle , je ne voulus pas la laiffer parler
qu'elle n'en fût convenue ; & enfin elle
avoua tout , & continua ainfi :

Il eft vrai que je m'étois entêtée de cet
Efclave fans favoir que ce fût vous : vous
devez me pardonner cet entêtement , puifqu'après tout c'étoit vous qui me le cau-

fiez ; & vous verrez bien dans la fuite, que je ne veux avoir d'attachement que pour vous. Je vous ai rendu fufpect à mon mari , mais j'ai un moyen infaillible de vous gagner fa confiance ; & voici ce qu'il faut que vous faffiez. Trouvez le moyen de lui parler , & pour cela tâchez de le voir chez quelqu'un de vos amis communs ; vous lui direz que vous n'avez jamais été capable d'avoir pour moi les deffeins qui vous ont brouillé avec lui ; que c'eft une fauffe accufation que je vous ai fufcitée, parce que j'étois entêtée de l'Efclave d'Alger, & que je m'étois apperçûe que vous en aviez connoiffance : vous pourrez lui en donner des preuves en le priant d'interroger la Duegne, qui s'appelle Beatrix , & en lui difant que c'eft de cette femme que je me fervois pour voir cet Efclave. Je preparerai Beatrix à la réponfe qu'elle aura à lui faire , & tout ce qu'elle lui dira fera à votre juftification.

Dona Ifabella m'ayant parlé de la forte , je lui fis mes difficultés fur un projet auffi délicat que celui-là ; & , lui ayant demandé encore plufieurs fois fi elle ne voyoit point d'inconvénient à tout ce qu'elle m'ordonnoit , elle me dit que je fiffe ce qu'elle m'avoit dit , & que je ne me miffe en peine de rien. Je la quittai en lui promettant d'y penfer, & fort incertain du parti que je prendrois.

Le Lecteur ne peut faire ici aucune réfléxion que je n'aye faite alors. Je ne pouvois comprendre que cette femme voulût paffer dans l'efprit de fon mari pour avoir eu l'attachement dont elle vouloit que je l'accufaffe ; & d'ailleurs, j'avois lieu de craindre que fi je parvenois à en perfuader Manrique, cela ne redoublât fa jaloufie, & ne lui fît encore obferver davantage fa femme, & ne me privât ainfi du fruit de cet artifice ; mais il y a apparence que cette femme connoiffoit fon mari : c'eft ce qui me fit paffer par-deffus ces difficultés, & ce qui me détermina à faire ce qu'elle me confeilloit.

Mais, après tout, il faut avouer que l'amour que j'avois pour cette femme, quelqu'indigne qu'elle en fût, eut plus de part que tout le refte au parti que je pris de lui obéir. Je me fentois flatté de la paffion que je lui avois infpirée fous l'habit d'Efclave, & je mourois d'envie de profiter, fous mon vrai nom, de tout ce qu'elle m'avoit fait voir d'empreffement & d'ardeur pour l'Algérien.

Je cherchai donc l'occafion d'entretenir Manrique ; &, l'ayant trouvé, je lui témoignai que j'avois à lui découvrir un fe-

cret important. Alors, voyant qu'il m'é-
coutoit volontiers, je lui dis tout ce que
Dona Isabella m'avoit conseillé de lui dire, lui faisant entendre que jamais je n'a-
vois eu aucune liaison avec sa femme, &
que tout son attachément avoit été pour
l'Esclave d'Alger ; qu'étant le seul qui eût
connoissance de cette intrigue, parce que
cet Esclave me l'avoit avouée, Isabella m'a-
voit rendu suspect pour ôter toute créance
aux avis qu'elle craignoit que je n'en don-
nasse à son mari.

Manrique m'entendant parler de la sorte, m'embrassa du meilleur cœur du monde, & me dit qu'il n'étoit plus en peine de
savoir pourquoi celui par qui il avoit été
blessé avoit laissé tomber une veste ; mais
qu'outre la veste, ayant encore laissé une
barbe postiche, il avoit peur que ce ne fût
quelqu'un qui étant instruit du commerce
de sa femme, eût voulu la venir voir sous
ce déguisement. Là-dessus, il me demanda
s'il y avoit long-temps que cet Esclave
étoit parti, & je lui dis qu'il étoit sorti de
Madrid dès le lendemain de sa blessure, &
qu'au reste il ne falloit pas s'étonner qu'a-
vec sa veste on eût trouvé une barbe ; que
je savois que cet Esclave, outre sa barbe
naturelle, en portoit souvent d'artificielles
pour se mieux déguiser.

Manrique parut content de cette réponse ; mais il me dit que si je voulois lui rendre le service entier, il falloit que je trouvasse moyen de faire que cet Esclave revînt à Madrid, afin qu'il pût se venger de lui. Je promis à Manrique de faire tout ce que je pourrois pour cela, & il me pria de lui rendre mon amitié & de revenir chez lui, ajoûtant qu'il seroit bien-aise que je visse sa femme, à laquelle il m'assûra qu'il ne témoigneroit rien de ce que je lui avois appris, jusqu'à ce que l'Esclave fût revenu, & qu'il pût convaincre sa femme en se saisissant de cet homme.

La facilité avec laquelle Manrique parut donner dans le panneau, me parut si extraordinaire, que je craignis qu'elle ne fût pas naturelle, & je fus long-temps sans oser me fier ni à lui ni à sa femme ; mais enfin l'amour que j'avois pour elle surmonta mes défiances.

J'allai chez lui ; je vis sa femme commodément, parce qu'il m'en procuroit lui-même la commodité, & nous profitâmes ainsi assez long-temps du fruit de notre artifice ; mais enfin Manrique se lassa de ce que l'Esclave ne revenoit point. Je lui dis plusieurs fois que cela ne dépendoit pas de moi ; que j'avois beau écrire à Alger, que je n'en avois aucunes nouvelles, & qu'il falloit qu'il fût mort ; mais tout cela ne le contenta point, & il me dit que puisque l'Efclave ne paroiffoit plus , il falloit que je l'aidaffe à fe défaire de fa femme ; qu'il lui diroit tout ce que je lui avois appris de fon commerce ; qu'il me prioit de lui foutenir la même chofe , & que quand elle en auroit été convaincue , il n'auroit pas de peine à la faire punir.

Je conjurai Manrique de n'en point venir à cette extrémité , mais je ne pus rien gagner fur fon efprit. Tout ce que je pus faire , fut d'avertir la femme du deffein de fon mari ; & ce fut alors que le génie de cette femme fe développa tout entier : elle ne me parut point étonnée de ce que je lui apprenois , parce qu'elle avoit réfolu de tout faire retomber fur moi , foit qu'elle ne m'eût jamais aimé , foit que fon amour eût fini , foit que l'intérêt de fe remettre bien avec fon mari , lui parût préférable à tout le refte. Sa réponfe fut qu'elle ne craignoit ni fon mari ni moi , & qu'elle favoit bien le moyen de fe défendre des deffeins que nous avions formés l'un & l'autre pour la perdre.

Cette réponfe me furprit étrangement; & , craignant qu'elle n'eût mal entendu , je lui répétai tout ce que je venois de lui dire, ajoutant que je mourrois plûtôt que de fervir fon mari dans les deffeins qu'il tramoit contre elle. Elle parut contente de cette affûrance , & elle me dit que pourvû que

je ne témoignaſſe rien à ſon préjudice, elle
ne le craignoit point. Je la quittai en lui
répétant encore que je ne comprenois pas
comment elle avoit pu croire que je vou-
luſſe lui faire tort ; mais la méchanceté de
cette femme paſſoit tout ce que j'en aurois
pu jamais imaginer.

A peine l'eûs-je quittée , qu'elle alla
trouver ſon mari , à qui elle dit en pleurant,
que ſa conſcience & ſon devoir l'obligeoient de ne plus lui laiſſer ignorer qu'il
recevoit chez lui , en ma perſonne , un
homme qui ne cherchoit qu'à le déshono-
rer. Je ſai , lui dit-elle , ce qu'il a voulu
vous faire croire pour mériter votre confiance : il me l'a avoué lui-même , parce
qu'il a cru que j'étois aſſez folle pour l'aimer ; mais tout ce qu'il vous a dit eſt une
fable. Il n'y a jamais eu d'autre Eſclave
Algérien qui ſoit venu chez moi que lui-
méme : il étoit ſous cet habit quand je vous
avertis qu'il avoit voulu eſcalader mes fe-
nétres : c'eſt lui qui vous a bleſſé , & je ne
l'ai ſouffert chez moi depuis ce temps-là,
qu'à cauſe que je n'ai pu faire autrement ,
par la maniere dont j'ai vû que vous en
étiez infatué ; mais enfin ſon inſolence eſt
montée au point que je ne dois plus le
ſouffrir , ni vous laiſſer ignorer les raiſons
que vous avez de vous venger de ſes artifices.

Tout ce que cette méchante femme disoit à son mari, lui parut si vraisemblable,
qu'il s'étonna qu'il eût pu soupçonner sa
vertu ; car elle l'avoit toujours averti que
j'avois dessein de la suborner. Enfin, il fut
persuadé qu'il n'y avoit point d'autre Esclave Algérien mêlé dans cette affaire que
moi-même. Il embrassa sa femme, lui demandant mille fois pardon de ses soupçons,
& lui promettant que je ne serois pas long-
temps sans recevoir la peine que méritoient
mes mensonges & mes perfidies.

Je n'avois garde de m'imaginer que
j'eusse à me défier de sa femme & de lui ;
&, si je fus quelque temps sans retourner
chez eux, c'est parce que je voulois éviter
l'éclaircissement qu'il m'avoit dit qu'il vouloit avoir avec sa femme. Il y avoit près de
huit jours que je ne les avois vûs, quand
je reçûs un billet d'Eléonor, qui m'avertissoit de sortir d'Espagne en diligence,
parce qu'on avoit résolu de me faire assassiner.

Quelque pressant que fût l'avis qu'on
me donnoit, je ne pûs me résoudre de
m'en tenir au billet par lequel il m'étoit
donné, & je voulus voir celle qui me l'a-
voit écrit : je ne l'avois point vûe depuis
la priere qu'elle m'avoit faite de ne plus
aller chez elle, & je n'osois y paroître ni
dans mon habit, ni dans celui de l'Esclave;

cependant, ayant reçu d'elle le billet dont je viens de parler, je crus que je devois la voir, & pour cela je me déguisai encore & repris l'habit sous le quel j'avois eu accès chez elle, faisant semblant d'être revenu pour lui apporter encore des nouvelles de son mari.

On l'avertit que c'étoit l'Esclave d'Alger, & au lieu de me faire monter, elle m'apprit en peu de mots que Manrique avoit publié par tout que c'étoit moi qui étois l'Esclave, & qui sous cet habit avois tué le fils du Duc d..... que le Roi le savoit, qu'il en avoit une jalousie extrême; que ce Prince l'avoit querellée, comme si elle eût favorisé ce déguisement pour me recevoir avec moins de peine; que depuis cette querelle il n'étoit point revenu la voir; qu'elle se croyoit disgraciée, mais que ce qui étoit bien assûré, c'est que le Roi, le Duc de..... & Manrique, me feroient périr, si je ne cherchois à me mettre en sûreté.

La maniére dont elle me parla, en m'apprenant toutes ces choses, me fit bien juger que je n'avois pas de temps à perdre, & que le seul parti que je devois prendre, étoit de suivre son conseil, & de partir; mais j'avoue que je balançai par le regret de m'éloigner d'elle, & d'avoir été la cause innocente de tous les chagrins qu'elle avoit eûs. Quand elle vit mon incertitude , elle me querella tout de bon , & me quittant en colére, elle me dit , que ſi je ne voulois pas ſuivre ſon conſeil, c'étoit une marque je comptois ſa perte pour rien , puiſqu'elle ſeroit effeċtivement perdue , ſi l'on venoit à ſavoir qu'elle m'eût encore parlé. Après ces paroles , elle ne voulut plus m'entendre, & elle donna ordre qu'on me fiſt ſortir.

J'étois au déſeſpoir de me ſéparer de la ſorte d'une perſonne que j'aimois toujours, & dont j'avois eu lieu juſques-là de me croire aimé , & je fus mille fois plus touché de l'envie de la revoir encore , & de lui dire adieu avec plus de tranquillité, que de la crainte de Manrique , & du péril dont on me donnoit avis. Il ne me fut pas poſſible de partir ; & l'amour me fermant les yeux à toute autre conſidération , qu'à ce qui pouvoit le ſatisfaire , je ne penſai qu'à me donner à moi-même des raiſons plauſibles pour demeurer.

Les affaires de Monſieur le Prince me ſervoient toujours de prétexte ; & quelque inutile que je lui fuſſe à Madrid , je me figurois qu'il ne pouvoit ſe paſſer de moi, dès que mon entêtement & ma folie me faiſoient trouver de la peine à m'éloigner.

Je fus donc convaincu que je devois reſter, & j'éprouvai encore en cette occaſion que l'amour prend toujours l'afcendant fur toutes les autres paffions ; & que quand on n'a des yeux que pour lui , on doit s'attendre à être aveugle pour tout le refte. Mais en prenant le parti de demeurer à Madrid, pour avoir lieu de revoir Eleonor , & pour lui dire adieu autrement que je n'avois fait, je ne laiffai pas de penfer encore à me venger de Dona Ifabella , & c'eft-là , après tout , ce qui m'occupa le plus , tant j'étois peu fûr de ce que je fouhaitois. J'avois mille raifons de me plaindre du procédé de cette femme , mais rien ne me donnoit plus de reffentiment & de colére contre elle , que ce mauvais goût , qui me rendoit plus aimable à fes yeux fous un autre vifage que fous le mien.

Je réfolus de lui donner encore le change ; & comme il m'avoit femblé qu'elle n'étoit pas trop perfuadée que l'Efclave d'Alger fût le même que moi , je voulus voir fi je ne pourrois point lui faire croire que nous étions deux perfonnes différentes. Voici à peu près ce que je lui écrivis , pour éprouver fi je ne pourrois point la remettre en goût pour cet Efclave.

Vous ferez furprife , Madame , de recevoir une Lettre d'un caractere qui vous eſt inconnu. Je fuis Acma-hamet , cet heureux Efclave d'Alger , qui n'a difparu que par la

perfidie d'un ami , qui a essayé sous mon ha-
bit & sous mon nom de profiter d'un bonheur
qui m'étoit destiné ; mais enfin , je n'ai plus
à me défier de lui, ni a le craindre, puisqu'il
ignore que je suis revenu à Madrid. Je ne
veux y être connu que de la seule personne
qui m'y a fait revenir. Je loge chez Alonzo
Riberos ; & si vous n'étes point changée ,
vous ne tarderez point à me donner de vos
nouvelles. Celui chez qui je suis logé , croit
que je suis de Maroc , & que je m'appelle
Muley-Asan. C'est sous ce nom qu'il faudra
me demander.

Ayant écrit cette Lettre , je la fis rendre
sûrement à Isabella , & j'allai m'enfermer
chez cet Alonzo Riberos , à qui je fis entendre que j'étois en effet un Négociant de
Maroc , & que j'étois venu à Madrid pour
quelques affaires. Par ce nouveau déguisement , je me mettois à l'abri des pourfuites
de Manrique ; je contentois la fantaisie que
j'avois de ne pas quitter Madrid , & je nour-
rissois l'espérance d'y exécuter les desseins
qui m'obligeoient d'y rester.

Quand depuis j'ai fait réflexion à tout
ce que j'étois capable d'entreprendre en ce
temps-là , j'ai compris que pour s'engager
dans les desseins les plus extraordinaires ,
. il ne faut qu'être jeune , & qu'avoir en tête
quelque passion. Avec ces deux choses ,

on peut renouveller tous les jours les aventures les plus incroyables ; & dans la difpofition où j'étois alors , plus les deſſeins où
je m'engageois étoient bizarres , plus je
m'en fentois flatté. Il n'y a que l'âge & la
fageſſe qui faſſent voir aux hommes le ridicule & les dangers de cette intrépidité romaneſque.

Je ne fus pas long-temps chez Riberos,
fans avoir des nouvelles de la Lettre que
j'avois fait rendre à Ifabella. Elle la reçut,
& il n'eſt pas furprenant qu'ayant été fi long-
temps aſſez aveugle , pour croire que l'Efclave d'Alger étoit un autre que moi , elle
eût encore le même aveuglement , quand
elle crut en avoir de nouvelles preuves
dans la Lettre que je lui avois fait rendre.
Elle fe fut bon gré , après l'avoir lûe , de
tout ce qu'elle avoit perfuadé à fon mari ,
& lui ayant fait croire qu'il n'y avoit point
eu d'autre Efclave d'Alger que moi , elle
fe trouva en poſſeſſion de voir cet Efclave ,
fans être fufpecte.

Elle ne manqua pas d'envoyer chez Riberos la Duegne Beatrix , qui me mena ,
comme elle avoit fait les autres fois , au
balcon qui m'introduifoit chez fa maîtreſſe.
Ifabella croyant que j'étois en effet l'Efclave qu'elle avoit vû la premiere fois , me
conta tout ce qui étoit arrivé depuis , &
comment elle avoit voulu me faire aſſaſſi-
ner,

ner, en perfuadant à fon mari que l'Algérien & moi n'étions qu'un même homme.

M'ayant conté ce détail, elle me fit de grands reproches de l'indifcrétion que j'avois eûe, me croyant toujours l'homme d'Alger, d'avoir fait confidence au François, mon ami, du commerce que nous avions enfemble, & de lui avoir donné le moyen de venir au rendez-vous qu'elle m'avoit deftiné.

Rien n'étoit plus plaifant que de la voir ainfi me parler de moi, fans croire que ce fût à moi qu'elle parlât; & comme je n'étois plus jaloux de moi-même, je réfolus de goûter ce plaifir tout entier, & de voir jufqu'où fon aveuglement & fon imprudence pourroient aller. Je lui fis des excufes de l'indifcrétion dont elle me faifoit des reproches; mais, après tout, lui dis-je, Madame, je ne devois pas trop vous déplaire de vous faire connoître ce François, puifqu'on m'a dit que vous aviez été fort bien enfemble.

Elle me nia qu'elle eût jamais aimé le François dont je lui parlois, m'affurant au contraire qu'elle l'avoit toujours haï; & que fi elle avoit paru le fouffrir, ce n'avoit été que pour avoir occafion de le perdre, comme elle avoit fait. Quelque peine que j'euffe à tenir contre un déguifement, qui m'expofoit à entendre tant de menfonges

& de perfidies, je réfiftai pourtant, & je me féparai d'elle, fans qu'elle eût le moindre foupçon que je fûffe autre que l'Efclave Algérien.

Quand je l'eus quitté, je réfolus de pouffer la comédie jufqu'au bout, & j'en trouvai le moyen dans la maifon où j'étois caché. Alonzo Riberos avoit beaucoup de commerce dans les pays étrangers, & c'eft ce qui m'avoit fait choifir fa maifon, pour donner plus de vraifemblance au déguifement qui trompoit la Dame. Je voyois venir chez lui des gens de tout pays & de toute efpéce, entr'autres des Africains, & j'en vis un qui étoit d'Alger, & qui me parut très-propre à la vengeance que je méditois contre Ifabella.

J'avois, parmi le peu de domeftiques qui me fervoient, un valet de chambre fort habile, & à qui je me confiois entiérement. Ce garçon étant inftruit de mes intentions, trouva le moyen de s'aboucher avec l'Africain, & après quelques autres difcours, il lui dit qu'il y avoit une Dame Efpagnole qui cherchoit un homme de fa Nation, pour qui elle avoit un goût particulier, à deffëin d'avoir avec lui quelque rendez-vous. L'Africain ouvrit moins les oreilles à cette propofition, que les yeux à quelques piéces d'argent que mon valet lui donna, lui en promettant bien davantage, s'il vouloit faire ce qu'on lui proposeroit, si l'on pouvoit se fier là-dessus à sa discrétion.

L'Africain promit ce qu'on voulut, & mon valet l'amena chez Riberos, où il lui dit qu'on le viendroit prendre. Il me rendit compte du succès de sa négociation, & Beatrix étant venue à l'heure accoutumée, je fis paroître l'Africain à ma place, & il fut conduit au rendez-vous par la Duegne, qui pensoit que c'étoit moi. Mon valet l'avoit instruit de tout ce qu'il falloit faire. Ainsi, dès qu'il fut arrivé, il monta par l'échelle de corde sur le balcon, & du balcon, il fut introduit dans la chambre d'Isabella.

Lorsque j'eus appris qu'il y étoit, j'écrivis à Manrique un billet, par où on l'avertissoit que sa femme étoit actuellement enfermée avec l'Esclave d'Alger, qui avoit tant fait de bruit. Manrique étoit couché, quand mon valet porta ce billet ; & ce valet insista si fort sur la conséquence des choses qu'il contenoit, que ceux de Manrique l'éveillerent, & le lui rendirent.

La pensée où il étoit, que l'Esclave d'Alger & moi étions le même homme, le rendit encore plus diligent à profiter de l'avis. Il se leva, persuadé qu'en surprenant l'Esclave avec sa femme, c'étoit moi qu'il alloit surprendre. Il ordonna à une partie de ses domestiques de se tenir dans la rue du côté du balcon, pendant qu'il envoyeroit l'autre par dedans la maison à la chambre, où on lui marquoit qu'étoit le rendez-vous.

Les choses étant ainsi disposées du côté de Manrique, voici ce qui se passa du côté d'Isabella, quand l'Africain fut entré dans sa chambre. Elle ne reconnut pas d'abord la tromperie qu'on lui faisoit, mais ne trouvant dans l'Africain ni la taille, ni le ton de la voix de celui qu'elle avoit vû les autres jours, elle prit un flambeau pour l'examiner, & elle reconnut bien-tôt que c'étoit un autre homme. Elle ne s'étonna point autant qu'elle auroit dû le faire; mais voulant savoir par quelle aventure cet inconnu se rencontroit dans le lieu du rendez-vous, elle l'obligea de lui en rendre raison. L'Africain lui confessa que c'étoit un homme de Maroc, nommé Muley-Asan, qui l'avoit engagé dans cette aventure, par l'entremise d'un de ses valets. Ainsi, la pauvre Isabella, qui savoit que Muley-Asan étoit le même que son cher Esclave, crut encore une fois qu'il l'avoit sacrifiée.

Elle dissimula son dépit devant le vrai Algérien, & lui ayant dit que ceux qui l'avoient obligé à cette démarche, étoient des fripons qui n'avoient pensé qu'à le perdre, elle lui ordonna de se retirer; & l'Africain ne se le faisant pas dire deux fois, descendit par l'échelle de corde, qu'Isabella retira fi-tôt qu'il fut defcendu.

Dans le moment que cet homme mettoit le pied dans la rue, & qu'Ifabella re-
fermoit le balcon, les valets que Manrique
avoit envoyés de ce côté-là, arriverent &
fe faifirent de lui. Manrique, de fon côté,
entra dans la chambre de fa femme, qu'il
trouva feule, mais fort interdite. Il alloit
lui demander pourquoi elle n'étoit pas couchée, quand les valets, qui avoient faifi
l'Affricain, le lui amenerent, difant qu'ils
l'avoient trouvé fous les fenêtres d'Ifabella.

On ne peut exprimer l'étonnement de
Manrique, quand il vit qu'on lui amenoit
un autre que moi. Il crut, en ce moment,
que ceux qui lui avoient dit que l'Efclave
& moi étions le même homme, l'avoient
trompé, & cette penfée lui fit paroître fa
femme encore plus criminelle qu'elle n'é-
toit. Il la fit enfermer dans fa chambre,
& il ordonna qu'on mît l'Africain dans un
cul de baffe-foffe.

Dès le lendemain, le bruit fe répandit
que le fameux Efclave d'Alger, qui avoit
tué le fils du Duc d.... avoit été furpris
en rendez-vous chez la femme de Manrique, & qu'il y étoit prifonnier. Cette nouvelle fit grand bruit. Eleonor qui en entendit parler, ne douta point que ce ne fût encore moi, qui au lieu de profiter de fes avis,
m'étois expofé à cet accident. Le Roi mê-

me le fut, & il en conçut de nouveaux soupçons contre la fidélité d'Eleonor.

Le Duc d....... qui avoit de la peine à souffrir que la mort de son fils ne fût pas vengée, vint trouver Manrique ; & l'un & l'autre ayant examiné l'Africain, ils reconnurent que ce n'étoit pas le même. Isabella n'osoit rien dire, de peur que sur les avis du prisonnier, on n'allât chercher Muley-Afan chez Riberos, & que cet homme ne déclarât le commerce qu'il avoit avec elle.

Une partie de ce qu'elle craignoit arriva. L'Africain ayant déclaré que c'étoit un valet de Muley-Afan qui l'avoit embarqué dans cette affaire, on alla chez Riberos, pour se saisir de moi ; mais comme j'avois prévû cet événement, je m'y étois préparé. Je n'étois plus retourné chez Riberos, & on ne me trouva point.

Je me tins caché tout le jour dans la maison, où j'avois ordinairement logé jusques-là ; & ayant appris que l'on commençoit à dire que j'étois Muley-Afan, qui m'étois déguisé sous ce nom-là chez Riberos, pour jouer à Isabella la piéce que je viens de rapporter, je crûs qu'il n'y avoit pas pour moi de sûreté à rester plus long-temps à Madrid, & j'en partis le lendemain, ayant envoyé mes gens devant moi, & n'ayant retenu qu'un valet, avec lequel je pris la poſte , ſans que perſonne ſe mît en état de m'arrêter.

Je vins à Bayonne , pour me rendre en Guienne , où j'eſpérois trouver Monſieur le Prince , qui avoit une Armée oppoſée à celle que commandoit le Duc de Vendôme. Bourg étoit aſſiégé en ce temps-là. C'étoit en 1653 , vers le mois de Juillet.

Je fus obligé de m'arrêter quelque temps à Bayonne , y étant tombé malade ; j'écrivis à Monſieur le Prince une partie des raiſons que j'avois eûes de quitter Madrid. Ce Prince me fit répondre que je pouvois retourner à Paris , ou me rendre à l'Armée du Duc de Vendôme , & qu'il ne vouloit point être cauſe que je ſuiviſſe un autre parti que celui qu'avoit pris mon frere. La Lettre étoit fort ſéche , & je compris que Monſieur le Prince étoit peu content de ce que j'avois fait pour lui , pendant que j'avois été en Eſpagne.

·Il eſt aiſé de juger que le chagrin que j'eûs de me voir un peu brouillé avec lui , me fit faire encore plus de réflexions que je n'en aurois fait ſur les bizarres aventures que j'avois eûes à Madrid ; mais on ſera ſurpris que ces réflexions ne me rendiſſent pas plus ſage , & ne m'empéchaſſent pas de prendre un deſſein auſſi étrange que celui où je m'abandonnai tout entier.

Quand je vis que Monſieur le Prince

étoit mal content que j'euſſe quitté Madrid,
je crûs que je devois y retourner ; & le péril dont j'y étois menacé , eut moins de
pouvoir ſur moi , que le deſir de réparer ,
par une plus grande application & une meilleure conduite , l'idée que j'avois donnée
à ce Prince d'un peu de négligence à ſon
ſervice ; mais ſi l'on veut que j'explique de
bonne foi le vrai motif qui me fit penſer à
ce deſſein , j'avouerai , à ma confuſion ,
que ce fut l'amour que j'avois pour Eleonor. Le ſoin qu'elle avoit pris de me faire
ſauver , & la colére avec laquelle elle m'a-
voit quitté , ſervirent moins à réveiller mon
amour , que la crainte qu'elle m'avoit té-
moignée de ſe voir en diſgrace auprès du
Roi. Je m'allai mettre dans l'eſprit qu'elle
pouvoit avoir beſoin de ſecours dans les
circonſtances où je l'avois laiſſée. Je craignis que le Roi l'ayant abandonnée , la jalouſie de ſon mari ne l'expoſât à des extrémités fâcheuſes ; & mon amour s'auto-
riſant de tous ces prétextes , me fit croire
qu'il y avoit eu de la lâcheté à m'en ſéparer comme j'avois fait.

Qu'on eſt à plaindre (car je ne puis trop
faire ces réflexions) quand on ſe laiſſe maî-
triſer par la plus aveugle des paſſions ! On
ajoute à un aveuglement groſſier , la folle
préſomption de n'être pas aveugle ; & ſi
toute la terre m'eût dit que j'étois fou &
extravagant

extravagant de vouloir encore retourner à
Madrid, j'aurois crû que toute la terre ne
voyoit goute, & que j'étois le seul éclairé,
tant les raisons qui me déterminerent à ce
retour, me parurent alors claires & con-
vaincantes. Je ne laissois pas d'entrevoir
quelquefois la témérité de mon dessein ;
mais, plus il me paroissoit téméraire, plus
je me sentois de goût pour l'exécuter, &
je me disois sans cesse à moi-même, qu'il
étoit beau de m'aller sacrifier pour servir
une maîtresse. Dieu veuille que personne,
en lisant ceci, ne se trouve aussi fou que
moi, & n'approuve, par un vain sentiment
de générosité amoureuse, une conduite qui
m'auroit exposé à des extrémités encore
plus fatales que celles que j'avois évitées,
sans la maladie qui m'empécha d'être aussi
fou que je voulois l'être. Etant donc rempli de cette générosité folle, j'écrivis à
Monsieur le Prince, que pour lui marquer
que je préferois son service à tout autre intérêt, je retournois en Espagne, où j'espé-
rois qu'il me feroit l'honneur de m'écrire
des Lettres moins dures que la derniére.
Après avoir envoyé cette Lettre, je repris
le chemin de Madrid, quoique ma santé
fût encore assez mauvaise ; mais dès le premier jour, je fus obligé de m'arrêter, &
tout ce que je pûs faire, fut de gagner Fontarabie, où je demeurai près de six semai-

nes au lit , y ayant été affez malade , pour avoir fait juger plus d'une fois que je n'en releverois pas.

J'avois dès les premiers jours de ma maladie envoyé un de mes gens à Madrid , avec une Lettre pour Eleonor, par laquelle je lui mandois qu'il m'avoit été impoffible de m'éloigner d'elle , & que je retournerois la voir dès que ma fanté me le permettroit , pour lui offrir mon fecours & mes foins , en un temps où je craignois qu'elle n'en eût befoin. J'avois auffi ordonné à celui que j'envoyois , de s'informer ce qu'on difoit de moi , particuliérement à l'occafion de Manrique & de fa femme.

Cet homme rendit ma Lettre à Eleonor, qui après l'avoir lûe , lui répondit de bouche que je me gardaffe bien de revenir à Madrid , & que c'étoit tout ce qu'elle avoit à dire pour réponfe à ma Lettre. Il s'informa de Manrique , & on lui dit qu'il me cherchoit par tout ; que fa femme ayant appris que j'étois le même que Muley-Afan, avoit perfuadé à fon mari que le chagrin de n'avoir pû rien obtenir d'elle , m'avoit fait imaginer pour la perdre , l'aventure de l'Africain qu'on avoit pris ; que cet Africain avoit été renvoyé , après une vive réprimande; que tout le monde étoit perfuadé de la fageffe & de l'innocence d'Ifabella dans cette aventure ; qu'elle étoit mieux que jamais dans l'esprit de son mari ; & qu'enfin, je ne devois jamais penser à retourner en Espagne.

On vint me rendre cette réponse, lorsque je commençois à me mieux porter ; & je crois que si ma santé l'eût permis, j'aurois passé par-dessus tous les périls que j'avois à craindre, tant j'étois outré de ce qu'Eleonor ne m'avoit point écrit, & tant j'avois envie de la revoir ; mais heureusement je me portois trop mal, pour entreprendre aucun voyage, & je vis bien qu'il n'y avoit point d'autre parti à prendre que de me guérir, & de me mettre en état d'oublier à jamais, Eleonor.

Je m'arrêtai donc à ce dessein ; mais avant que de continuer le récit de mes aventures, je crois devoir raconter ce qui se passa à Madrid depuis mon départ. Je ne fus informé de ce détail que long-temps après ; mais c'est ici le lieu naturel d'en parler, puisque le Lecteur a encore l'idée toute récente des choses qui m'y arriverent, & que tout ce que je vais dire, a des liaisons avec ce que j'en ai déja raconté. On verra encore mieux combien j'avois tort de vouloir retourner dans un pays qui m'avoit été si funeste, & combien j'eus raison de surmonter enfin la passion qui m'y rappelloit.

J'y laissai deux femmes, avec lesquelles

j'avois eu le plus de commerce, je veux dire, celle que j'ai appellée Dona Iſabella, & celle que j'ai fait connoître ſous la qualité de Catalane & ſous le nom d'Eleonor. J'avois aimé ces deux femmes, mais avec des ſentimens bien différens. J'eſtimois Eleonor, & je craignois Iſabella. L'une, m'avoit attaché par l'idée qu'elle m'avoit donnée de ſa délicateſſe & de ſa vertu ; & l'autre, au contraire, ne m'avoit plû que par ſes avances & par ſes emportemens. On va voir que l'une & l'autre ſe trouva à peu près de même caractére, quand elles ſe virent dans les mêmes circonſtances ; & on jugera encore mieux de l'opinion qu'on doit avoir des femmes qui veulent être ai‑mées, & qui ne peuvent ſe borner à un mari ou à un amant.

Comme le caractére de Dona Iſabella étoit de ne point contraindre ſes inclinations & ſes goûts, elle avoit eu dans tous ſes attachemens autant de bizarrerie qu'elle en marqua, lorſque me prenant pour un Eſclave d'Alger, elle ne put m'aimer ſous une autre qualité & ſous une autre figure. Ainſi, toutes ſes intrigues avoient toujours été avec des gens ſans conſéquence, & qu'elle pouvoit ſacrifier aiſément aux ſoup‑çons de ſon mari.

Avant que je fuſſe à Madrid, elle avoit déja eu pluſieurs affaires, & entr'autres

celle dont je vais parler. A peine fut elle
mariée, & eut-elle paru à la Cour, où
l'emploi de son mari lui donnoit un rang
fort diftingué, qu'elle fut aimée de tout ce
qu'il y avoit de jeunes Seigneurs ; mais celui qui parut avoir pour elle un attachement plus fidéle & plus fincére, fut le Prince de . . . . . C'étoit le Seigneur de toute
l'Efpagne le mieux fait, & qui méritoit le
plus la préference par fa bonne mine. Ce
jeune Seigneur étoit fur le point d'époufer
la fille du Marquis d . . . . qui étoit le
plus riche parti de la Cour, & de laquelle
il étoit tendrement aimé, quand il connut
Ifabella.

Ce fut une efpéce d'enchantement que
la maniére dont il s'attacha à elle. Il devint
infenfible à toute autre paffion ; & pour
rompre ou différer le mariage qu'il étoit
fur le point de faire, il fit femblant de vouloir prendre le parti de l'Eglife, & il propofa à fon pere de faire le mariage de la
fille du Marquis avec fon cadet, s'offrant
même de lui céder le droit d'aîneffe ; &
la chofe auroit été exécutée, s'il n'eût reconnu combien Ifabella étoit indigne d'un
femblable facrifice.

Cette femme n'eut pour lui que de la
fierté ; & felon le caractére que nous lui
avons vû, elle ne manqua pas de faire confidence à fon mari de l'amour du Prince ; &

le mari en ufa à fon égard , comme j'ai dit
qu'il en avoit ufé au mien. Le pauvre Prince devenu fufpeƈt au mari , & embarraffé
pour voir la Dame , penfa mourir de chagrin , & il en tomba malade.

Il avoit un valet de chambre Navarrois,
affez bien fait , dont il s'étoit fervi pour
écrire quelquefois à Ifabella. Ce Navarrois
voyant fon maître malade , & ne pouvant
ignorer que le chagrin d'être maltraité d'Ifabella , n'eût la principale part à fa maladie , lui dit qu'il le plaignoit d'autant plus ,
qu'il favoit qu'Ifabella n'étoit fiére pour lui,
que parce qu'il étoit trop grand Seigneur;
& que s'il ne craignoit de lui déplaire , il
lui apprendroit que cette Dame avoit un
commerce réglé avec un des domeftiques
de fon mari.

Le Prince penfa tuer fon valet de chambre , pour avoir eu la hardieffe de lui tenir
un pareil difcours ; & le Navarrois voyant
l'aveuglement de fon maître , jura qu'il le
détromperoit. Il trouva le moyen de faire
venir chez le Prince ce valet de Manrique,
qu'il difoit être en intrigue avec fa femme;
& lui ayant promis une fomme confidéra-
ble , il l'engagea de faire confidence au
Prince même de l'intrigue qu'il avoit avec
Ifabella.

Le Prince fut auffi difficile à être perfuadé par le témoignage de ce domeftique ,

qu'il l'avoit été à croire le Navarrois ; & il ne parut les écouter l'un & l'autre, que quand on lui eut promis de lui faire voir la chofe de fes yeux. Les deux valets prirent donc jour pour faire cacher le Prince chez Manrique ; & toutes les mefures ayant réuffi, le Prince fut témoin oculaire de ce qu'on avoit voulu lui perfuader.

Mais l'amour qu'il avoit pour cette femme, n'ayant pû être éteint par une preuve fi fenfible du mépris qu'elle méritoit, il réfolut de ne lui pas laiffer ignorer ce qu'il avoit vû, non pas pour la confondre par ce reproche, mais pour l'engager mieux à l'aimer, tant ce pauvre Prince avoit de lâcheté & de foibleffe.

Il lui dit donc fottement qu'il favoit fon intrigue avec le domeftique, mais qu'il ne l'en aimoit pas moins ; qu'il n'attribuoit cet indigne commerce qu'à un fortilége, & qu'il ne pouvoit croire qu'une femme de fon mérite eût pû, fans quelque puiffance infernale, s'abaiffer à cette indignité ; que même il s'offroit de tuer le malheureux forcier qui l'avoit abufée, pour la défaire d'un efprit auffi féducteur que celui-là, & la mettre en état d'accorder naturellement fes bonnes graces à ceux qui n'auroient point d'autre fort que leur amour.

La Dame voyant la fottife du Prince, & que lui-même cherchoit les moyens de la juſtifier, ſe ſervit de ce qu'il lui diſoit de ſortilége & de ſorcier, pour lui perſuader que ce domeſtique avoit en effet commerce avec le diable ; mais la puiſſance de l'eſprit infernal n'avoit pas été employée à lui inſpirer un attachement indigne avec ce domeſtique, mais ſeulement à faſciner les yeux du Prince, pour lui faire voir ce qui n'étoit pas.

C'eſt ainſi qu'on racontoit en Eſpagne que la choſe s'étoit paſſée, & on la donnoit pour vraie ; enſorte qu'on diſoit que le Prince, croyant que ſes yeux l'avoient trompé, ſe perſuada que tout ce qu'il avoit vû étoit une illuſion du diable. Quoiqu'il en ſoit, le pauvre domeſtique fut aſſaſſiné, & on crut que c'étoit par ordre du Prince, qui s'étant défait de ce ſorcier, continua à aimer Iſabella, & à en être toujours maltraité.

Comme les Eſpagnols ſont extrêmement ſuperſticieux, celui-ci s'imagina que la fierté de ſa maîtreſſe étoit une ſuite des ſortiléges qu'on lui avoit donnés, & il ſe mit à faire des neuvaines pour conjurer l'eſprit malin, qu'il croyoit oppoſé à ſon bonheur ; enſorte que par une bizarrerie, qui ſeroit une impiété dans un autre pays que l'Eſpagne, on vit ce Prince aveugle employer ce que la Religion a de plus ſaint, pour obtenir le ſuccès d'une intrigue amoureuſe.

Il faut croire que l'esprit lui revint, car il oublia Isabella, & il fit le mariage qu'il n'avoit rejetté, que parce qu'il n'avoit pû souffrir d'autre femme que celle-là, tant qu'il l'avoit aimée. Je ne savois point cette ridicule histoire, lorsque je m'attachai à elle. Si j'en eusse été instruit alors, j'aurois crû que c'étoit aussi par une suite de sorcellerie qu'elle n'avoit pû me souffrir sous ma figure naturelle, pendant qu'elle étoit folle de moi sous celle d'un Africain.

Quand j'eus quitté Madrid, & que son mari, toujours gagné par ses artifices & ses fausses confidences, eut perdu toute espérance de se venger de moi, il continua à publier par tout que c'étoit moi qui étoit le faux Esclave d'Alger, & que le Roi & toute l'Espagne en avoient été la dupe. Le Roi, à qui j'avois toujours été suspect à l'égard d'Eleonor, ne douta point que ce ne fût pour l'amour de cette femme que je m'étois déguisé de la forte, & il en conçut des soupçons contre elle. Il voulut voir Manrique; & cet homme disant que c'étoit par la vertu & la bonne conduite d'Isabella, que l'on avoit découvert que l'Esclave & moi étions le même homme, le Roi voulut aussi la voir, & en apprendre tout ce qu'elle savoit de moi.

Je n'avois jamais parlé à cette femme de l'attachement que j'avois pour Eleonor;

ainſi , elle ne dit rien au Roi qui pût confirmer ſa jaloufie & ſes ſoupçons ; au contraire , elle affecta ſi fort de marquer que ce déguiſement n'avoit jamais regardé qu'elle-même , & elle exagera tellement le violent amour que j'avois eu pour elle , que le Roi ne put pas croire qu'un homme ſi amoureux d'Iſabella eût encore pû aimer Eleonor.

Ainſi , les ſoupçons de ce Prince ſur ſa maîtreſſe , furent entiérement diſſipés par la vanité qu'eut Iſabella de lui faire entendre que je l'avois aimée , & que je l'avois aimée ſeule. Mais la pauvre Eleonor n'en fut pas plus heureuſe que ſi elle avoit toujours été ſoupçonnée ; & le Roi qui étoit un Prince , à qui la derniere maîtreſſe faiſoit toujours oublier les autres , trouva Iſabella aſſez à ſon gré pour l'aimer , & cet amour fut le ſeul effet de la converſation qu'il eut avec elle.

Le bruit de cette nouvelle paſſion s'étant bien-tôt répandu , Eleonor en fut inſtruite des premieres. Juſques-là , on n'avoit pû rien remarquer en elle , qui ne fût digne d'eſtime & même d'admiration. Il ſembloit même qu'elle ne ſouffrît l'attachement du Roi que par une pure complaiſance , & l'on publioit que c'étoit la ſeule qui eût réſiſté aux deſirs de ce Prince , & qui méritât d'être aimée pour ſa vertu. Tout cela ſembla ſe démentir , dès qu'elle vit que le Roi

en aimoit une autre, puifqu'elle mit tout en
ufage pour le faire revenir, ou fe venger.

Comme elle connoiffoit un peu Manrique, le mari de fa rivale, elle trouva le
moyen de lui parler, & tâcha de lui donner affez de jaloufie, pour lui faire emmener fa femme à une terre qu'il avoit, éloignée de Madrid de deux ou trois journées.
Elle réuffit auprès de Manrique plus qu'elle
ne penfoit, & elle lui infpira, non-feulement une jaloufie capable de tout entreprendre, mais encore un amour auffi en-
treprenant que le pouvoit être la jaloufie.

Ainfi, Manrique éclairé fur le commerce
que le Roi commençoit à avoir avec fa femme, ne fe trouva point d'humeur à le fouffrir, & ayant pris des mefures, il la fit enlever & conduire à une terre encore plus
éloignée que ne l'étoit celle dont Eleonor
lui avoit parlé. S'étant défait de fa femme,
il crut qu'Eleonor auroit de la complaifance pour lui : mais le Roi ne voyant plus
Ifabella, & ne voulant point employer fon
autorité pour la faire revenir, étoit rede-
venu plus amoureux que jamais d'Eleonor,
& Manrique ne trouvoit plus d'autre moyen
de voir tranquillement fa maîtreffe, qu'en
faifant revenir fa femme.

Il fe vit alors dans deux extrémités bizarres & fort embarraffantes pour un mari
jaloux & pour un amant paffionné ; mais

je crois que les intérêts de l'amant l'auroient emporté fur ceux du mari , s'il n'a-
voit craint, en faifant revenir fa femme ,
de déplaire à fa maîtreffe. Il laiffa donc fa
femme où elle étoit, & il tâcha , pour voir
fa maîtreffe , de profiter des momens où le
Roi ne la voyoit pas; mais foit qu'Eleonor
n'eût pas cette complaifance pour lui , foit
que le Roi ne le permît pas , Manrique reconnut qu'il n'avoit point tiré d'autre avan-
tage de l'éloignement de fa femme , que
d'en avoir paru jaloux.

Il voulut du moins que la maîtreffe à laquelle il avoit facrifié fa femme , ne jouît
pas de ce facrifice, & il fit ce qu'il put pour
obliger le mari d'Eleonor à la faire venir
dans la Vice-Royauté , où il faifoit fa réfi-
dence ; mais ce mari, qui ne fongeoit qu'à
fa fortune, fut peu touché des raifons qu'on
lui alléguoit , pour l'obliger à ne point vivre éloigné de fa femme. Ainfi, Manrique ne put, ni fe faire véritablement aimer
d'Eleonor , ni fe venger d'elle.

Sa femme n'étoit pas d'une humeur affez
complaifante pour fe tenir tranquillement
dans fon exil ; & apprenant que depuis
fon départ, Eleonor étoit redevenue toute
puiffante fur l'efprit du Roi , elle fentit encore plus la violence qu'on lui avoit faite.
Elle fut inftruite de l'amour de fon mari
pour fa rivale , & elle crut qu'elle ne devoit

pas le laiſſer ignorer au Roi. Elle l'en fit
donc informer par des gens qui appro-
choient de ce Prince, & tout cela ne ſervit qu'à faire donner à Manrique un Gouvernement qui l'éloigna de Madrid.

Je n'ai pû être informé du reſte des avantures de ces deux rivales ; mais quand j'appris qu'Eleonor, pour qui j'avois une véritable eſtime, avoit été capable d'avoir de
la complaiſance pour Manrique, je remerciai le Ciel d'avoir mis un obſtacle au deſſein que j'avois eu de retourner à Madrid.
Je ne me ſerois jamais conſolé, qu'une
femme, de qui j'avois conçu des idées ſi
nobles, eût eu la baſſeſſe de tout ſacrifier
à la vanité d'être aimée d'un Prince, qui
n'avoit en amour que ſa dignité qui le
rendît recommandable, car tel fut le caractére des amours du Roi dont je parle ;
Prince d'ailleurs digne de ſon rang.

J'eus le temps, pendant que je fus malade à Fontarabie, de faire réflexion aux
aventures de ma vie paſſée ; & quoique je
n'euſſe encore que vingt-ſept à vingt-huit
ans, j'avois tant vû de caractéres de femmes, & le penchant que j'avois pour elles,
m'avoit expoſé à tant de diverſes épreu-
ves, que je ne pouvois m'empêcher de regretter le temps qu'elles m'avoient fait perdre, & de reconnoître que ç'avoit été la
ſource du peu de progrès que j'avois fait

dans les armes ; car enfin , je me trouvois moins avancé que je ne l'étois après mes premieres campagnes , & je voyois bien que tant que je ne réſiſterois pas mieux aux occaſions de la galanterie , je ne devois guére eſpérer une fortune plus heureuſe.

Mais auſſi comment y réſiſter ? Je ne m'en trouvois ni la volonté , ni la force , tant que je reſterois dans le monde. Ces penſées me firent naître un violent deſir de m'en retirer , & ce qui acheva de m'y porter , ce fut le chagrin de la maladie , & celui de me voir mal dans l'eſprit de Monſieur le Prince.

Comme je roulois un jour ces penſées dans mon eſprit , & que je faiſois une promenade que l'on m'avoit ordonnée pour le rétabliſſement de ma ſanté , je trouvai un homme habillé en Hermite , qui ſe promenoit au même lieu où j'étois , & qui me voyant , ſembla vouloir s'éloigner. Je le priai le plus civilement que je pûs de ne me point fuir ; & ſon habit me le faiſant croire ſolitaire , les penſées de ſolitude que j'avois alors dans la tête , me firent ſouhaiter ſa converſation. Ainſi , je lui fis tant d'inſtances , qu'à la fin il s'arrêta. Après l'avoir entretenu quelque temps de choſes générales , je lui demandai s'il étoit Hermite , & comment il ſe trouvoit de ſa ſolitude.

Il me répondit qu'il ne favoit s'il devoit s'appeller Hermite, quoiqu'il menât une vie retirée, parce qu'il fe voyoit obligé d'avouer à fa confufion, que, quoiqu'il menât cette vie depuis douze ou treize années, fon efprit n'en étoit pas moins vif fur toutes les chofes du monde, & qu'actuellement il travailloit à retourner à une autre vie; ayant bien compris que pour fe faire Solitaire, il falloit avoir d'autres motifs que ceux qui lui avoient fait quitter le monde.

Je lui demandai fi les femmes n'avoient point eu de part au deffein qu'il avoit pris de fe retirer, & il me répondit en foupirant, que fon malheur ne venoit que de-là. Je lui dis de mon côté, que j'avois auffi beaucoup éprouvé d'aventures qui me donnoient du penchant pour la retraite, & qui me faifoient fouhaiter de l'embraffer. Je vous confeille, me dit cet homme, de vous y mieux prendre que je n'ai fait; car peut-être n'aurez-vous pas plus de conftance que moi. Je le conjurai de m'apprendre quelle vie il avoit menée auparavant; & après s'en être défendu quelque temps, il me conta fon hiftoire à-peu-près en ces termes:

Je fuis né en Portugal; & quoique vous ne jugiez pas à ma mine & à mon habit, que je fois homme de qualité, je puis cet pendant vous affûrer que je fuis parent du Roi Dom Juan, qui depuis treize ans a trouvé le moyen de remonter fur le tróne de fes ancêtres. J'ai été élevé avec lui lorf-qu'il n'étoit encore que Duc de Bragance; & j'aurois eu part à fa fortune, en qualité de fon parent, fi je n'en avois eu de plus proches que lui qui m'embarquérent dans leur deffein, ou plútót fi l'amour ne m'a-voit fait tourner la cervelle.

Jamais perfonne n'a été à la fois ni plus aimable, ni plus perfide que la perfonne que j'aimois : c'étoit une fille à-peu-près de mon âge, mais fort ambitieufe, & qui ne s'attacha à moi que tant qu'elle ne trou-va perfonne qui répondît à fon ambition : on l'avoit mife auprès de la Ducheffe de Mantoué qui pour lors étoit Vice-Reine de Portugal : elle étoit née de parens nobles, mais fort au-deffous de ma naiffance ; &, quoique je n'euffe pas beaucoup de bien, j'étois pour elle un parti très-avantageux : je l'aimai, & elle m'aima, ou du moins elle en fit femblant. Nous ne parlâmes pas d'abord de nous marier, parce que le Duc de Bragance n'auroit pas confenti à un ma-riage qui m'auroit fait époufer une fille fans bien ; mais je lui jurai que je n'épou-ferois jamais qu'elle, & je vivois dans l'ef-pérance de me voir bien-tót en état de le faire, par les apparences que nous voyions

tous

tous les jours au rétabliſſement du Duc de Bragance.

La conſpiration qui l'a remis ſur le trône commençoit alors à ſe former : je fus un de ceux à qui on la découvrit des premiers, & l'amour que j'avois pour ma maîtreſſe ne me permit pas de la lui cacher. C'étoit la derniere de toutes les imprudences, que de lui confier ce ſecret, parce que cette fille étant auprès de la Vice-Reine, je devois craindre qu'elle ne lui en découvrît quelque choſe, mais j'eus bien d'autres ſujets de me reprocher mon indiſcrétion.

La Vice-Reine avoit pour Sécretaire Vaſconcellos, qui, quoique Portugais, s'étoit fait le tyran de ſon propre pays, par l'abus qu'il faiſoit du pouvoir que la Vice-Reine lui avoit laiſſé uſurper. Cet homme s'aviſa de devenir amoureux de ma maîtreſſe ; & ce qui doit encore plus vous étonner, c'eſt que cette fille écouta ſon amour, comme elle auroit pû faire celui d'un Roi, tant ſon ambition ſe trouva charmée d'être aimée d'un homme qui avoit toute l'autorité dans le Royaume.

Elle ne douta point que Vaſconcellos ne la voulût épouſer, mais elle ne fut pas long-temps ſans s'appercevoir que cet homme avoit d'autres deſſeins, & qu'il ne cherchoit qu'à la mettre au nombre des maîtreſſes que le beſoin qu'on avoit de lui, lui faiſoit trouver facilement.

Cette fille ſembla avoir aſſez de vertu pour ne ſe pas plaire à un amour qui ne tendoit qu'à ſon déshonneur, & elle me dit qu'elle haïſſoit Vaſconcellos autant qu'elle avoit eu de complaiſance pour lui quand elle s'étoit flattée de devenir ſa femme. Sa femme, repris-je, avec étonnement! Hé, auriez-vous jamais pu vous y réſoudre? Pourquoi non, reprit-elle? N'y a-t-il pas du plaiſir à être maîtreſſe; & perſonne auroit-il plus de crédit dans le Royaume, que la femme d'un homme qui y eſt le maître?

Je lui fis des reproches d'un ſentiment ſi bas & ſi intéreſſé; & elle dit que je devois le lui pardonner, puiſqu'elle n'auroit ſouhaité du pouvoir que pour me faire du bien. Ce compliment m'appaiſa un peu, & je ne doutai pas, comme elle m'en aſſûra, qu'elle n'eût le dernier mépris pour mon indigne rival, après l'inſolent amour qu'il lui avoit témoigné: cependant j'apprenois de tous côtés que ce mépris n'étoit qu'apparent; que le Secretaire la voyoit toujours, & lui faiſoit des préſens. En effet, elle commençoit à faire plus de dépenſe qu'elle n'en faiſoit avant que de le connoître. Je lui demandai la raiſon de ce chan-

gement, elle me dit que c'étoit des bienfaits de la Vice-Reine, qui étoit la seule
qui lui fît des présens. On avoit beau me
dire que j'étois la dupe de cette fille, &
que le commerce qu'elle avoit avec Vasconcellos n'étoit que trop véritable, je
n'en pouvois rien croire, & je continuois
à l'aimer avec un respect égal à ma tendresse.

Cependant la conspiration éclata de la
maniere dont tout le monde l'a su. Les
Conjurés s'étant emparés de tous les quartiers de Lisbonne, se saisirent de la Vice-
Reine & de l'Archevêque de Brague : on
jetta Vasconcellos par les fenêtres, après
l'avoir poignardé, & en quatre jours le
Duc de Bragance fut reconnu Roi de Portugal. La haine que j'avois pour Vasconcellos me porta à me joindre à ceux qui
étoient chargés de le faire périr. Nous
montâmes à sa chambre, où le passage
m'ayant été disputé par un de ses Commis, je jettai cet homme par terre d'un
coup de sabre, & j'entrai le premier dans
la chambre. Nous ne le trouvâmes point;
& pendant que mes compagnons le cherchoient, j'apperçûs une petite cassette à
demi ouverte, dans laquelle je crûs voir
des lettres : je m'en saisis, & je trouvai le
moyen, sans que personne me vît, de
prendre les lettres dont elle étoit remplie,

& d'en faire un paquet dont je demeurai le maître. Cependant, après avoir long-temps cherché, on apprit que Vasconcellos étoit caché dans l'épaisseur du mur. Lorsqu'on l'en eut retiré, il m'appetçut, & osa me conjurer au nom de ma maîtresse, de lui sauver la vie, ajoutant qu'elle m'en seroit obligée par l'intérêt qu'elle prenoit à sa conservation. Je crûs que le malheureux avoit perdu l'esprit, de me faire un compliment qu'il devoit bien juger que je prendrois pour une insulte. Je voulus lui répondre pour l'obliger de dire avant que de mourir, qu'il n'avoit jamais eu de commerce avec la personne qu'il me nommoit, mais on ne m'en donna pas le temps, & je le vis précipiter au moment que je voulois lui parler.

Quand le tumulte eut été appaisé, & que nous nous vîmes maîtres de la Ville, mon premier soin fut de lire les lettres que j'avois trouvées : elles étoient la plûpart de ma perfide maîtresse ; & je ne pûs douter, en les lisant, de l'infame commerce dont elle avoit été accusée avec le Secretaire. Je connus par les mêmes lettres que cette fille l'avertissoit de la conspiration dont je lui avois parlé ; & j'admirai mon bonheur d'avoir trouvé une chose qui m'auroit perdu si elle fût tombée en d'autres mains. Je gardai ces lettres à dessein de les faire voir à cette infidelle, & de la confondre, en lui apprenant par-là que je connoissois combien elle étoit digne de mon mépris & de ma haine. Je ne savois ce qu'elle étoit devenue, & je croyois qu'elle avoit suivi le sort de la Vice-Reine, & qu'on l'avoit enfermée avec elle; mais, comme elle étoit Portugaise, on lui avoit permis de se retirer chez un de ses parens : elle étoit chez ce parent quand on lui vint dire la cruelle punition qu'on avoit faite de Vasconcellos. Elle ne fut pas maîtresse d'elle-même à cette nouvelle, soit qu'elle aimât de bonne foi ce malheureux, soit qu'elle regrétât l'argent & les présens dont il avoit acheté ses bonnes graces. Elle garda si peu de mesures, & déclama si furieusement contre ceux qui l'avoient tué, & même contre le nouveau Roi, qu'on crût devoir s'assûrer de sa personne. On l'enferma comme une ennemie contre laquelle il falloit se précautionner.

J'appris sa prison & ses emportemens; & personne ne devoit moins s'intéresser que moi à ce qu'elle deviendroit; mais je mourois d'envie de lui reprocher en face l'indigne attachement dont je pouvois la convaincre. Je croyois ne chercher par-là qu'à me mieux venger d'elle, sans m'appercevoir que je l'aimois encore, & que je ne voulois lui faire des reproches, que parce que je ne pouvois l'oublier.

J'allai la voir dans le lieu où elle étoit enfermée ; & dès qu'elle me vit , elle me demanda fiérement fi c'étoit par mon ordre qu'on la maltraitoit : je lui répondis , que quand j'aurois donné cet ordre , je n'aurois fait que ce que j'aurois dû faire , puifqu'elle étoit coupable à mon égard d'un crime plus grand que celui qui l'avoit rendue fufpecte. En difant ces paroles , je tirai fes lettres , & je lui demandai fi elle en connoiffoit l'écriture. Elle ne fe déconcerta point à cette vûe , & elle me dit avec une affûrance qui m'étonna , qu'elle pouvoit bien avouer les lettres que je lui montrois , puifqu'elle les avoit écrites à fon mari ; que fi je ne le favois pas , Vafconcellos l'avoit époufée , & qu'elle ne reconnoîtroit pour amis ou pour amans que ceux qui l'aideroient à venger fa mort. Quelque outré que je fuffe de ce difcours, je diffimulai pour ne m'arrêter qu'à lui faire voir les lettres par lefquelles elle rendoit compte à Vafconcellos du fecret de la confpiration que je lui avois confiée.

Elle me dit que c'étoit pour l'amour de moi-même , & par l'intérêt qu'elle prenoit à ma fortune , qu'elle avoit inftruit le Secretaire , à qui elle ne pouvoit pardonner de n'avoir pas mieux profité de fes avis , & de s'être attendu au Comte-Duc d'Olivarés, dont la lenteur à prévenir le mal, l'avoit rendu irrémédiable. Je l'interrompis pour lui demander ce qu'elle vouloit dire en m'apprenant que c'étoit pour mon propre intérêt qu'elle avoit tâché de diffiper la confpiration par les avis qu'elle en avoit donnés ; & elle me répondit qu'il falloit que je fuffe bien aveugle pour ne pas voir que l'Election du Duc de Bragance ne devoit guére être approuvée des Princes de fon Sang, aufquels ce nouveau Roi ne pourroit, quand il l'auroit voulu, donner des emplois auffi confidérables que ceux qu'ils pouvoient efpérer du Roi d'Efpagne, qui étoit un Prince Souverain de plufieurs Royaumes.

T out ce que cette fille me difoit auroit dû augmenter mon indignation contre elle ; mais, fur-tout, je devois être horriblement choqué de lui entendre dire qu'elle avoit époufé mon rival : cependant ce fut cela même qui m'empécha de la trouver auffi criminelle qu'elle étoit. J'aimai mieux apprendre qu'elle eût fait un mauvais mariage, que de la foupçonner d'une intrigue honteufe ; & à mefure qu'elle me parloit, je fentois que mon cœur fe rendoit à fes raifons, & prenoit fon parti auprès de moi. Ce fut cette intelligence fecrette d'un cœur trop foible & trop aveugle pour ce qu'il aimoit, qui me

fit écouter tout ce qu'elle voulut me dire
contre l'élection du Duc de Bragance , &
entrer infenfiblement dans des vûes de révolte.

Je ne m'expliquai pourtant pas dans
cette premiere converfation. Je continuai
fur le ton dont j'avois commencé, ou plûtôt je crus continuer fur ce ton-là ; mais on
ne peut déguifer quand on aime. Cette fille
s'apperçut malgré moi que je l'écoutois,
& elle vit bien qu'il n'étoit pas impoffible
de me mener où elle vouloit.

Après que je l'eus quittée , je me trouvai encore plus foible que je ne l'avois été
pendant que je l'avois vûe. L'idée de ce
qu'elle fouffroit dans fa prifon me donna
de la compaffion , & je crûs qu'il m'étoit
permis de folliciter fa grace : je l'obtins aifément, parce que je fis entendre qu'on ne
devoit attribuer tout ce qui lui étoit écha-
pé contre le nouveau Roi , qu'à un premier mouvement dont elle n'avoit pas été
maîtreffe , & qu'elle avoit condamné depuis qu'elle avoit eu le temps de fe reconnoître. On ne crut pas qu'il y eût de danger à donner la liberté à une fille qui n'é-
toit redoutable que par fa colere ou fa
douleur, & on me laiffa le maître de fa
deftinée.

Rien ne marque mieux l'aveuglement
& la foibleffe de mon amour, que la joie
extrême

extrême que j'eus en penfant à celle que
j'allois lui donner en la retirant de prifon ;
car je ne voulus point qu'un autre que moi
lui en portât la nouvelle, & fe chargeât
du foin de lui rendre la liberté. J'allai donc
la retrouver ; & après lui avoir fait des reproches, je lui dis que, pour la confondre & lui mieux faire connoître fon ingra-
titude, je ne voulois me venger d'elle que
par de nouveaux bienfaits, & que je venois lui dire qu'elle étoit libre. Elle s'arrêta moins à me remercier qu'à répéter ce
qu'elle m'avoit déja dit contre le gouvernement préfent ; & elle n'épargna rien pour
me faire entendre que ma fortune auroit
été plus éclatante, fi le Portugal ne s'étoit
point donné un Roi. Je diffimulai encore
que fes difcours fiffent autant d'impreffion
fur moi qu'ils en faifoient ; &, l'ayant retirée de prifon, je la fis conduire chez le
parent où elle avoit été arrêtée.

Je la vis fouvent, & je continuois à l'aimer avec autant de délicateffe & d'empreffement, que fi jamais je n'avois eu lieu de
me plaindre d'elle. Il me parut même
qu'elle avoit oublié le paffé, & je n'ofai
jamais approfondir la nature de l'attachement qu'elle avoit eu pour Vafconcellos,
de peur d'y trouver des raifons de la haïr ;
car je voulois l'aimer, & il me fembloit
que je ne pouvois faire autrement. Ce que

je dis ici n'eſt plus à ma louange , mais je ne veux rien déguiſer ; & l'amour cauſe tous les jours l'aveuglement & la foibleſſe dont je parle.

Il y avoit peu de temps que cette fille étoit en liberté quand je m'apperçus que le Duc de Camine , que je ne fais point de difficulté de nommer , puiſque tout le monde a ſu ſon malheur , la voyoit avec aſſez d'aſſiduité pour me faire craindre qu'il ne fût mon rival. Le Marquis de Villa-Real , pere de ce Duc , étoit mon plus proche parent , & nous l'étions tous trois du nouveau Roi.

Je ne témoignai pas d'abord à cette fille le chagrin & la jalouſie que me donnoient les viſites de mon parent ; mais elles furent ſi aſſidues , & il me parut qu'ils avoient tant de ſoin de ſe trouver ſeuls , que je lui en fis enfin des reproches. Elle me répondit qu'elle vouloit , à ſon tour , me confier un ſecret , en reconnoiſſance de celui que je lui avois découvert dans le temps de la conſpiration du Duc de Bragance , & que c'étoit moins pour guérir ma jalouſie , qu'elle vouloit avoir cette confiance en moi , que pour m'inſpirer des ſentimens dignes de ma naiſſance , & ne me pas priver de la gloire d'un deſſein qui devoit m'intéreſſer autant que qui ce ſoit. Le Duc de Camine , pourſuivit-elle , eſt amoureux

de moi , & j'ai trouvé en lui tous les fentimens que j'ai vainement cherchés en vous :
en un mot , il n'a point la lâcheté que vous
avez de vous foumettre à un Roi à qui le
Trône n'appartenoit pas plus qu'à d'autres ;
& nous fommes fur le point de voir le Portugal retourner à fon maître. Ayant ache-
vé ces paroles , elle m'apprit la confpiration qui fe formoit pour fe faifir de la perfonne du Roi nouvellement élû , & de la
Reine fa femme ; & après les avoir poi-
gnardés , de remettre le Portugal fous la
domination des Efpagnols. Elle me dit que
l'Archevêque de Brague étoit le chef de
cette confpiration ; que le Marquis de
Villa-Real , le Duc de Camine , & plufieurs autres , en étoient les principaux
complices , & qu'il ne tiendroit qu'à moi
de me joindre à eux.

Je lui demandai fi elle avoit eu ordre
de m'en parler , elle répondit que non ;
mais qu'elle m'aimoit affez pour vouloir
que je ne fuffe pas le feul de ma famille
qui n'eût point de part à un deffein fi glo-
rieux. Je la priai de ne point témoigner
qu'elle m'en eût parlé , & que je refufaffe
d'avoir part à cette entreprife ; mais que
je devois n'être pas content de ce qu'on
me l'avoit cachée. Elle me dit qu'il étoit
encore temps , & qu'elle en parleroit au
Duc de Camine.

Quand je fus chez moi, je me trouvai fort incertain du parti que je devois prendre. Je n'aurois pas balancé sans l'amour du Duc de Camine ; mais cette fille m'avoit dit si réfolument qu'il étoit amoureux d'elle, que je jugeai bien que fi la confpiration réuffiffoit, le Duc de Camine l'emporteroit fur moi, & que j'aurois le dépit d'avoir aidé moi-même à lui faire pofféder la perfonne que j'aimois.

Je délibérois quand il n'en étoit plus temps, car deux jours après la converfation dont je viens de parler, la confpiration fut découverte par l'imprudence de l'Archevêque de Brague : il eut la témérité d'envoyer en Efpagne un paquet qui fut intercepté, & l'on y trouva le projet de cette confpiration, & les noms de tous les conjurés. On les arrêta ; &, comme mon nom n'y étoit point employé, on me laiffa en liberté, quoique je ne laiffaffe pas d'être fufpect, & par la proche parenté du Marquis de Villa-Real, & par le foin que j'avois pris de faire délivrer la fille à qui j'avois marqué tant d'amour. Elle fut arrêtée, & on trouva des charges affez fortes contre elle pour la faire condamner à perdre la tête avec les autres complices. La Reine lui donna fa grace, & changea la peine à laquelle elle avoit été condamnée en une prifon perpétuelle. Le Marquis de

Villa-Real & le Duc de Camine eurent la
tête tranchée. L'Archevêque de Brague fut
retenu en prison, où il mourut bien-tôt de
chagrin. Les autres complices périrent par
divers supplices, & toute la conspiration
fut entiérement dissipée.

Quoiqu'on ne m'eût point arrêté, je
m'apperçus que je n'étois pas libre ; &,
craignant à la fin qu'on ne s'assûrât entiérement de ma personne, je résolus de m'é-
loigner. C'est ici où vous allez voir ma
foiblesse. Je ne pus prendre la résolution
de m'exiler de ma patrie, sans avoir fait
tous mes efforts pour rompre la prison de
la fille, que tout autre que moi auroit haïe
par la liaison qu'elle avoit eue avec Vasconcellos. Je crûs que lui procurer la liberté, ce feroit lui donner une marque
d'amour qui la fixeroit éternellement à
n'aimer que moi : d'ailleurs, je l'aimois
assez pour ne point espérer de bonheur &
de repos sans elle ; & je m'appliquai encore plus à trouver les moyens de la délivrer, qu'à profiter de ceux que j'avois de
m'éloigner avant qu'on en pût pénétrer le
dessein.

La maison qui lui servoit de prison, étoit
un Couvent. Je vins à bout de lui faire
rendre un billet par lequel je l'avertissois
qu'à un certain jour on mettroit le feu à
ce Couvent, du côté où étoit sa chambre,

& qu'elle fongeât à fe fervir utilement de
l'embarras que cauferoit cet incendie, pour
fe rendre au pied d'une muraille que je lui
marquois, lui mandant que je ferois de
l'autre côté pour lui jetter une échelle de
corde, & lui donner le moyen de fe fauver.

Mon billet lui ayant été mis entre les
mains, je ne manquai pas de faire tout ce
que j'avois promis. Le feu fut mis à cette
maifon; & dans le plus fort de l'embrafe-
ment, je me trouvai au pied de la muraille; & après avoir long-temps attendu, je
montai pour voir fi elle étoit de l'autre
côté. Je ne vis perfonne; & après avoir
attendu jufqu'à ce que le feu fût éteint, je
me retirai au défefpoir de n'avoir pas réuffi. Je n'avois garde d'avoir cette joie. Ma
perfide maîtreffe ayant reçu mon billet,
l'avoit envoyé à la Reine, efpérant que
cette confiance lui procureroit plus aifément la liberté, que le moyen que je lui
propofois. La Reine avoit négligé l'avis,
& elle ne connut qu'elle avoit eu tort de
le négliger, que quand on lui dit que le
feu avoit été mis au Couvent. Aux premié-
res nouvelles qu'elle en apprit, elle envoya des Gardes pour s'affûrer de moi, en
cas qu'on me trouvât au lieu que j'avois
marqué. Celui à qui cette commiffion fut
donnée alla exprès me chercher d'un autre

côté pour ne me point rencontrer. Outre
que cet homme étoit mon ami, il appré-
henda que ma mort, ajoutée à celle de
mes autres parens, n'excitât contre le Roi
& la Reine de nouveaux mécontentemens
des peuples.

Quoi qu'il en soit, je ne fus point arrêté, & celui qui avoit cherché à ne me pas
prendre, me fit instruire dès le lendemain
de la destinée du billet que j'avois écrit,
ajoutant que la récompense que la Reine
avoit donnée à celle qui le lui avoit envoyé, étoit une permission de se faire Religieuse si elle vouloit. Ces nouvelles ache-
vérent de m'accabler, & de me convaincre enfin du tort que j'avois de m'opiniâtrer à l'amour d'une fille si indigne de l'attachement que j'avois pour elle.

Cependant le billet que la Reine avoit
reçû lui servit pour me faire faire mon procès. On rappella plusieurs choses qui me
firent paroître coupable de la conspiration
de mes parens ; & pendant que je me tenois caché, on proscrivoit ma personne &
mes biens. J'ai toujours cru qu'on n'avoit
pas voulu me faire arrêter, car on l'auroit
pu très-aisément ; mais il y a beaucoup
d'apparence qu'on souhaitoit mon exil
plus que ma mort.

L'accablement que me donna le malheureux succès de mon amour, m'ôta le

D d iiij

foin d'aller chercher dans les Cours étrangéres des protecteurs & du secours. J'appris que ma maîtresse avoit accepté la grace que la Reine lui avoit offerte, & qu'elle se faisoit Religieuse. J'eus la foiblesse de la vouloir imiter. J'ai été, sous des noms inconnus, me présenter à plusieurs Couvens où l'on n'a pas voulu me recevoir : j'en ai cherché à Rome : j'ai même été assez long-temps à Paris ; & enfin je suis venu ici, où, depuis six ans, je méne la vie que vous voyez.

Le Portugais ayant fini son histoire, je lui fis toutes les objections que je lui aurois faites aux endroits qui m'avoient le plus surpris, si je n'avois craint de l'interrompre ; car sérieusement j'avois peine à croire qu'il fût ce qu'il disoit ; & je ne balançois point à décider en moi-même, que si cela étoit, il falloit qu'il fût devenu fou.

J'avoue que je fus bien consolé de trouver un homme moins sage que moi sur le chapitre des femmes. Je revis cet homme encore plusieurs fois, & il m'apprit que, lassé de la vie qu'il menoit, il agissoit pour avoir sa grace, & pour rentrer dans ses biens ; que la plus grande difficulté qu'il y trouvoit, c'est que n'ayant point oüi parler de lui depuis long-temps, tout le monde en Portugal étoit persuadé de sa mort, & qu'il prévoyoit qu'on auroit de la peine à le reconnoître.

Je combattois cette difficulté, qui ne me paroiſſoit pas auſſi inſurmontable qu'à lui. Il m'apprit qu'il croyoit que ſa maîtreſſe étoit morte ; & je me ſervis encore de cette raiſon pour l'encourager à ſolliciter ſa grace. J'étois bien plus raiſonnable en lui parlant, que quand je me trouvois ſeul : car, dès que je faiſois réfléxion aux malheurs de ma vie, je m'eſtimois auſſi à plaindre que lui.

J'étois même foiblement touché de ce qu'il me vouloit faire craindre ; ſavoir, qu'en cas que je renonçaſſe au monde, je ne ſoutinſſe pas mieux que lui les réſolutions & le goût de la retraite ; & je ne manquois pas de parler comme font tous ceux qui ne connoiſſent point les inconvéniens d'une éternelle ſolitude, & de dire que ſi une fois j'avois fait le pas, jamais rien ne feroit capable de me faire reculer : car telle eſt la préſomption des hommes ignorans & ſuperbes, d'eſpérer de leurs propres forces ce qu'ils ne doivent attendre que de la miſéricorde de Dieu.

C'étoit par une ſemblable préſomption que je me flattois de pouvoir avoir plus de fermeté qu'un autre, & je regardois même en pitié les inconſtances du Portugais ; mais, après tout, le temps n'en étoit pas encore venu, & les deſirs que j'avois de la retraite, n'étoient fondés que ſur la pareſſe

& sur un dégoût qui suit naturellement une
vie malheureuse & agitée. Ce fut pour cela, sans doute, que je ne soutins pas mes
résolutions. Dieu veuille que je les soû-
tienne mieux à l'âge où je suis, & que j'exé-
cute à la fin de ma vie, ce que je voulus
faire alors, à quoi je ne manquai, que parce que je voulus bâtir avant que d'avoir
jetté les fondemens de l'édifice ; car sans
aucune connoissance de la Religion, & sans
nulle pratique de la vertu, je crûs que je
pouvois mener une vie retirée ; & succom-
bant tout entier à ce desir, je pris congé
de l'Hermite Portugais, & j'allai, car je
me portois assez bien pour cela, prendre
la poste à Bayonne, pour me rendre incessamment à Paris, voulant, avant que de
me retirer du monde, consulter ma Carmelite, ou plûtôt voulant avoir le plaisir de
la voir applaudir à un dessein, sur lequel
ma vanité s'applaudissoit la premiere.

Cette illustre fille, beaucoup plus éclai-
rée que moi dans les conditions & les qualités d'une véritable retraite, m'exhorta à
m'éprouver quelque temps avant que de
me déclarer, & à me mettre, sans qu'on
le sût, sous la conduite d'un Directeur
qu'elle me nomma, qui pût juger si Dieu
m'appelloit à la solitude. Je fus effrayé des
préparations qu'elle me dit qui étoient nécessaires avant que de m'exposer à donner

au monde le spectacle d'un tel changement.
Je ne voulois point différer, & ce qui me
faisoit le plus de plaisir, c'étoit de pouvoir
faire dire à tout le monde que je faisois
une action héroïque, en me condamnant
à la retraite.

Quoique je ne lui expliquasse pas mes
pensées aussi naturellement que je le con-
cevois, elle ne laissa pas de connoître que
je n'étois pas tel qu'il falloit pour une vie
si nouvelle, & elle me dit nettement que
je ne devois point y penser, si je ne me
sentois assez de courage pour me cacher
pendant six mois en un lieu où je n'eusse
point d'autre occupation que d'examiner,
dans la pratique de la pénitence, ce que
Dieu demandoit de moi.

Je fus heureux dans l'entêtement où j'é-
tois alors, d'avoir consulté un esprit aussi
droit & aussi éclairé que le sien ; car combien en aurois-je trouvé d'autres qui m'auroient fait prendre une conduite différente,
& qui par l'imprudence d'un éclat que je
n'aurois pû soutenir, m'auroient voulu engager où je n'aurois pas persévéré.

Quand elle vit que j'avois de la peine à
me soumettre à des conditions & à des pra-
tiques qu'elle croyoit absolument nécessaires, elle me dit que je devois regarder le
désir qui m'avoit pris si subitement de renoncer au monde, comme une tentation

de pareſſe & d'oiſiveté; que ce n'étoit point
là ce que Dieu demandoit de moi , mais
ſeulement que j'évitaſſe tout ce qui me dé-
tournoit des devoirs de ma Religion , &
que je m'attachaſſe ſérieuſement à ceux de
ma condition & de ma naiſſance , en me
mettant tout de bon dans le ſervice , &
finiſſant enfin cette vie errante que j'avois
menée juſques-là. Elle me dit encore que
j'étois plus en état que jamais de mener une
vie réglee , puiſqu'il y avoit deux ans que
j'étois hors de Paris , où n'étant preſque
plus connu , il me ſeroit aiſé de me donner d'abord pour tel que je voulois être
dans la ſuite , c'eſt-à-dire , pour honnête
homme & pour homme de bien. Je ſuivis
ſes conſeils , & j'abandonnai le deſſein de
quitter le monde.

Mais m'étant , par ſes avis , retiré pour
quelques jours dans une Maiſon Religieuſe,
pour y penſer a ma conſcience , avant que
de faire connoître que j'étois de retour , &
de me mettre dans le ſervice , je trouvai
dans la Bibliotheque de cette Maiſon un
volume des Lettres d'Abailard. Je les lûs
avec d'autant plus de curioſité , que j'en
avois déja vû quelque choſe en Eſpagne ;
car j'ai oublié de dire que malgré ma diſſi-
pation , j'avois toujours conſervé du goût
pour les Livres. Je trouvai en liſant ces
Lettres , tant de conformité entre Héloïſe

& ma Carmelite, la délicatesse avec laquelle Abailard l'avoit aimée, me parut si semblable à l'amour que j'avois eu pour cette premiere maîtresse, que cet amour se réveilla dans mon cœur avec plus de vivacité que jamais, & j'en pensai perdre l'esprit.

Je ne l'avois vûe qu'un moment au visage depuis mon retour d'Espagne, & elle m'avoit paru si belle, que cette idée de beauté, toujours présente à mon esprit, fit prendre à mon amour tous les caractéres qu'il avoit eûs autrefois, & je sentis que je n'avois jamais aimé avec plus d'emportement & de tendresse. J'en fus occupé nuit & jour, uniquement sensible au plaisir de reconnoître mon cœur dans la peinture de celui d'Abailard, dont je dévorois les Lettres. Je poussai ma folie jusqu'au point de me persuader que je n'avois été malheureux dans mes autres amours, que parce que je m'étois séparé de la seule personne que j'eusse véritablement aimée. Je me dis cent fois qu'elle étoit ma femme, qu'elle n'avoit pû légitimement s'engager dans l'état où elle étoit, & que toutes les loix me permettoient de l'en retirer.

J'accoutumai mon esprit à ces frivoles pensées, & jamais amour ne fut ni plus violent, ni plus malheureux que celui dont je me sentis possedé à ces fatales idées ; car enfin, j'avois beau me figurer que cette fille étoit ma femme, je voyois bien qu'il n'y avoit nulle apparence à la retirer de l'état où elle étoit engagée, & je me trouvai d'autant plus malheureux, que je l'aimois fans efpérance.

Combien de fois me repentis-je de la complaifance qui m'avoit fait confentir à fon engagement! Comme je n'avois jamais rien fenti d'approchant de l'amour qui me poffédoit alors, je connus bien que cet amour ne s'étoit jamais éteint dans mon cœur, & que fi j'avois paru attaché à tant d'autres, ce n'avoit été que par amufement; mais l'heure étoit venue où je ne pouvois plus me tromper, & fi j'avois eu mille vies, je les aurois données pour me trouver au point où j'avois été autrefois avec elle, quand mon amour n'étoit combattu que par je ne fai quelle bienféance.

Cet amour fut fi violent, que j'en perdis le fommeil & le repos. Je paffai toutes les nuits à écrire des Lettres, que je brûlois le matin, n'ofant lui apprendre l'état où je me trouvois, ni lui rien envoyer de ce que j'avois écrit. Je me réfolus pourtant de ne lui pas laiffer ignorer ce que je fouffrois, & j'allai lui rendre vifite à ce deffein. Dès que j'entendis le ton de fa voix, je fentis redoubler la violence de mon amour, & je fus fi faifi, que je ne pûs lui dire un feul mot. Elle me parloit fans me voir & fans

que je la visse , mais elle ne laissa pas de
s'appercevoir de mon trouble. Elle me demanda ce que j'avois , & me jettant à ses
genoux , je la conjurois de m'écouter sans
me haïr. Alors , je lui découvris la violence de mon amour , la priant , par toutes
les raisons que je pouvois lui alléguer , de
ne pas me refuser au moins sa compassion
dans le triste état où je me trouvois. Elle
m'écouta , sans m'interrompre que par ses
soupirs ; & après que j'eus cessé de parler ,
j'entendis qu'elle pleuroit , & qu'à peine
pouvoit-elle prononcer une parole. Je lui
demandai ce qui la touchoit , & enfin me
répondant , malgré ses larmes , elle me dit ,
qu'elle étoit honteuse d'être encore sensible à la douceur qu'elle avoit ressentie , en
apprenant que je l'aimois ; qu'il étoit vrai
que depuis le moment que nous avions
commencé à nous aimer , jusqu'à celui où
elle me parloit , elle n'avoit jamais cessé
d'être la même pour moi ; que ni l'absence ,
ni les devoirs de sa profession , n'avoient
pû la distraire de mon image ; qu'elle avoit
ressenti des chagrins inconcevables toutes
les fois qu'elle m'avoit vû engagé en d'autres amours , & qu'enfin , elle vouloit bien
me dire qu'elle m'aimoit encore plus que
je ne l'aimois.

Je ne crois pas avoir de ma vie senti plus
de joie que m'en donna un aveu si tendre

& ſi touchant ; mais cette joie fut bien-tôt troublée par l'idée affreuſe de la ſituation où elle étoit, & par les obſtacles éternels qui s'oppoſoient à notre bonheur. Hé quoi! lui dis-je, puiſque nous n'avons point ceſſé de nous aimer, pourquoi nous ſommes-nous mis dans l'impoſſibilité de vivre enſemble, & de vivre uniquement l'un pour l'autre ? N'y a-t'il plus d'eſpérance ? Ah! ſi vous le vouliez, il n'y a aucuns liens que nous ne puiſſions rompre.

Elle m'interrompit pour blâmer ces vaines idées, & pour me conjurer de ne lui pas faire même enviſager que je fuſſe capable de nourrir une ſi frivole eſpérance. Elle me conjura de faire un ſacrifice au Seigneur d'une paſſion qui ne pouvoit plus lui être agréable, m'aſſurant qu'elle n'avoit paſſé aucun jour ſans offrir à Dieu tout ce que ſon amour lui faiſoit ſouffrir, en expiation de ſes péchés & des miens ; mais qu'elle croyoit que la fin de ſa vie approchoit, & qu'elle avoit un ſecret preſſentiment que Dieu vouloit la retirer de ce monde.

Mes larmes redoublerent en lui entendant parler de ſa mort, & je la priai, ſi elle avoit du pouvoir auprès de Dieu, d'obtenir qu'au moins, puiſque je n'avois pû vivre avec elle, je puſſe ne lui pas ſurvivre. Cette converſation dura long-temps, & ce fut la derniere que j'eus avec elle. Dès
qu'elle

qu'elle m'eut quitté, la fiévre la prit, quoiqu'elle n'eût auparavant aucun figne de maladie, & le preffentiment qu'elle avoit eu
de fa mort, ne fe trouva que trop bien
fondé. Je fis ce que je pûs pour la voir encore une fois, & priai fouvent une Religieufe, fon amie, de lui parler de moi;
mais elle la conjura de la laiffer m'oublier
avec tout le refte du monde, pour ne penfer qu'à Dieu feul; & après lui avoir re-
commandé de me dire qu'elle mouroit dans
les fentimens où elle avoit vécu à mon
égard, elle ne dit plus rien qui eût rapport
à moi, excepté quand il s'agiffoit de parler des graces que Dieu lui avoit faites; car
alors, elle ne pouvoit s'empêcher de demander à Dieu les mêmes faveurs pour
moi; & je crois que je ne dois qu'à fes
priéres, la grace d'avoir vécu affez long-
temps, pour reconnoître & pour déplorer
les égaremens d'une vie auffi inutile que
celle dont je décris les aventures.

Je n'entreprendrai point de dire combien je fus affligé de la perte de cette in-
comparable Religieufe. Elle mourut dans
le temps que l'amour que j'avois pour elle
étoit monté à fon dernier excès; & fi elle
avoit encore vécu, je crois qu'il n'y auroit
point eu d'extrémités où je n'euffe été capable de me porter, pour unir ma deftinée
avec la fienne.

Quand elle fut morte , je ne me fentis occupé que du defir de fuivre les confeils qu'elle m'avoit donnés. J'appris mon retour à mon frere, en lui apprenant la mort de cette fainte fille , & je lui témoignai la paffion que j'avois de mener une autre vie que celle que j'avois mené jufques-là. J'étois plein des meilleurs defirs du monde : mais la fuite de ma vie va faire voir des aventures non moins bizarres que celles que j'ai décrites jufqu'ici. On aura, je crois, d'autant plus de plaifir à les apprendre , qu'avec l'hiftoire de mes folies , on trouvera celle des principaux événémens du temps où j'ai vécu , & aufquels j'ai eu affez de part, pour en pouvoir parler, fans faire tort à perfonne ; car c'eft la précaution que je prendrai toujours.

Fin du Tome premier.